The Enlightenment

History, Documents, and Key Questions

启蒙运动

历史、文献和关键问题

［美］威廉·E.伯恩斯 著

汪溢 译

商务印书馆
The Commercial Press
创于1897

Translated from the English Language edition of *The Enlightenment: History, Documents, and Key Questions*, by William E. Burns, originally published by ABC-CLIO, an imprint of ABC-CLIO, LLC, Santa Barbara, CA, USA. Copyright © 2015 by ABC-CLIO, LLC. Translated into and published in the Simplified Chinese language by arrangement with ABC-CLIO, LLC. All rights reserved.

No part of this book may be reproduced or transmitted in any form or by any means electronic or mechanical including photocopying, reprinting, or on any information storage or retrieval system, without permission in writing from ABC-CLIO, LLC.

本书谨献与蕾莎（Leisha）及克丽丝特尔（Crystal）

目　录

前　言 ·· I
历史概述 ·· III

一、细数启蒙运动 ·· 1
二、主要文献 ··· 129
 1. 巴鲁赫·斯宾诺莎:《论情感的起源和性质》,选自《伦理学》
  (1677) ··· 129
 2. 约翰·洛克:《论政治社会的起源》,选自《政府论》(1689) ····· 130
 3. 戈特弗里德·威廉·莱布尼茨:选自《莱布尼茨与克拉克论战书信
  集》(1717) ·· 132
 4. 孟德斯鸠:《论君主制》,选自《论法的精神》(1748) ············· 135
 5. 大卫·休谟:《道德原则研究》(1751) ································· 137
 6. 德尼·狄德罗:《享受/享乐》,选自《百科全书》(1751—1765) 138
 7. 卢梭:选自《论人类不平等的起源》(1755) ························ 140
 8. 亚当·斯密:选自《道德情操论》(1759) ···························· 143
 9. 伏尔泰:《古人与今人》,选自《哲学辞典》(1764) ··············· 144
 10. 切萨雷·贝卡利亚:选自《论犯罪与刑罚》(1764) ··············· 149
 11. 俄国女皇凯瑟琳大帝:选自《圣谕》(1767) ······················ 150
 12. 爱德华·吉本:选自《罗马帝国衰亡史》(1776) ·················· 152
 13. 美国《独立宣言》(1776) ·· 153
 14. 伊曼努尔·康德:选自《何谓启蒙?》(1784) ······················ 156
 15. 托马斯·潘恩:选自《理性时代》第二部(1795) ················· 159

三、主要问题…………………………………………………163
  （一）问题1：女性是否参与了启蒙运动？………………163
  （二）问题2：启蒙运动是世俗性运动吗？………………174
  （三）问题3：启蒙运动具有民主性质吗？………………184

启蒙运动大事简表……………………………………………194
参考文献………………………………………………………197
译后记…………………………………………………………205

前　言

18世纪，欧洲及其殖民地发生了一场思想革命。在一波又一波思潮涌动中，宗教权威（宗教界经常首当其冲）和传统宗教习俗的地位不断受到"理性"的冲击。我们将这场革命称为"启蒙运动"（Enlightenment）。在许多领域，启蒙运动被认为是人类进入现代社会的明确标志，它不但带来了工业资本主义经济、宗教多元主义，而且在美国革命和法国革命后还带来了更加民主和先进的新型政治制度。

不过，我们仔细观察不难发现：比起一致性，启蒙运动的多样性更为明显。从学派地域上来看，包括法国沙龙派、英国学院派以及苏格兰和德国的大学派。在宗教方面，涵盖了新教（Protestants）、天主教（Catholics）、犹太教（Jews）、无神论（atheists）、自然神论①（Deists）和怀疑论（skeptics）。在社会阶层方面，男性、女性、贵族、中产阶级甚至一小部分社会地位处于上升态势的工人阶层都受到了启蒙运动的影响。托马斯·杰斐逊（Thomas Jefferson）、本杰明·富兰克林（Benjamin Franklin）以及马克西米利安·罗伯斯庇尔（Maximilien Robespierre）都是当时启蒙运动中的著名革命者。同时，也涌现出一批"开明专制者"，如葡萄牙的庞巴尔侯爵（Marquis of Pombal）、普鲁士的腓特烈大帝（Frederick II）以及沙皇俄国的凯瑟琳女皇（Catherine the Great）。在这些统治者中，有些人希望利用启蒙运动思想对基督教宗教制度和宗教信仰进行改革，而也有些人则希望彻底废除基督教。尽管很多启蒙运动思想家对以往的诸多传统嗤之以鼻且彼此之间针锋相对，但他们对究竟什么才能取而代之却未能达成一致。

---

① 自然神论是17到18世纪英国和18世纪法国出现的一个哲学观点，主要是回应牛顿力学对传统神学世界观的冲击。该学说认为上帝创造了宇宙及其存在规则，在此之后上帝就不再对这个世界的发展产生影响，而让世界按照其本身的规律存在和发展下去。——译者注

启蒙运动的现代性甚至也遭到了质疑。从美洲的奴隶制度到欧洲随处可见的男权主义，这些我们眼中的陈规陋习在启蒙运动期间并没有遭到有力的抨击。尽管启蒙运动对根深蒂固的特权阶层提出了批驳，但事实上很多著名启蒙思想家当时都得到了贵族和君主们的资助，甚至有些思想家本身就是贵族，享有欧洲社会贵族阶层的种种特权。

启蒙运动是一个蓬勃发展的研究领域，本书作为该领域的介绍性书籍，涵盖了其中众多主题、话题以及一些在当前学界颇有争论的问题。首先，本书整理了启蒙运动的时间线索并对这段时间的历史进行了概述；其次，本书的核心部分是探讨一系列以启蒙运动为主题撰写的文献。书中所选取的文献研究主题十分丰富，包括启蒙运动思想家研究（如伏尔泰）、以国家为单位的启蒙运动研究（如德国启蒙运动）、启蒙运动大事件研究（如法国大革命）及各领域启蒙思想研究（如政治哲学方向）等。另外，为便于读者深入探索上述话题，每部分正文后都附有一份拓展阅读书目。通过阅读原始文献，读者可以直接接触到一些主要思想家的观点。通过阅读所选文献，读者可以了解学术界是如何从两方面分别对启蒙运动的三大核心问题，即女权主义、世俗主义和民主主义进行逐一探讨的。这几个核心问题是现代启蒙运动研究的关键所在。此外，文章所列的注释性参考书目及网络资源列表则能引导读者进行更为深入的启蒙运动研究。

历史概述

启蒙运动是一场发生在17世纪末至18世纪末的思想解放运动。它冲击了当时欧洲社会的方方面面，涉及从宗教的排除异己到君主、贵族对社会和政治的专制等诸多问题。启蒙运动思想家们称自己是理性主义和实证主义的拥护者，质疑一切不能用以上两个原则进行验证的封建专制制度与宗教思想体系。

在启蒙运动时期，基督教仍然是统治欧洲民众思想的权威宗教。不论哪个政府执政，基督教会都具有绝对的权威，因为它宣称自己的权力来自于上帝。当然，政府也会限制某些教会的基督徒参政和议政。许多欧洲国家（包括法国在内）规定，不遵从政府组织而遵从基督教会的行为是非法的（尽管这些法律条文在很多地方都形同虚设）。不信仰基督教的地域所剩无几，占地面积较大的包括沙皇俄国的西部地区以及位于巴尔干半岛、由穆斯林掌控的北部地区（犹太人社区，隶属于日渐没落的奥匈帝国）。这些地区受到诸多限制和排挤，根本无法融入欧洲政治力量体系当中。

现如今，我们在生活中的很多方面（如婚姻）都要遵守现行法律。但在当时，教会设有自己的法庭并制定了法律条文，人们需要服从的是教会而非政府。教育系统（尤其是大学）也受到教会的控制。教员大多都是由牧师担任，很多牧师都在类似于法兰西学术院级别的精英学术机构任职。在很多国家，特别是天主教国家里，教会拥有大量土地、钱财以及各种动产财富，而且绝大部分都是免税的。启蒙运动虽然未能从根本上动摇教会体系，但却几乎对体系中的方方面面都提出了质疑。作为启蒙思想家遵循的范式，英国和荷兰提出的宗教宽容为启蒙思想的产生提供了必要条件。在这种环境下，启蒙运动思想家们，即便自己就是基督徒或牧师，也开始用怀疑的态度审视宗教权力了。

在18世纪的欧洲，除了荷兰和瑞士，大多数国家仍旧奉行君主制，君权是毋庸置疑、神圣不可侵犯的。而在很多国家，小部分精英人士依靠财富和贵族世袭制度掌握了国家的政治权力。来自国家和教会两方面的审查机构严格控制政治信息的流通。虽然并不是所有启蒙运动思想家都反对君主专制，也并不是所有人都支持更为民主的政府形式，但许多思想家都极其厌恶君主专制政体中王权领导下的保守、残暴的政府。因此，这些思想家支持更为自由的政治信息流通。

贵族阶级在社会和政治层面上拥有特权。这些拥有爵位的贵族希望，或者更确切地说，要求那些"少数派"顺从他们。这些少数派人士既包括中产阶级，也包括一些贵族出身的启蒙运动思想家。在许多国家，贵族阶级不但享有法律特权、免税权，而且还占据着从国家军队到天主教会的一系列显赫职位。这种情况遭到启蒙运动思想家的质疑，凭什么"含着金汤匙出生"的人就可以享有种种特权。

当然，启蒙运动并未将矛头指向全部的欧洲特权和传统体系，毕竟在启蒙运动中做出卓越贡献的思想领袖们都是男性，他们对"男权至上"都已习以为常并乐在其中。还有很多思想家对民主持怀疑态度，害怕那些"既迷信又不理性"的普通民众掌握权力，认为这部分人至少应该首先接受良好的教育。尽管许多启蒙运动思想家质疑奴隶制度，也表达过对中国文化等其他文化的仰慕之情，但仍然有一些人认同民族等级论，认为欧洲人理所应当高人一等。另外，还有一些思想家对犹太少数族裔抱有敌意。

启蒙运动的起源

启蒙运动的起源要追溯到17世纪，当时发生的科技革命（Scientific Revolution）、激进的宗教改革以及英国资产阶级革命（English Revolution）共同促进了启蒙运动的萌芽。科学，尤其是启蒙运动领袖人物艾萨克·牛顿（Isaac Newton）的数学物理学研究，为世界展现了一种理性思考模式，也让人们看到了共同探索中人类在知识积累方面取得的进步。这一思考模式对许多其他领域产生了深远的影响。一方面，科学发展日新月异，科学家能够不借助暴力就可以对某些本质性问题提出异议；而另一方面，与此产生鲜明对比的是因宗教争端挑起的各种毫无意义且没有结果的暴力事件。许多启蒙运动思想家本身就是科学家或是科学狂热的追随者。作为被犹太教开除教籍的自然神论者，巴鲁赫·斯宾诺莎（Baruch Spinoza）崇尚理性，质疑犹太教会和国家的权威及各种传统。随后，斯宾诺莎思想的继承者们开始反对宗教等级制度和政治等级制度。在 1642—1649 年和 1688—1689 年间发生两次大革命后,英国开始推行相对自由的议会政府模式以及宗教宽容政策;而当时绝大多数欧洲国家仍然遵循的是君权、教权至上的政治制度。因此"英国崇拜",即对英国制度的推崇是启蒙运动,尤其是早期启蒙运动的一大特点。

启蒙运动的开始

启蒙运动的开始并没有一个确切的时间节点。斯宾诺莎在 17 世纪中期的著作中提出了许多理性观点(如批判宗教组织),这些都在日后成为启蒙思想的一部分。到了 17 世纪 90 年代,欧洲真正掀起了一股以理性为名、冲击国家权威和宗教权威的思潮。在英国,处于半地下运动的"自然神论"否定基督教,鼓励人们信仰全知全能的上帝。与之有细微差别的是"苏西尼派"[①](Socinians)和"阿里乌斯派"[②](Arians),这两派认同基督教的大部分教义,但否认基督的神圣性。艾萨克·牛顿就是阿里乌斯派的一员。

作为 1688 年英国革命的支持者,约翰·洛克(John Locke)的政治思想和认识论观点对启蒙运动产生了巨大的影响。政治方面,洛克强调权力应当源自民众的认可。在认识论方面,他支持实证主义,认为知识来源于理性思考,而非先天的"天赋观念"。洛克不是自然神论者,而是一位基督徒,但他坚定地支持宗教宽容政策(不包括天主教和无神论,洛克认为天主教是异教,且无神论者由于不信仰超自然力量而不值得信任)。在法国,新教徒,也称"胡格诺派"(Huguenot)不断暗中滋长、发展壮大,成为一股追求理性和宗教宽容的全新力量。由于反对国王路易十四(King Louis XIV)利用天主教对国家实行绝对统治,众多新教徒被驱逐出境,开始在英国和荷兰等新"阵地"宣传启蒙思想。

共济会(Freemason)是传播这些新思想的重要组织。该组织在 17 世纪成立于英国,并在 18 世纪发展到几乎整个欧洲大陆。通过宣扬跨越宗教

---

① 苏西尼派(Socinians),16 世纪欧洲基督教中的一个神学派别,由意大利宗教改革家莱利奥·苏西尼创立,被传统基督教视为异端。——译者注
② 阿里乌斯派(Arians)是由基督教牧师所阿里乌斯(Arius,250—336)创立。其争论的焦点就是圣三一理论。阿里乌斯认为耶稣并不是一个完全的神,而是三一中较低的一位。——译者注

派别与阶层（性别除外）的兄弟情谊，共济会成员提倡要建立一个更加平等、进步的社会。

启蒙运动事业

18世纪初，启蒙运动依旧处于边缘化的状态。宗教权威和地方政府可以利用监察制度随意逮捕普通民众。因此，启蒙运动思想家们不得不与之展开艰苦的斗争。而在葡萄牙和西班牙等国，传统权威的力量依然强大，这导致启蒙思想直到18世纪末也未能萌芽并传播开来。法国是18世纪早期启蒙运动的主战场，虽然该国民众大都信奉天主教，但对一些现代思想却能欣然接受。

作为一名无神论者，作家伏尔泰（Voltaire）是法国启蒙运动思想的杰出代表。对伏尔泰而言，启蒙运动是他毕生为之奋斗的事业，也是其参与各种活动的直接原因。在《从英特兰来的信》（Letters from England）一书中，他尝试将英国的两大先进成果——牛顿物理学及宗教宽容政策引进法国。而在当时，以勒内·笛卡尔（René Descartes）为首的前牛顿物理学理论依然统治着法国科学界。伏尔泰与其伴侣夏特莱侯爵夫人（Émilie le Tonnelier de Breteuil, Marquise Du Châtelet-Lomont）一生都致力于宣传牛顿物理学，后者还曾将牛顿经典著作《自然哲学的数学原理》（Mathematical Principles of Natural Philosophy）翻译成法语。伏尔泰一直为逐步改善法国严酷不公的司法体系而努力，并同时为让·卡拉斯（Jean Calas）平冤昭雪一事不断奔走。卡拉斯是一位法国新教徒，由于被人诬告杀害了其意图改信天主教的长子而遭到不公正地处决。

启蒙思想的确立与传播

18世纪中叶，启蒙思想逐渐在欧洲大陆生根发芽。1746年，法国文化的"正统"堡垒法兰西学术院终于接纳了伏尔泰。当时，启蒙思想传播方面最具代表性的文本资料便是《百科全书》（Encyclopédie）。最初，两个法国出版商邀请德尼·狄德罗（Denis Diderot）把《大英百科全书》翻译成法语。但在翻译过程中，狄德罗发现英国这套百科全书内容支离破碎，于是组织让·勒朗·达朗贝尔（Jean Le Rond D'Alembert）、伏尔泰和孟德斯鸠（Charles Louis de Secondat de Montesquieu）等各行各业的精英人士重新编撰了一部囊括各类知识条目的百科全书。后来，伏尔泰将一些因尚存争议而未能入选或不想收录进《百科全书》35卷本或精简版百科全书里的条目收录到他的《哲学辞典》（*Philosophical Dictionary*，1764）中，该书也因此成为一本便携版的《百科全书》。

18世纪中期，启蒙运动还发展到了世界的其他地区。苏格兰这个曾在18世纪初被视为一个思想闭塞的地方一跃成为欧洲思想发展的先驱代表。苏格兰的启蒙思想家经常与苏格兰的大学合作，共同探讨一些社会发展问题。大卫·休谟（David Hume）被视为苏格兰启蒙运动中最伟大的启蒙思想家之一，虽然因持有危险的宗教思想而错失在大学任教的资格，但他却是一位胆色过人的思想家，其思想涉及宗教、认识论、社会和历史等多个领域。而另一位苏格兰启蒙思想家亚当·斯密（Adam Smith）则是现代经济学的奠基人。苏格兰宗教派别可以划分为精英主义自由派，也称"温和派"以及民粹主义保守派。威廉·罗伯逊（William Robertson）是苏格兰启蒙运动中最杰出的历史学家之一，他同时兼任苏格兰长老会及温和派领袖。怀疑主义作家爱德华·吉本（Edward Gibbon）深受法国和苏格兰启蒙运动影响，写出了《罗马帝国衰亡史》（*The Decline and Fall of the Roman Empire*）一书，该书是启蒙思想家撰写的一部史学巨作。

另外，德国也逐渐迎来了启蒙思想的洗礼。和法国和英国有所不同，德国启蒙运动和苏格兰启蒙运动较为相似，都与大学建立了密切的联系。虽然传统宗教试图极力控制德国的大学，但从总体来说，启蒙运动至少在信奉新教的德国人中已成为一股不可逆转的趋势。德国最伟大的启蒙思想家伊曼努尔·康德（Immanuel Kant）是一名大学教授，他积极主张将理性与宗教相结合。与德国启蒙运动关系密切的是"哈斯卡拉运动"（Haskalah）或犹太启蒙运动（Jewish Enlightenment）。犹太启蒙运动倡导者对几百年来一直控制犹太社会、政治、宗教的权威阶层拉比（有学问的学者）提出了质疑。摩西·门德尔松（Moses Mendelssohn）是"哈斯卡拉运动"的领袖，同时也是康德的友人。他以启蒙思想中的理性为盾为传统犹太教正名，从而使其免受基督徒的攻击。当时，宗教法庭的权力被大大削弱，加之又受到法国文化的影响，意大利也逐渐向启蒙思想敞开怀抱。切萨雷·贝卡里亚（Cesare Beccaria）是意大利启蒙运动中颇具影响力的人物，他是意大利刑法的改革者，主张避免实施司法酷刑，这对当时的俄国及之后建国的美国都产生了深远的影响。

随着启蒙运动的发展，启蒙思想辐射到生活的方方面面。1750年前后，让-雅克·卢梭（Jean-Jacques Rousseau）因其倡导的理念声名鹊起。他支持启蒙运动的诸多思想，包括宗教宽容和责任政府，但和大多数启蒙思想家不同，卢梭对于理性和科学的发展前景却感到不甚乐观。和启蒙运动经常强调理性和观察截然相反，卢梭的著作强调热爱和听从自己真正的心声。卢梭思想对后来的浪漫主义运动也是一种贡献，因为浪漫主义运动在很多方面（并非全部）实际上是对启蒙运动的一种批驳。

开明绝对主义[①]（Enlightened Absolutism）

虽然许多启蒙运动领袖十分憧憬英国的议会制度，但他们却更愿意支持君主作为改革者以专制或看似专制的方式来推进启蒙计划并促进启蒙理想的传播。因崇尚理性和提倡人性，葡萄牙的庞巴尔侯爵、普鲁士的腓特烈大帝及沙皇俄国的凯瑟琳女皇都获得了很多启蒙思想家的支持。腓特烈大帝和凯瑟琳女皇对这些启蒙思想家特别礼遇，经常与之通信并邀其做客宫廷，共同探讨废止司法酷刑、推进宗教宽容政策、解放部分（非全部）农奴等启蒙运动计划。然而，这些关系通常都维持得十分短暂，因为启蒙思想家很快就意识到这些君主不过是在利用他们，皇权专制和启蒙思想推广是根本不可能并存的。而在那个战乱不断的年代，君主们出于统治的实际需要也认为启蒙运动的理想主义不会是维持统治的可行之路。腓特烈大帝，素以痴迷法国文化、质疑宗教权威以及采取不择手段的军国主义外交政策而闻名于世，他与伏尔泰的关系可谓是十分跌宕起伏的。

1773年发生的镇压耶稣会[②]（Jesuits）事件终于让启蒙思想家找到了能与专制政府结盟的契机。在信奉天主教的欧洲，罗马天主教教令曾一度被视为开展启蒙运动的最大绊脚石。旨在废除天主教的政治运动由庞巴尔侯爵开启，迅速蔓延到法国、西班牙和欧洲其他天主教专制国家及其殖民地。

[①] 开明绝对主义，也称开明专制，是专制主义或绝对君主制的一种形式，由欧洲启蒙运动思想家提出。开明绝对主义在思想上否定君权神授，认为人民应该服从君王命令或法律而并非君王本身。——译者注

[②] 耶稣会，天主教修会，其组织特色是中央集权，在发誓入会前需经过多年的考验，并要对宗座绝对忠诚。耶稣会会士主要从事传教、教育并组成传教团，积极宣传反宗教的改革。——译者注

尽管很多启蒙运动思想家都是在一流耶稣会学校接受的教育，有些人却正是因此而厌恶耶稣会。即使政府镇压耶稣会并非为了传播启蒙思想，而是出于一种政治目的，但启蒙思想家仍对此事鼓手称赞。

革命时代的启蒙运动

18世纪70年代后期，启蒙运动领导人进入了人员更替的阶段。在寥寥几年内，多位启蒙运动领袖相继去世：休谟于1776年逝世，伏尔泰和卢梭则于1778年逝世。这一时期最为惊天动地的大事则是在本杰明·富兰克林和托马斯·杰斐逊等启蒙运动成员推动下爆发的美国大革命。富兰克林一直是启蒙运动的领军人物，不仅是因为他在科学领域取得了巨大成就，更是因为他朴实、谦虚的哲人态度完全符合欧洲人返璞归真和美国人诚实坦率的性格特质。富兰克林出任巴黎革命大使的经历尤为引人注目。当时，作为启蒙运动的智者，他利用工作之便努力促进革命事业的发展。继他之后，另一位持有启蒙思想的美国人接替了他的职位，这个人就是托马斯·杰斐逊。除此之外，还有一位更为民主、激进的美国革命支持者，即来自英国的托马斯·潘恩（Thomas Paine），当时他撰写了很多铿锵有力并广为流传的小册子。

美国革命家们吸收并借鉴了很多启蒙运动思想家的政治思想，如参考约翰·洛克和孟德斯鸠思想制定了美国宪法，该部宪法被认为是启蒙运动最伟大的遗产之一。作为一个新兴国家，美国没有所谓的正统国教或世袭头衔，也没有国王，这使美国在执行启蒙运动诸多计划时比欧洲任何国家都更为激进、成果也更为显著。

当时，英国对美国实施严苛的政策、对美国革命镇压又惨遭失败，加之英国议会的腐朽日益暴露，这些都使独立的美利坚合众国能够逐步取代英国，成为一个令人向往的启蒙思想传播地。然而在欧洲，只有少数较为激进的思想家试图要建立类似于美国的国家。18世纪80年代，日内瓦和荷兰革命的失败再次证明政治改革困难重重。英国启蒙思想家进行了长达十年的英国议会体制改革。当时，英国议会腐朽陈旧，思想家们为使其更能代表人民意愿进行了改革，但改革伊始就因触动了根深蒂固的权贵利益而宣告无果。

相对而言，1789年法国大革命则更为激进，也更加成功。18世纪末，法国国力空虚、民众不满情绪日益高涨，这些都为启蒙运动提供了诸多条件。《人权宣言》(Declaration of the Rights of Man) 是在大革命较为平和的早期阶段颁布的纲领性文件。宣言提倡宗教宽容和废除贵族特权等思想。同时，教会特权也遭到了抨击，共和制代替君主制的呼声日益高涨。

启蒙运动的结束

尽管启蒙运动取得了初步胜利，然而该运动在法国大革命期间无疑遭到了重创。令启蒙运动思想家们始料未及的是，雅各宾派 (Jacobins) 展开了"恐怖专制"(1793 年 9 月 5 日—1794 年 7 月 28 日) 并奉行激进主义和残暴镇压政策。在野蛮的政治斗争和军事压迫之下，人们几乎忘却了"人权"为何物。启蒙运动提倡的"去基督教化"(De-Christianization) 以及自然神论的"上帝崇拜"都是自罗马帝国以来人们对欧洲基督教展开的最为激进的批判。然而，这些尝试最终都宣告彻底失败了。孔多塞 (Marquis de Condorcet) 是法国最后几位启蒙思想领袖之一，由于不想被革命者以叛国罪处决而选择了自杀。极具讽刺意味的是，他的最后一部著作（于死后出版）却是《人类精神进步史表纲要》(A Sketch of the Progress of the Human Mind)。

其他国家的情况也不容乐观。欧洲许多国家都对法国大革命持保守态度，并开始极力打压激进派和改良派。普鲁士政府禁止康德发表关于宗教主题的文章，害怕他向公众传播理性宗教等颠覆性言论。在英国，因为约瑟夫·普利斯特列 (Joseph Priestley) 是启蒙运动科学家和唯一神教的牧师，一群信奉"国教与王权"的保守派暴徒洗劫了他的住宅和实验室。最终，约瑟夫忍无可忍远走他乡，前往美国。神圣罗马帝国的约瑟夫二世 (the Holy Roman Emperor Joseph II) 是最后一位推行开明绝对主义政策的君王。但在 1690 年去世后，他被称为"彻底的失败者"，而其所推行的绝大部分政策都被废止了。即便在美国，一个被普利斯特列等人称为自由港湾的国度也于 1798 年通过了《惩治煽动叛乱法案》(Alien and Sedition Acts)。在欧洲，无论隶属左派或右派，大部分知识分子都不再响应启蒙运动的理性呼唤，而转向了浪漫主义和宗教复兴。

启蒙运动的遗产

19世纪的自由主义提倡世俗主义、反对世袭特权并质疑民主,它可以被看作是启蒙运动的遗产。但从广义层面来讲,启蒙运动的遗产则在于对人类理性力量的信念以及对人类进步存有希冀。

一、细数启蒙运动

学院与学会

启蒙运动的大多数学术活动都是以学院和学会为中心开展的,英国和法国的情况更是如此。和德国和苏格兰有所不同,英、法这两国的大学并没有占据学术圈的中心位置,因此学院和学会的作用就更为重要了。学会既包括由政府赞助的学术团体,也包括一些定期举行的非正式的学术集会。

18世纪最重要的人文主义学会是由枢机主教黎塞留[①](Cardinal Richelieu)于1635年创办的法兰西学术院,也称"四十人委员会"(委员数量固定为四十人)。该学院的主要宗旨是要保护法语的纯粹性。1794年学院颁布了《法兰西学术院词典》(*Dictionary of the French Academy*)的第一版,该书在18世纪曾多次再版。能够进入法兰西学术院被当时法国男性学者视为无上荣耀,而伏尔泰在1746年成功加入法兰西学术院,既代表伏尔泰本人的成功,也标志着启蒙运动取得了重大胜利。另一个以研究语言著称的学会则是1583年创建于意大利托斯卡纳(Tuscany)的"秕糠学会"(Della Crusca Academy),它是欧洲历史最悠久的学会之一。在18世纪,秕糠学会的研究范围涵盖意大利语、考古学、地方史及农业改革等多个领域。

17世纪末,欧洲各国成立了很多科学协会。其中最具影响力的是成立于17世纪60年代的政府资助型学会:法国巴黎皇家科学院(Royal Academy of Sciences)和英国伦敦皇家学会(Royal Society)。英国皇家学会是一个无偿组织,该学会的成员(也称研究员)既有顶尖科学家,也有

---

① 阿尔芒·让·迪普莱西·德·黎塞留(Armand Jean du Plessis de Richelieu,1585年9月9日—1642年12月4日)是法王路易十三的宰相及天主教枢机,波旁王朝第一任黎塞留公爵。——译者注

业余科学爱好者。较之相比，法国皇家科学院是一个成员较少，但更为专业的组织，它可以为顶尖学者们提供薪水。大多数成立于18世纪、由政府资助的科学学会效仿的都是法国皇家科学院，而非英国皇家学会的模式。其中比较著名的有成立于1700年的柏林科学院（Berlin Academy）、成立于1725年的圣彼得堡皇家科学院（Imperial Academy of Sciences）以及成立于1739年的斯德哥尔摩瑞典科学院（Swedish Academy of Sciences）。成立于18世纪的科学学院彼此联系密切，经常互通书信、互赠出版物以及开展合作研究，如多个学院共同进行了1761年和1769年举世瞩目的金星凌日天文现象观测工作。

在18世纪，很多学会都从各国的首都延伸到了省级城市，从而为其他一些地方城市提供了启蒙运动及学术活动的场所。省级学会在学术活动中同样发挥了积极的作用（尤其在法国）。成立于1725年的第戎科学院（Academy of Dijon）曾以《论科学与艺术的复兴是否有助于敦风化俗？》为题进行征文，卢梭的《论科学与艺术》（Discourse on the Arts and Sciences）就是其中的一篇获奖论文。

英国的很多传统学术重地，如伦敦、牛津、剑桥都位于英格兰南部。但在18世纪末，北部地区也涌现出一批自发成立、无政府资助的学会，如成立于18世纪60年代的伯明翰月光社（Lunar Society）、成立于1781年的曼彻斯特文学与哲学学会（Manchester Literary and Philosophical Society）以及成立于1783年的德比哲学学会（Derby Philosophical Society）。在意大利和德国，省级学会通常与大学合作，如成立于1714年的博洛尼亚科学院（Bologna Academy of Sciences）和成立于1751年的哥廷根科学院（Göttingen Academy of Sciences）。

18世纪下半叶，学院和学会开始拓展到了各国的殖民地。1768年，英国在其美洲殖民地成立了第一个科学学会美国哲学协会（American Philosophical Society），本杰明·富兰克林出任首任会长。1780年，马萨诸塞州立法机构批准成立美国艺术与科学学院（American Academy of Arts and Sciences），创始人包括马萨诸塞州多位美国革命领袖，如约翰·亚当斯（John Adams，1735—1826）、塞缪尔·亚当斯（Samuel Adams，1722—1803）及约翰·汉考克（John Hancock，1737—1793）。1784年，杰出的语言学家威廉·琼斯爵士（Sir William Jones，1746—1794）创办了致力于研究印度文化与自然世界的孟加拉亚洲学会（Asiatick Society of Bengal）。

1785年，菲拉戴尔菲斯学会（The Circle of Philadelphes）于法属殖民地加勒比海地区的圣多明戈（今海地）正式成立，该学会致力于社会及行政改革，后因奴隶制和种族等级观念上存在分歧而解散。

在18世纪，学院和学会成为一股致力于经济发展的新兴力量。伦敦艺术制造和商务促进会（Society for the Encouragement of Arts, Manufacture, and Commerce）成立于1754年，其声誉逐渐达到可以和皇家学会比肩的程度。该学会的成员都是启蒙运动中的杰出人物，如本杰明·富兰克林和亚当·斯密。在18世纪，"艺术"一词主要指技术。因此，艺术学会可以为技术创新提供经济报酬及声望荣誉。成立于1765年的汉堡爱国主义学会（Hamburg Patriotic Society）致力于利用科学创新推动经济发展并改善穷人的生活状况。农业学会也属于经济学会的一种，并于18世纪在欧洲如雨后春笋般发展起来。农业学会将拥护启蒙思想的地主们聚集到一起，努力提高农作物产量并将资金投入到土地的利用上。有些农业学会自发成立，而有些则得到了政府的资金支持，如1761年成立于巴黎的皇家农业学会（Royal Society of Agriculture）。学院会员是其声望和学术权威的重要基础。以皇家科学学院为代表的一些学院会给成员提供报酬，但也有许多学院是不给成员提供报酬的，在以英语为母语的国家中更是如此（尽管得到王室特许，且名称彰显皇家气派，但英国皇家学会并没有得到政府资助，也不给成员提供任何报酬）。对当时的作家来说，在著作扉页上标注自己属于某一著名学会是非常普遍的。声望还会给学会带来其他方面的影响，一些著名的学术领袖可以同时加入多个学会，而学会本身也需要与当时最杰出的思想家们有所交流。

和大学一样，学会一般只接受男性会员，是以男性为主导的学术生活服务机构。当然也有少数例外，如意大利博洛尼亚科学院就首先接收了博洛尼亚大学教授劳拉·巴斯（Laura Bassi，1711—1778）及其他几位女性学者加入学会（如法国物理学家夏特莱侯爵夫人）。而最惊世骇俗的一次例外则发生在1782年的沙皇俄国，凯瑟琳女皇任命她的朋友叶卡捷琳娜·达什科娃公主[①]（Princess Ekaterina Dashkova，1743—1810）出任皇家科学院院长一职。两年后，达什科娃又出任一所新成立的俄国学院的院长，

---

① 达什科娃是著名的沃龙佐夫家族成员，其家族为凯瑟琳女皇提供了很多帮助。1862年她的雕像被刻在俄罗斯千年纪念碑上。——译者注

该学院致力于俄国语言研究并参照了法兰西学术院的管理模式。达什科娃是俄国启蒙运动的领袖之一，她曾游历欧洲，是伏尔泰、富兰克林和狄德罗等众多杰出思想家的好友。虽然达什科娃以外国会员身份加入了多个学会，如瑞典科学院和美国哲学协会，但这并没有为众多女性打开加入学会的大门。在法国，女性主导的沙龙与学术界有着密切联系，并且加入顶级沙龙是进入各大学院的敲门砖。但即便如此，女性想进入法国学术界依然举步维艰。

学术界同样遭到法国大革命所带来的巨大冲击。1793 年，因被扣上了精英派或"贵族"机构的帽子，几所巴黎学术圈赫赫有名的学院以及多所省级学院都被暂时或永久性解散了。不过，一些志同道合的知识分子依然会私下聚会，从而填补了一部分学术圈的空白。之后的法国大革命和拿破仑战争也致使欧洲大陆许多学院和学会暂时或永久性的关闭，如博洛尼亚科学院。同时，欧洲大陆学会与英国学会的往来与合作也就此中断了。

参见：让·勒朗·达朗贝尔；艾萨克·牛顿；科学

拓展阅读：

Cochrane, Eric, *Tradition and Enlightenment in the Tuscan Academies 1690–1800*（Chicago: University of Chicago Press, 1961）.

Hahn, Roger, *The Anatomy of a Scientific Institution: The Paris Academy of Sciences, 1666–1803*（Berkeley and Los Angeles: University of California Press, 1977）.

McClellan, James E., III, *Science Reorganized: Scientific Societies in the Eighteenth Century*（New York: Columbia University Press, 1985）.

Paul, Charles B., *Science and Immortality: The Éloges of the Paris Academy of Sciences (1699–1791)*（Berkeley and Los Angeles: University of California Press, 1980）.

让·勒朗·达朗贝尔（1717—1783）

让·勒朗·达朗贝尔极具才华，最初是一名被遗弃的巴黎孤儿，但最终成长为法国启蒙运动杰出的科学家和哲学家。他因出生不久就被遗弃在让·勒朗教堂，故得名让·勒朗。

达朗贝尔因在数学和物理学领域的杰出贡献而蜚声世界。他认为数学是一门通过基本原理推导，并非通过观察现象和设计实验进行操作的学科，而物理学则是一门数学性的学科。尽管没有确切证据证明达朗贝尔曾经做过实验,但他依然是18世纪30至40年代法国物理界的一颗新星。他发表过很多文章并和其他科学家展开了各种论争。像许多法国哲学家和科学家一样,他也曾追随普鲁士腓特烈大帝,而且腓特烈大帝还于1752年邀请他出任柏林科学院主席。但达朗贝尔因留恋法国沙龙的学术生活而委婉拒绝了他的邀请,不过达朗贝尔还是就科学院管理事宜给腓特烈大帝提出了一些建议且取得了一定成效。在接下来的几十年中,他又陆续拒绝了来自普鲁士和沙皇俄国的邀请。

除了投身科学之外,达朗贝尔还积极参与其友人狄德罗《百科全书》的编撰工作并撰写了很多文章,其中包括著名的《百科全书序言》。这篇文章于1751年首次单独出版,是启蒙运动书籍中的一篇经典之作。他发表的一篇和日内瓦有关的文章曾引发他与卢梭之间的论争。作为日内瓦的本地居民,卢梭反对达朗贝尔提出的日内瓦权威应该允许修建戏剧院的建议。《百科全书序言》的出版引起了巨大轰动,达朗贝尔收到的各种阿谀奉承使他把注意力从数学转移到了文学上。在沙龙中,他因独特的个人魅力和令人愉悦的说话风格成为沙龙中的焦点人物。1764年,他从德芳侯爵夫人(Marquise de Deffand,1679—1780)的沙龙中退出,加入更年轻的朱莉·莱斯比纳斯(Julie-Jeanne-Éléanore de Lespinasse,1732—1776)创办的沙龙,此事当时震惊了整个法国学术圈。达朗贝尔和莱斯比纳斯是密友,并在莱斯比纳斯患病的最后岁月陪伴其左右。

作为哲学家,达朗贝尔希望自然科学成为人们重组一切知识的基础。和好友伏尔泰一样,他也厌恶有组织的宗教行为,同时也流露出对唯物主义哲学的失望。达朗贝尔对唯物主义的厌恶致使他于1759年决定退出《百科全书》的编撰工作,将所有后续工作留给了带有明显唯物主义倾向的狄德罗。

1764年,达朗贝尔在一场大病后完全抛弃了原有的数学追求,将大部分精力都投入到推进巴黎学术圈的启蒙运动事业和自身的职业发展上。1754年,他加入了法兰西学术院并于1772年成为学院的终身秘书。在法国历史上能够同时加入多个顶尖学会的杰出人物凤毛麟角,而达朗贝尔就是其中的一位。他同时是三所学院的会员,包括法国科学院、法兰西学术院以及以历史研究为宗旨的法兰西皇家铭文与美文学术院(Academy of Inscriptions)。他在法国学术圈的威望和在柏林科学院的强大影响力使他成为了青年科学家和作家的重要赞助人。孔多塞侯爵、数学家约瑟夫·拉格朗日①（Joseph-Louis Lagrange，1736—1813）以及皮埃尔-西蒙·拉普拉斯（Pierre-Simon Laplace，1749—1827）都曾接受过他的资助。1783年10月29日，达朗贝尔由于患膀胱疾病死于巴黎。

参见：学院与学会；《百科全书》；法国启蒙运动；沙龙；科学；剧院
拓展阅读：
Hankins, Thomas, *Jean d'Alembert: Science and the Enlightenment* (Oxford: Oxford University Press, 1990).

美国革命与建国

作为美洲第一个后殖民时代的国家，美国在大革命期间及漫长的建国过程中大量借鉴了启蒙运动的观念和文化。究竟启蒙运动中哪些要素对美国缔造者们产生了巨大影响？学者们经常就此争论不休。有些学者认为是受到约翰·洛克的影响，而另外一些学者则认为是受到苏格兰启蒙运动的影响。支持美国独立的革命者们有意在1776年《独立宣言》中借鉴了一些欧洲思想，从而使美国革命事业得到了绝大多数欧洲开明人士的关注。美国革命的许多领导人，如本杰明·富兰克林、托马斯·潘恩及托马斯·杰斐逊都是启蒙运动的参与者。早在美国革命爆发的几十年前，富兰克林就已经成为欧洲启蒙运动（尤其在法国）的领袖之一，并且他还在1778年被大陆会议任命为外交特使出使法国。富兰克林的这些人生阅历对美国革命事业来说都是无价之宝。潘恩则是革命运动中最为高产的小册子作家。杰斐逊是《独立宣言》的主要撰写者，他在宣言中借鉴了许多启蒙运动的思想和理念，如人权天赋说等。

德尼·狄德罗是欧洲最早一批提倡革命的启蒙思想家之一，他的《美国革命》（*The Revolution in English America*）一书在1775年出版，比《独立宣言》的出版时间还要早。而既是间谍同时也是军火商的卡隆·德·博马舍（Pierre Caron de Beaumarchais，1732—1799）和亲自参战的拉法耶

---

① 约瑟夫·拉格朗日（Joseph-Louis Lagrange，1736年1月25日—1813年4月11日），法国籍意大利裔数学家和天文学家。他在数学、物理和天文等领域做出了很多重大贡献，尤其提出了著名的拉格朗日中值定理并创立了拉格朗日力学等。——译者注

特侯爵（Marquis de Lafayette，1757—1834）则为美国独立战争提供了更多的实际援助。持启蒙思想的安 – 罗伯特 – 雅克·杜尔哥（Anne-Robert-Jacques Turgot）是1776年法国政府的领导者之一，他非常崇尚革命理想。不过，他与支持美国独立战争的法国人观点相反，认为法国负担不起支持革命所需的种种开销。作为最主要的"开明专制者"，虽然普鲁士的腓特烈大帝和沙皇俄国的凯瑟琳女皇都不会以和英国开战为代价来支持美国独立，但两者都表示了对于革命的同情。但另一位开明君主，西班牙查尔斯三世（Charles III，1716—1788）确实以参加战争的方式来支持美国的革命派；不过，这是因为他想要收复在"七年战争"①（Seven Years War，1756—1763）中被英国占领的领土，而并非出自对革命事业的同情。毕竟，革命很可能会给西班牙在美洲庞大的殖民地统治带来威胁。

启蒙运动的影响并没有随着美国革命的胜利戛然而止，而是继续在美国联邦条例和美国宪法制定及美国政治制度建立的过程中发挥着重要作用。美国革命领袖、政治理论家约翰·亚当斯邀请法国哲学家加布里埃尔·马布利（Gabriel Bonnot de Mably，1709—1785）对美国宪法进行了评述。马布利出版了《美国政府和法律概观》（Observations on the Government and Laws of the United States of America，1784），这是欧洲对这个刚刚诞生的国家发表的重要评论之一，他还在书中暗示美国各州并未完全清除贵族阶层的影响。在亚当斯所著的《美利坚合众国政府宪法之辩护》（Defence of the Constitutions of Government of the United States of America，1787—1788）一书中，有部分内容是针对欧洲对美国联邦制的批评做出的回应。孔多塞是美国革命的坚定拥护者并最终成为康涅狄格州纽黑文市的一名名誉公民。孔多塞的《纽黑文一个资产阶级给弗吉尼亚一个公民的信》（Four Letters from a Bourgeois of Newhaven to a Citizen of Virginia，1788）是为数不多的一篇提倡女性应享有政治和法律平等权利的启蒙运动文章，但这也让孔多塞遭到来自亚当斯的蔑视。

在对美国宪法适用性的探讨中，最著名的是由亚历山大·汉密尔顿

---

① 七年战争（Seven Years War），又称"英、法七年战争"，爆发于1756年5月17日，这场战争是欧洲两大军事集团英国—普鲁士同盟与法国—奥地利—俄国同盟之间为争夺殖民地和霸权而进行的一场大规模战争。战场遍及欧洲大陆、地中海、北美、古巴、印度和菲律宾等地，对18世纪后期当时国际战略格局的形成和军事学术的发展均产生了深远影响。——译者注

（Alexander Hamilton，1755—1804）、詹姆斯·麦迪逊（James Madison，1751—1836）和约翰·杰伊（John Jay，1745—1829）共同撰写的《联邦党人文集》（*Federalist Papers*），该书借鉴了不少启蒙运动的政治理念。宪法中所写的行政权、立法权和司法权三权分立思想则在很大程度上归功于孟德斯鸠的学说。这些美国缔造者们最为激进的一项改革就是拒绝接受官方宗教，或者说拒绝政府职位沦为宗教的附庸，这种观点与启蒙运动对宗教机构的厌恶同出一辙。美国在独立战争中取得了胜利，在许多欧洲启蒙运动人士看来，美国取代了英国，成为了政府中的典范；而美国领导人乔治·华盛顿（George Washington，1732-1799）也成为人们极为钦佩的人物，甚至很多英国人也同样崇拜华盛顿。华盛顿在第二个总统任期期满后自愿放弃权力并退休，甘愿在乡下庄园隐居的举动引起了人们的热烈关注，大家都认为这是一位克服了野心的人。

参见：殖民主义；本杰明·富兰克林；托马斯·潘恩；政治哲学
拓展阅读：

Staloff, Darren, *Hamilton, Adams, Jefferson: The Politics of Enlightenment and the American Founding*（New York: Hill and Wang, 2005）.

Wills, Garry, *Cincinnatus: George Washington and the Enlightenment*（Garden City, NY: Doubleday, 1984）.

Wood, Gordon S., *The Radicalism of the American Revolution*（New York: Vintage, 1993）.

艺术与建筑

既有时而怪诞、时而华丽的洛可可风格，也有朴素、中规中矩的新古典主义风格，丰富的艺术风格是18世纪的欧洲标志性的艺术特色。然而，没有一种艺术风格能够完整诠释所谓的"启蒙运动风格"，而启蒙思想家们也有着截然不同的审美品位。不过，我们依然能从中总结出一些规律来。总体而言，除了极个别的宗教作品外，拥护启蒙运动的反教权主义者不喜欢宗教主题或具有宗教用途的艺术和建筑，而更欣赏那些世俗风格的艺术和建筑。因此，18世纪基本上不是一个以伟大宗教艺术风格著称的时代。较之中世纪风格，古典和文艺复兴时期的艺术和建筑风格更受欢迎。事实上，除了建筑和艺术风格外，中世纪的很多东西都遭到启蒙运动支持者毫不留情的批判。"哥特式"是一个被滥用了的术语，它将中世纪建筑的辉煌成就与摧毁罗马帝国的野蛮人联系在一起。启蒙运动真正的艺术审美是16、17世纪审美思想的延续。在建筑方面，当时流行的是"帕拉第奥"式建筑风格①（Palladian），该风格是由文艺复兴时期的建筑师安德烈亚·帕拉第奥（Andrea Palladio，1508—1580）创造并流传下来的，他将这种风格看作是对古希腊和古罗马建筑风格的复兴。18世纪的帕拉第奥式风格建筑彰显出启蒙运动对理性与自然的推崇。帕拉第奥式建筑秉承古典传统，在早期的美国具有非同一般的影响力。

提到古典风格，还有一位极具影响力的建筑家，他就是来自德国的约翰·约阿西姆·温克尔曼（Johann Joachim Winckelmann，1717—1768）。温克尔曼把古希腊艺术视为人类艺术史上从未被超越的巅峰。他皈依天主教以深入探索意大利和梵蒂冈的古代遗产，并成为了罗马教廷的首席图书管理员及馆长。他的《古代艺术史》（History of the Art of Antiquity，1764）最初是用德语写成的，后被翻译成法语、英语和意大利语。在书中，他针对强调激情的巴洛克风格提出了强调单纯与静穆之美的新古典主义风格。

一些画家和其他艺术家，如英国的乔舒亚·雷诺兹爵士（Sir Joshua Reynolds，1723—1792）也属于启蒙运动知识分子群体。启蒙运动知识分子的身份为艺术家们提供了一种契机，让他们可以像其他具有创造力的工人一样摆脱工匠阶层的社会地位。法国新古典主义雕塑家让–安托万·乌东（Jean-Antoine Houdon，1741—1828）就是因创作了伏尔泰、卢梭、凯瑟琳女皇、乔治·华盛顿等启蒙运动名人的雕塑而闻名于世的。德尼·狄德罗是最有影响力的法国启蒙艺术批评家，曾为法国两年一度的绘画作品博览会沙龙撰写各种评论性文章。狄德罗遵循古人对自然进行"现实主义"模仿的传统，希望通过自然的召唤对读者或观众在道德上加以引导。狄德罗是法国画家让–巴蒂斯特·格勒兹②（Jean–Baptiste Greuze，1725—1805）的追随者，后者擅长强调农村家庭美德的"道德画"，并以此对城

---

① 帕拉第奥式建筑是一种欧洲风格的建筑。建筑师安德烈亚·帕拉第奥（1508—1580）是此风格的代表。帕拉第奥式建筑主要是根据古罗马和希腊传统建筑的对称思想和价值建立起来的。——译者注
② 让–巴蒂斯特·格勒兹，法国画家，擅长风俗画和肖像画。1725年8月21日生于图尔尼，1805年3月21日逝世于巴黎。——译者注

市和贵族的腐败进行含蓄的批判。

　　法国艺术传统极具影响力，在18世纪初的德国甚至占据了主导地位。德国贵族对法式新古典主义的推崇让许多德国艺术家备受打击。开明君主普鲁士腓特烈大帝也不例外，他因蔑视德国文化，甚至德语而臭名昭著。不过，在约翰·塞巴斯蒂安·巴赫（Johann Sebastian Bach, 1685—1750）和沃尔夫冈·阿玛多伊斯·莫扎特（Wolfgang Amadeus Mozart, 1756—1791）生活的时代，德国人最热爱的艺术却非音乐莫属。

参见：德尼·狄德罗；戈特霍尔德·埃夫莱姆·莱辛；文学

拓展阅读：

Etlin, Richard A., *Symbolic Space: French Enlightenment Architecture and Its Legacy*（Chicago: University of Chicago Press, 1994）.

Kennedy, Roger G., *Orders from France: The Americans and the French in a Revolutionary World, 1780–1820*（New York: Knopf, 1989）.

Metropolitan Museum of Art, *Europe in the Age of Enlightenment and Revolution*（New York: The Museum, 1987）.

切萨雷·贝卡利亚（1738—1794）

　　切萨雷·贝卡利亚（Cesare Beccaria）于1738年3月15日出生在米兰的一个贵族家庭。米兰当时是奥地利哈布斯堡王朝统治下伦巴第王国（Duchy of Lombardy）的首都。贝卡利亚是启蒙运动中最重要的法学作家之一。他在一所耶稣会接受教育，但也自学阅读了狄德罗、休谟、孟德斯鸠和卢梭等启蒙作家的作品。

　　贝卡利亚把阅读心得及对本国法庭的观察都写进了《论犯罪与刑罚》（*On Crimes and Punishments*, 1764）一书中。贝卡利亚主张推行更加合理的法律程序，呼吁人们给予被告更多公平、废止秘密审判、严刑逼供及死刑。受孟德斯鸠影响，他认为法律惩罚的目的是给犯罪分子一种威慑力，旨在改善社会而非报复犯罪。贝卡利亚的社会理论受到卢梭及其社会契约论的影响，认为个体在契约的束缚下放弃自由能够换来安定的社会秩序。惩罚则是维持良好社会秩序的一种必要的邪恶手段。而为维护公共利益服务所做出的惩罚力度如果超出实际需要，这种惩罚就是邪恶的，应该被废除。在处罚犯罪分子时，应严格按照其所犯罪行的严重程度进行量刑，从而达到强化刑罚震慑力的效果。死刑并不能有效阻止犯罪，这也是贝卡利亚反对死刑的原因之一。相比死刑，终身奴役对那些犯下重罪的人会更有震慑力。他认为法律条文必须书写清楚，公布于众；法官不得无视法律、肆意妄为；法律面前人人平等。

《论犯罪和刑罚》引起了巨大轰动，先后被翻译成法语和英语，并受到了启蒙运动领袖们的大力赞扬。长期投身于法国司法改革运动的伏尔泰非常仰慕贝卡利亚，还曾运用贝卡利亚的法律理念写过一篇点评当时法国司法系统的短评。然而，贝卡利亚生性腼腆，导致他在巴黎的短暂访问不啻为一场灾难。另外，贝卡利亚的改革项目也受到欧洲各国统治者的推崇。虽然这些君主对法律改革做出的口头承诺总是比实际行动多，贝卡利亚还是使瑞典国王古斯塔夫三世（Gustavus III，1771—1792年间在位）颁发皇令于1772年废除了本国的酷刑，并对俄国凯瑟琳女皇早期的法律改革产生了很大影响。贝卡利亚还促使其祖国意大利在法律方面也进行了一些改革。贝卡利亚还影响一些美国的缔造者及之后的法律改革家，如英国功利主义哲学家杰里米·边沁[①]（Jeremy Bentham，1748—1832）。贝卡利亚之后的著作都不能与《论犯罪和惩罚》相提并论，他后来成为伦巴第王国的一名公务员并于1794年11月28日在米兰去世。

参见： 意大利启蒙运动；政治哲学
拓展阅读：
Bessier, John D., *The Birth of American Law: An Italian Philosopher and the American Revolution*（Durham: Carolina Academic Press, 2014）.

《圣经》

时至今日，《圣经》仍是最重要的基督教经典著作。在整个启蒙运动过程中，即使对于非基督教信徒来说，《圣经》也是一颗检验文化的试金石。尽管基督教的大部分教派都对《圣经》的神圣启示深信不疑，但启蒙运动

---

① 杰里米·边沁（1748年2月15日—1832年6月6日），英国法理学家、功利主义哲学家、经济学家和社会改革者。他是一个政治上的激进分子，也是英国法律改革运动的先驱和领袖，还对社会福利制度的发展做出了重大贡献。——译者注

中的怀疑论者和许多其他学者都对其权威性提出了各种质疑。巴鲁赫·斯宾诺莎是17世纪最激进的《圣经》批评家，也是启蒙运动中最有影响力的人物之一。像所有受过传统教育、有才能的犹太青年一样，斯宾诺莎非常精通希伯来语版本的《圣经》。他运用自己的知识把《圣经》作为一份历史文献，并首次对其进行了世俗化的解读。对斯宾诺莎和其思想继承者来说，《圣经》包含了很多珍贵的教学和历史信息，但并不具有任何神圣性。在17世纪，很少有人能够接受斯宾诺莎的观点。即使有少数追随者，但也大都不是各领域的领军学者，因为当时大多数杰出人物都在一些遵守教会教义的大学里工作。

英国自然神论者约翰·托兰（John Toland，1670—1722）是深受斯宾诺莎主义影响的学者之一。托兰利用自己对早期基督教著作不断了解的优势开始对所谓的《圣经》神性提出各种质疑。他希望弄清早期基督教著作中哪些内容是取自《圣经》，而哪些是取自其他古代宗教著作。他指出，教会的神父们无法在《圣经》中的任何一段经文的理解上达成共识。

斯宾诺莎主义提高了《圣经》学者的研究热情，他们不仅关注天主教徒与新教徒之间的差异（16和17世纪早期的研究热点），还开始从整体上对基督教进行自我辩护。法国奥拉托利会（Oratorian）牧师理查德·西蒙（Richard Simon，1638—1712）是早期启蒙运动时期最重要的天主教《圣经》学者之一。因为新教将《圣经》看作是唯一的宗教权威，西蒙对《圣经》的历史研究在一定程度上代表了天主教对新教信条的驳斥，同时也被认为是对斯宾诺莎怀疑论的回应。西蒙提出了一个原则，即原版《圣经》具有神圣的灵性，但其抄写版会因抄写者的错误失去这种灵性。尽管西蒙将支持天主教正统视为自己的使命，但由于他的研究引起了极大关注，其所著的《旧约批判史》（*Critical History of the Old Testament*，1678年出版；1682年英译本出版）被法国政府没收并销毁，而他也于1678年被驱逐出了奥拉托利会。西蒙也影响了艾萨克·牛顿对《圣经》的解读，后者接受《圣经》具有神圣启示的观点，但声称其中真正的宗教真理被掩盖了。牛顿认为精细阅读《圣经》会使自己更坚持反对"三位一体学说"①。牛顿在晚年投入大量时间试图了解《圣经》的时间线索及其末日预言，他的这一举

---

① 三位一体学说创立于第一次尼西亚公会议的《尼西亚信经》，是天主教会、东正教会和基督新教的基本信条。三一论主张圣父、圣子、圣灵为同一本体（本性）、三个不同的位格。——译者注

动也让许多信奉世俗主义、持有启蒙思想的追随者感到非常困惑。

启蒙运动中很多最积极的反基督教作家（如伏尔泰）并不是《圣经》研究者。虽然他们并不熟悉《圣经》文本，但依旧可以通过对《圣经》文化的了解对其进行解读。在阅读和解释古代犹太人故事时，伏尔泰认为这些故事并不能显示教徒与上帝之间存在的特殊关系，反而展现出他们野蛮和残忍的一面，有时这些故事甚至是在歪曲事实。法国本笃会修士安托万·卡尔梅特（Antoine Calmet，1672—1757）的著作是伏尔泰借助的言论武器。安托万是一名虔诚的天主教徒，他的《圣经历史、评论、年代、地理及文学词典》（*Historical, Critical, Chronological, Geographical and Literal Dictionary of the Bible*，1722）曾被翻译成欧洲多国语言。伏尔泰的友人兼学术伙伴夏特莱侯爵夫人也对《圣经》持批判态度，不过她的评论只有手稿，并未正式出版。大卫·休谟也批判《福音书》中与耶稣有关的奇迹故事，这些故事常常被基督教捍卫者视为基督教神圣性的最有力证据。爱德华·吉本虽从未明确否认基督的神性，但在《罗马帝国衰亡史》一书中将《新约》中关于耶稣的神奇故事和古代异教奇迹创造者等同起来，从而暗示耶稣并不是上帝的儿子，他和其他异教徒没有任何区别。在《理性时代》（*The Age of Reason*，1795）下篇中，托马斯·潘恩也详细地批判了《圣经》。潘恩的朋友托马斯·杰斐逊花了大量时间研究《福音书》，尤其关注的是一些奇迹故事和耶稣复活等超自然、有违常理的情节，并认为这些故事不过是后人自行想象添加的而已。杰斐逊试图从这些故事中提取出一些耶稣真实的信息，不过他认为主要是道德层面的。

参见： 艾米丽·夏特莱侯爵夫人；启蒙运动中对犹太人和犹太教的认识；爱德华·吉本；艾萨克·牛顿；托马斯·潘恩；宗教；巴鲁赫·斯宾诺莎；伏尔泰

拓展阅读：

Breuer, Edward, *The Limits of Enlightenment: Jews, Germans, and the Eighteenth Century Study of Scripture*（Cambridge, MA: Harvard University Press, 1996）.

Frampton, Travis L., *Spinoza and the Rise of Historical Criticism of the Bible*（New York: T & T Clark, 2006）.

Sheehan, Jonathan, *The Enlightenment Bible: Translation, Scholarship, Culture*（Princeton and Oxford: Princeton University Press, 2005）.

书籍、出版业和审查制度

18 世纪，欧洲图书贸易蓬勃发展，其发展原因主要可以归结为以下三个因素：不断增长的认读率、审查制度的衰落以及印刷商人和图书商人协会的没落（曾是 17 世纪出版业的主要书讯传播渠道）。18 世纪，书籍的出版权通常由出版商把持。在英国，一系列的法律纠纷最终使作者和书商在出版界的地位得到了提升。出版商和图书批发商之间几乎没有太大区别，许多出版商借助同行的帮助用自己的库存来交换竞争对手的书籍。少部分名著是通过"捐助"出版的，由读者和图书馆出资，以此来换取书籍的一份或多份副本（如今 Kickstarter 网①也开启了这种众筹模式）。

为了控制宗教和政治言论，18 世纪大多数欧洲国家都实行严格的审查制度。审查官会在出版前审查文本，一些过于危险的文本会被禁止出版，审查官还会对文本提出删改建议。当然，并不是所有书籍都要交由审查机构进行审查，当时也有很多书籍没有提交审查。原因也很简单，因为作者和出版商知道审查官不可能会同意出版这样的著作。政府和教会共同执行审查程序。天主教会的审查署还曾设立《禁书目录》（*Index of Forbidden Books*），罗列了一系列禁止天主教徒留存或阅读的书目。不过到了 18 世纪，《禁书目录》的影响力逐渐下降。除法国以外，绝大多数地中海天主教国家还设有拥有图书出版批准权的宗教裁判所。审查制度对许多启蒙运动作家来说都是一个令人头痛的问题，他们不得不通过各种手段来出版某些极具争议性的著作，如传播手稿、匿名出版、使用假名以及在出版物上提供误导性的出版时间和地点等。

欧洲国家之间的审查制度存在很大差别。英国在 1695 年《出版法案》（*Licensing Act*）到期时废除了审查制度，但这并没有促进出版自由现代理念的出现。尽管作品不需要在出版前提交给审查人员进行审查，但一旦作品被认定含有亵渎、诽谤或颠覆思想的内容，印刷商和作家在出版后仍然会面临被起诉的风险。对议会程序进行报道也是一种非法行为。尽管如此，英国仍然是整个欧洲最大程度享有出版自由的国家，这也令包括伏尔泰在内的很多法国人感到惊奇。另一个拥有出版自由传统的国家是荷兰共和国，其最大的城市阿姆斯特丹（很多法国新教徒居住于此）是法国非法出版物

---

① Kickstarter 于 2009 年 4 月在美国纽约成立，是一个专为具有创意方案企业筹资的众筹网站平台。2015 年 9 月 22 日该网站宣布重新改组为"公益公司"。——译者注

的乐土。很多法语书在伦敦、阿姆斯特丹或法语城邦日内瓦（地处法国和瑞士之间）等地出版并被偷运回法国，这其中包括许多最伟大的启蒙运动经典著作。然而，日内瓦也并不是出版商的世外桃源，卢梭受到日内瓦政治辩论启发所撰写的《社会契约论》(The Social Contract)就在日内瓦被公开焚毁。

1750 到 1763 年期间，克里蒂安·吉约姆·马尔泽布尔（Chretien Guillame des Malesherbes，1721—1794）负责法国出版审查。他非常同情启蒙运动并放宽了对当时启蒙运动作家的审查，从而使许多颇具争议的著作得以出版。另外，这些地处日内瓦、阿姆斯特丹和伦敦且实力雄厚的法语出版社也为法国作家们提供了各种便利条件，帮助他们出版一些极具争议性的著作，甚至大量走私回法国。法国图书审查对启蒙运动著作的关注导致了一个十分矛盾的后果，即所有被审查的书籍，包括色情作品都被称为"哲学书"。一位匿名作者利用这种审查制度中的漏洞出版了 18 世纪的经典色情作品《哲学家泰利兹》(Thérèse Philosophe，1748)，该书将对女主人公的性教育描述与唯物主义和反宗教哲学结合在一起。

在法国，走私"哲学书籍"是一个高度发达的产业。为逃避检查，走私者采用多种手段，如将合法书籍和禁书混在一起印刷，这种方法被称为"结婚"或"填肉馅"。这种书籍在运输时通常不提前装订，因此可以随时分开。当然，这个行业也是具有高风险的，一旦被控走私禁书可能会被抓捕入狱。由于印刷、进口、走私和出售书籍比较危险，因此"哲学书籍"要比审查机构同意出版的合法书籍昂贵得多。另外，即便是在家里存有禁书也是十分危险的。年轻的法国贵族骑士德·拉巴雷（the Chevalier de la Barre）就因在家中存放一本伏尔泰的《哲学词典》被判处亵渎罪。让启蒙运动人士感到更为可怕的是，德·拉巴雷的案子是由巴黎最高法院审判的，而巴黎是启蒙运动的中心。1766 年，德·拉巴雷在遭到严刑拷打后被斩首，在尸体火化后，行刑者在火堆里扔了一本《哲学词典》的副本。

德国也是书籍生意兴盛的贸易中心，并主办了当时欧洲两大最具影响力的图书博览会——法兰克福和莱比锡图书展。启蒙运动时期，尤其在 1760 年之后，适应德国读者和德国出版业的书籍市场逐渐发展起来。德国启蒙运动读者们成立了很多读书俱乐部，如柏林的"星期三学会"（Wednesday Society）。俱乐部购买、讨论新书或订阅关于书评的杂志，从而能够了解最新的出版物信息。德国是由很多享有主权的王国或公国组成的，它非常希望能够提高本国民众的阅读能力及国家的出版能力。普鲁士是德国最大的王国，但该国的审查制度毫无组织性，审查官各自为政，审查规则难以统一。1740年，腓特烈大帝试图通过柏林学院统一图书审查制度来改变这种现状，但由于学者们不愿意承担这个费力不讨好的任务而导致计划最终失败。

受启蒙运动影响的美国开国元勋们在《宪法第一修正案》上超越了英国和荷兰的做法，他们运用宪法保障了美国的出版自由。然而，出版自由与前十项修正案或称《权利法案》中的其他条款一样，最初并不适用于各州，而仅适用于联邦政府。因此，许多州还保留着用来惩罚反宗教出版物的亵渎法。因为敌视革命中的法国，1798年约翰·亚当斯政府颁布了《惩治煽动叛乱法案》，该法案是一系列镇压措施的一部分，但却大大限制了美国的出版自由。（该法令一直未被废除，仍记录在法令全书里，但现在已被美国政府视为"无效法令"。）对法国革命的敌意也促使沙皇俄国建立了更为严格的审查制度；1793年，俄国改变了原本松散的监管机构，加强了图书审查制度化管理。

参见：美国大革命和建国；《圣经》；《百科全书》

拓展阅读：

Darnton, Robert, *The Forbidden Best-Sellers of Pre-Revolutionary France*（New York and London: Norton, 1996）.

Darnton, Robert, *The Literary Underground of the Old Regime*（Cambridge, MA: Harvard University Press, 1982）.

Sher, Richard B., *The Enlightenment and the Book: Scottish Authors and Their Publishers in Eighteenth-Century Britain, Ireland, and America*（Chicago: University of Chicago Press, 2010）.

卡拉斯案

发生于1761年的卡拉斯案是法国启蒙运动中的著名案件。在当时的法国，天主教徒非常鄙视新教徒，而自1685年以来新教也因信徒过少被视为非法宗教。法国图卢兹市一个新教家庭的儿子马卡-安托万·卡拉斯（Marc-Antoine Calas）自杀身亡，其父让·卡拉斯被指控因要阻止儿子皈依天主教而将其谋杀。当地天主教牧师煽动人们对卡拉斯家族的仇恨情绪，数十名天主教神职人员参加了马卡－安托万的公开葬礼。图卢兹法庭对让·卡拉斯进行了审讯并对其严刑拷打，但他依然拒绝承认杀死了自己的儿子。即使法庭的判决依据存在很多漏洞，让·卡拉斯还是于1762年3月10日被当众施行了绞刑。卡拉斯家族的其他成员遭到驱逐，财产被全部没收。即使卡拉斯案的审判者辩称自己遵循了法国刑事审判的官方程序，但该案根本毫无公允可言。与其说审判官要平复天主教牧师们歇斯底里的情绪，倒不如说他只是希望处决能够阻止天主教徒掀起一场大规模反新教的暴力冲突而已。当然，当时的司法部门担心新教徒在法国与新教英国交战之际发生暴乱也是另外一个决定性的因素。毕竟，在另一场英、法两国的战争（西班牙王位继承战）中，法国因国内发生了新教徒叛乱不得不在1702年至1710年期间不断调拨军队镇压起义。

伏尔泰在卡拉斯被处决后不久得知了此案。伏尔泰一向对宗教迫害较为敏感，他认为在这种情况下，要么是宗教不宽容政策导致父亲谋杀了儿子，要么就是执法人员合谋折磨并谋杀了一个无辜的人。伏尔泰对该案展开了深入研究并得出结论：让·卡拉斯是冤死的。此后，伏尔泰为卡拉斯案不停奔走并资助卡拉斯家族，同时发表了多篇论述该案的文章。他还动用自己在法国法庭的人脉关系使此案获得了重审的机会。1765年，卡拉斯的判决被一支特派法官小组平反昭雪，卡拉斯一家得到了赔偿并被允许返回图卢兹。在当时涉及宗教迫害和司法暴政的案件中，卡拉斯案是引起伏尔泰和其他法国启蒙运动领袖关注的一个大案。在伏尔泰死后，反对宗教不宽容政策以及不公正刑事程序的运动仍在继续。1787年，法国新教徒终于获得了公民权利。

参见：法国启蒙运动；宗教；伏尔泰
拓展阅读：
Bien, David D., *The Calas Affair: Persecution, Toleration, and Heresy in Eighteenth Century Toulouse*（Westwood, CT: Greenwood, 1979）.

俄国沙皇凯瑟琳二世（1729—1796）

1729年5月2日，德意志安霍尔特－策尔布斯特王族（Anhalt-Zerbst）

的公主索菲娅（Sophie）出生于普鲁士的斯德丁（今波兰什切青）。1745年，她嫁给了俄国未来的沙皇彼得三世（Peter III，1728—1762），并在俄国东正教教堂正式改名为凯瑟琳。尽管母亲是俄国人，彼得三世也有德国血统并和凯瑟琳是远房表兄妹关系，凯瑟琳在彼得三世执政六个月后于1762年发动政变，成功夺取皇位成为沙皇俄国的女皇。凯瑟琳当政几天后，彼得三世去世，死因不明，但有人冒名顶替，自称是彼得三世并宣称将会阻挠凯瑟琳的统治。

凯瑟琳对欧洲启蒙运动的态度一直不是很明朗。她博览群书，对伏尔泰、孟德斯鸠和贝卡利亚等人的著作非常熟悉。受到孟德斯鸠和贝卡利亚的启发，凯瑟琳开始推行一系列旨在使俄国变得更为自由和解放的启蒙项目，如使饱受压迫的农奴享有更多个人自由、召开法律改革会议，专门修订17世纪中期以来的法律规范以促进法律平等；然而，这些启蒙项目并没有真正彻底落实。1767年，凯瑟琳颁布了《昭告立法委员会起草新法典》的圣谕（Instructions to the Legislative Commission for Composing a New Code of Laws），她还希望欧洲读者了解此圣谕，将其翻译成法语、英语和拉丁语等多种欧洲语言。这些新法规借鉴了孟德斯鸠、贝卡利亚及《百科全书》的启蒙思想。尽管许多欧洲人认为沙皇政府非常专制，根本没有实现孟德斯鸠所说的三权分立，但凯瑟琳仍坚持认为俄国采用的也是欧洲的主流政体，是绝对主义君主立宪政体。她对一些启蒙思想非常赞同，如废除司法酷刑等。在《圣谕》中，凯瑟琳使用世俗术语描述沙皇俄国的君主专制。然而，立法委员会本身并没有真正进行大刀阔斧的改革。

凯瑟琳在位期间非常重视教育，当时俄国在教育领域远远落后于大多数欧洲国家。她在俄国大力开办女性教育机构，并于1764年在圣彼得堡成立了斯莫尔尼女子贵族学校（Smolny Institute for Noble Girls），在莫斯科设立了新圣女女子学校（Novodevichy Institute）。在凯瑟琳执政初期，她不但让俄国军校学员学习过硬的军事专业知识，还给他们提供更全面、更开明的教育。

在1773年和1774年，凯瑟琳对叶米里扬·伊万诺维奇·普加乔夫（Yemelyan Ivanovich Pugachev，约1742—1775）领导的大规模农民和哥萨克家族起义进行镇压，这标志着开明专制统治正式结束，不过当时还有很多计划和改革内容尚未完成。在镇压叛乱的过程中，由于需要赢得俄国贵族的支持，凯瑟琳加强了贵族对农民的控制，甚至将农奴制扩展到了一些之前并未实行农奴制的地区。她对犹太教、伊斯兰教、罗马天主教徒和其他少数派宗教实施的宗教宽容政策也各有不同。她称自己为"哲人女皇"，然而，对那些并不了解沙皇俄国情况的欧洲启蒙运动思想家来说，俄国就是一个落后和野蛮的国家。德尼·狄德罗曾对凯瑟琳非常崇拜，甚至还在1773年到1774年间访问过俄国。凯瑟琳还购买他的全部藏书来资助穷困的狄德罗，并在他去世后才将这些书收归国有。（凯瑟琳还从伏尔泰的继承人那里获得了伏尔泰的藏书。）

即使在转向保守主义之后，凯瑟琳仍继续在俄国精英阶层中推广启蒙文化。她是一位伟大的艺术收藏家和著述颇丰的作家。她写过回忆录、小说，也写过几部戏剧和歌剧，且这些剧作都曾在剧院上演过。她还于1763年在冬宫（Winter Palace）建立了一座剧院，并于1785年在圣彼得堡建立了隐士剧院（Hermitage Theater）。凯瑟琳还将天花疫苗引入俄国，并用自己的脓疱提取物给近臣做预防接种。她还资助了俄国著名的科学机构圣彼得堡皇家科学院，并打破欧洲科学界的传统和文化，于1782年任命自己的女性朋友叶卡捷琳娜·达什科娃为皇家科学院院长。凯瑟琳还鼓励发展印刷业（尽管尚未达到出版自由）并鼓励将欧洲书籍翻译成俄语。尽管凯瑟琳对西方文化非常感兴趣且自身也具有外国血统，但是她也会指责俄国人过于重视模仿外国的礼仪。

凯瑟琳所写的戏剧体现了自己的文化思想，她在剧中既抨击俄国的落后，也抨击一些西方的文化入侵行为（如共济会）。她认为这种组织具有颠覆性的破坏力并在1785年后开始镇压共济会。她在外交政策上继续秉承俄国传统的扩张主义路线，于1795年伙同普鲁士和奥地利共同瓜分了奥斯曼帝国和波兰。1789年法国大革命之后，她进一步强化保守主义统治并于1793年建立了严格的图书审查制度。1796年11月17日，凯瑟琳因中风在皇村（Tsarskoye Selo）去世。

参见：性别；政治哲学
拓展阅读：

Alexander, John T., *Catherine the Great: Life and Legend*（New York: Oxford University Press, 1989）.

De Madariaga, Isabel, *Catherine the Great: A Short History*（New Haven: Yale University Press, 1990）.

Le Donne, John P., *Ruling Russia: Politics and Administration in the Age of Absolutism*（Princeton: Princeton University Press, 1984）.
Woronzoff-Dashkoff, Alexander, *Dashkova: A Life of Influence and Exile*（Philadelphia: American Philosophical Society, 2008）.

艾米利·夏特莱侯爵夫人（1706—1749）

艾米利·夏特莱侯爵夫人于1706年12月17日出生在法国巴黎。夏特莱出身于贵族家庭并在母亲主持的沙龙里不断受到学术熏陶。她很早就对英国人的思想十分感兴趣，并翻译了伯纳德·曼德维尔①（Bernard de Mandeville）备受争议的作品《蜜蜂的寓言》（*Fable of the Bees*，1714）。该书宣扬利己主义，甚至认为罪恶是繁荣的基础。她师从法国两位著名的牛顿派科学家皮埃尔－路易·莫佩尔蒂（Pierre-Louis Moreau de Maupertuis，1698—1759）和亚历克西斯·克莱罗（Alexis Clairaut），系统学习了高等数学和牛顿物理学。17世纪30年代初，她定居巴黎，在其性格宽厚的丈夫的默许下，她经常出入沙龙并与多位著名思想家上演了一系列风流韵事，其中也包括在1733年结识的伏尔泰。

当时，伏尔泰试图用艾萨克·牛顿的物理学取代法国的笛卡尔物理学。由于夏特莱在数学方面的才华要远远超出自己，伏尔泰邀请她加入自己的战线。他们在位于农村的西雷（Cirey）进行实验并著书立说。夏特莱为伏尔泰撰写《牛顿的哲学元素》（*Elements of the Philosophy of Newton*，1738）一书提供了至关重要的帮助。

夏特莱的第一部著作是匿名出版的《物理学研究所》（*Institutes of Physics*，1740）。在书中，她将牛顿、笛卡尔及牛顿的竞争对手莱布尼茨的一些观点结合起来，如"活力"或"活动的力"。当时法国人对莱布尼茨的物理学知之甚少，夏特莱是第一位用法语介绍莱布尼茨的法国人。不过，伏尔泰不喜欢夏特莱对莱布尼茨表示出无比的尊重，因为他本人非常讨厌莱布尼茨，而夏特莱在某些问题上更赞同莱布尼茨而不是牛顿的观点。该书是匿名出版的，但很多人猜测该书应是出自女性之手，作者的身份很

---

① 伯纳德·曼德维尔（Bernard de Mandeville，1670—1733），英国哲学家、古典经济学家。作为18世纪道德哲学的主要贡献者之一，曼德维尔向人们揭示了在强制性的行为限制中，个人为追求自身利益的行为可能会推进整个社会的进步。——译者注

快就人尽皆知了。

　　这本书的问世引起了两大争议。瑞士数学家、同时也是莱布尼茨派物理学家约翰·塞缪尔·柯尼希（Johann Samuel Konig，1712—1757）是夏特莱的导师之一，他声称夏特莱剽窃了自己的著作，这恰恰符合当时普遍流行的女性智力低于男性的观点。另外，法国皇家科学院秘书、拥护笛卡尔的道托斯·麦兰（Dortous de Mairan，1678—1771）还公开就动能公式的问题质疑夏特莱。夏特莱在物理学上的另一项重要贡献是将牛顿的著作《自然哲学的数学原理》译成了法语，她在翻译过程中参考了许多之前的版本及前人的评论并对牛顿学说进行了普及推广。这本书不仅仅是原作的译本，也是一部就牛顿时代以来数学物理学成就所做的评论性著作。该书于1749年完成，但直到1759年才正式出版，至今仍是唯一一部牛顿经典著作的法语译本。夏特莱还对《圣经》进行了质疑性的批判，她抨击《旧约》中预言的真实性以及耶稣的传奇故事。该评论没有正式出版，只是以手稿的形式流传开来。

　　尽管夏特莱因女性身份遭到法国最负盛名的皇家科学院的拒绝，但博洛尼亚科学院（为数不多的允许女性加入的欧洲科学院之一）向她抛出了橄榄枝，这也成为她一生引以为傲的成就。1749年9月10日，夏特莱因难产死于法国洛林省（Lorraine）的吕内维尔（Luneville）。

参见：性别；科学；伏尔泰
拓展阅读：

Bodanis, David, *Passionate Minds: Emilie du Chatelet, Voltaire, and the Great Love Affair of the Enlightenment*（New York: Three Rivers Press, 2006）.

Sutton, Geoffrey V., *Science for a Polite Society: Gender, Culture, and the Demonstration of Enlightenment*（Boulder, CO: Westview Press, 1995）.

Zinsser, Judith P., *Emilie du Chatelet: Daring Genius of the Enlightenment*（New York: Penguin, 2006）.

殖民主义

　　15世纪末，欧洲在克里斯托弗·哥伦布（Christopher Columbus）和达·伽马（Vasco da Gama）环球航行后迎来殖民主义时代；而在约200年后，欧洲又迎来了启蒙时代。18世纪，全世界爆发了多次不同规模的战争，其中也包括发生在欧洲殖民地的战争，而第一次成功的反殖民主义革命就是美国大革命。

西班牙是18世纪的一大殖民帝国，其殖民地覆盖了从巴塔哥尼亚（Patagonia）一直到现在北加利福尼亚州的大片美洲土地。另一个拥有庞大殖民地的帝国则是英国，与西班牙不同，英国在18世纪不断扩张其殖民地。法国本是一个实力强大的帝国，但它在18世纪的帝国大战，特别是"七年战争"中失去了大部分领土，包括在北美大陆和印度的大片殖民地。与这些老牌海上帝国不同，沙皇俄国专注于陆地，其疆域远达西伯利亚并在18世纪末横跨白令海峡，将领土一路扩张到了阿拉斯加。当时，不仅欧洲帝国积极展开领土扩张，中国的大清帝国也在向西藏和中亚地区推进。

启蒙思想家们对殖民主义没有统一的观点。启蒙思想家约翰·洛克本人曾参加过英国将南卡罗来纳州变为其殖民地的战争，后人经常认为这是洛克在拥护北美地区的殖民主义。洛克派认为土地属于那些能够充分利用土地的人们，而欧洲的集约型农业比美洲原住民的原始农业更能提高生产力。阿贝·雷纳尔（Abbe Raynal）的著作《欧洲人在东西印度群岛殖民和贸易的哲学及政治历史》(*Philosophical and Political History of the Establishments and Trade of Europeans in the Two Indies*，1770）是对殖民主义最有力的控诉之一，狄德罗撰写了书中的大部分内容。雷纳尔和狄德罗批判了欧洲殖民者在非洲、亚洲和美洲进行殖民扩张时表露出来的野蛮、剥削和贪婪。

在启蒙运动时期，欧洲人"第一次踏入"的是南太平洋地区。英、法两国最著名的航海者分别是英国船长詹姆斯·库克（James Cook，1728—1779）和法国船长路易-安托万·德·布干维尔（Louis-Antoine de Bougainville，1729—1811），他们在航行中发现了许多岛屿和形形色色的社会。许多启蒙运动人士都对这些社会非常感兴趣，因为生活在这些社会中的似乎都是很原始、很"自然"的人类。在《布干维尔之旅补遗》(*Supplement to the Voyage of Bougainville*，1772）一书中，狄德罗用虚构的塔希提人（Tahitians）来宣传他对理想性爱道德的看法，并将其与同时代的其他法国学者蔑视生命的虚伪道德观进行了对比。

运用启蒙思想成功反对殖民主义的事例通常并不是出自那些遭受殖民统治的土著居民，而经常发生在欧洲定居者及其后代从殖民统治中寻求独立的反抗中。其中最著名、最具影响力的例子便是借鉴了人权和自治启蒙思想的美国革命及美国的建立。不过，美洲原住民的地位并没有得到提高，反而在这一时期更加降低了。西班牙美洲殖民地持有启蒙思想的知识分子受到美国的启发，开始对独立或自治思想愈发感兴趣，这一点在19世纪早期的拉丁美洲革命中有所体现。

参见：美国革命和建国；启蒙运动中对非洲和非洲人的认识；启蒙运动中对亚洲文明的认识；启蒙运动中对美洲原住民的认识；政治哲学；奴隶制

拓展阅读：

Agnani, Sunil M., *Hating Empire Properly: The Two Indies and the Limits of Enlightenment Anticolonialism*（New York: Fordham University Press, 2013）.

Muthu, Sankar, *Enlightenment Against Empire*（Princeton: Princeton University Press, 2003）.

Whelan, Frederick G., *Enlightenment Political Thought and Non-Western Societies: Sultans and Savages*（New York: Routledge, 2009）.

让·安托万·孔多塞侯爵（1743—1794）

1743年9月17日，孔多塞侯爵出生于法国里布蒙（Ribemont）一个贫困的贵族家庭。孔多塞虽然在数学方面建树不大，但却是一位杰出的科学政治家及能够将数学应用于政治的预言家。他撰写的《按多数意见做出决定的概率分析》（*Essay on the Application of the Analysis of Probability to Decisions Made on a Plurality of Votes*，1785）可能是历史上第一个用数学方法分析投票的文章。文中提出了著名的"孔多塞悖论"，即单纯以投票数量作为判定标准并不能代表人们的真实选择。孔多塞提倡的是自由主义，而不是专制的科学化政治。他认为通过科学知识，普通公民也可以做出正确的选择。

孔多塞是一位天才，也是《百科全书》的编纂者中最年轻的学者之一。1769年，他凭借早期取得的数学成被皇家科学院录用并于1775年出任学院秘书，负责撰写已故成员的悼念颂词。也正是凭借着在这一工作上的出色表现，孔多塞于1782年获得了法兰西学术院的入会许可。美国革命的消息令他十分振奋，他随后成为美国革命坚定的支持者。美国也非常重视孔多塞的支持,并授予其"康涅狄格州纽黑文市荣誉公民"的称号。同时,他还是废奴主义组织"黑人之友协会"(Society of the Friends of the Blacks)的成员。

孔多塞的政治观点越来越激进。他是唯一一位公开支持女性应享有社会和政治全面平等权利的法国启蒙运动领袖。孔多塞在初期支持法国大革命,还试图在革命后的法国对科学团体和皇家科学院推行世俗化改革,但最终却未能挽救皇家科学院被革命政府解散的命运。另外,他还起草过一份最终未生效的宪法草案。1793年10月,获胜的雅各宾派下令逮捕其竞争对手吉伦特派成员孔多塞。孔多塞在长达几个月的东躲西藏中写出了他最著名的著作《人类精神进步史表纲要》,该书被后世视为是启蒙思想的巅峰之作。孔多塞在书中阐述了自己相信人类可以借助科学和知识取得不断进步的观点。1794年3月28日,在被雅各宾派逮捕入狱后,孔多塞为避免被执行死刑而选择了自杀。

参见:学院和学会;法国启蒙运动;法国大革命;性别;政治哲学
拓展阅读:

Baker, Keith, *Condorcet: From Natural Philosophy to Social Mathematics* (Chicago: University of Chicago Press, 1975).

Paul, Charles B., *Science and Immortality: The Éloges of the Paris Academy of Sciences (1699–1791)* (Berkeley and Los Angeles: University of California Press, 1980).

Rothschild, Emma, *Economic Sentiments: Adam Smith, Condorcet, and the Enlightenment* (Cambridge, MA: Harvard University Press, 2001).

德尼·狄德罗(1713—1784)

德尼·狄德罗于1713年10月5日出生在法国的朗格勒(Langres),是法国最具影响力的启蒙思想家之一,其最具影响力的成就是组织编撰了全套的参考书籍《百科全书》。该书于1751年出版了第一卷,直至1765年最后一卷面世,狄德罗把自己大部分精力都投入到《百科全书》的编撰工作上。除了《百科全书》及许多哲学和科学著作外,狄德罗还是一位小说家和艺术批评家。他非常眷恋巴黎,一生很少离开该地,他也是学术沙龙的明星,并像许多其他启蒙思想学者一样写过大量思想深邃的书信。他一生有很多绯闻，曾与两位女性保持着长期的关系。

狄德罗出生于法国一个刀匠家庭，最初家人希望他能进入教堂工作。他是法国启蒙运动中为数不多的几位上过大学的思想领袖之一。他曾在索邦大学（Sorbonne）获得了神学学位，但他对宗教，尤其是基督教十分厌恶。对于狄德罗来说，人类的欲望是善恶、美丑的决定性因素，而任何标签都无法超越人性。狄德罗是一位深受斯宾诺莎影响的唯物主义者，他否认任何独立的"精神实在"，并最终成为了无神论者。他认为人类是物质的存在，而"宇宙命运"或"自由意志"并不存在；作为物质的存在，人类需要遵循自然生物法则和社会本能。宗教限制人类的自然欲望，包括性欲；宗教还怀疑人性，但最糟糕的是它破坏了人类最本真的幸福。狄德罗死后出版的小说《修女》（The Nun）描写了人类的性压抑并表达了对修道院的谴责。书中含有18世纪文学中最露骨的关于女同性恋的描写，狄德罗将其视为修道院压抑下人类自然性欲的产物。他还著有另一部描写露骨性关系的小说《泄露隐情的首饰》（The Indiscreet Jewels，1748），该书讲述了一个魔法器物主人能让女人阴道或"珠宝"说话的离奇故事。因该作品过于淫秽且备受争议，狄德罗于1749年被关押在巴黎臭名昭著的巴士底狱长达四个月之久。不过，这并不是狄德罗第一次因写作而受到审查，他的第一本著作《哲学思想》（Philosophical Thoughts，1746）就曾被公开焚毁。

1746年，作为一名经验丰富的英、法翻译者，狄德罗参与了翻译《英国百科全书》的项目。最终，他放弃翻译英国的百科全书并将法国启蒙运动的思想和知识进行整理，编纂了一部法国自己的《百科全书》。这个项目花费了狄德罗大量时间，同时也让他接触到法国很多顶尖思想家及很多二三流的撰稿作家。达朗贝尔是《百科全书》的第二位编者，但他于1759年退出该项目。之后，狄德罗承担了大部分工作，因此，《百科全书》可以说是狄德罗的个人成就。

狄德罗的政治思想发生了多次变化。他不信任18世纪欧洲的专制君主，甚至也包括普鲁士"开明君主"腓特烈大帝，但他却公开奉承法国路易十五的情妇德·蓬帕杜夫人（Madame du Pompadour，1721—1764）以及俄国的凯瑟琳大帝，甚至还曾去沙皇俄国做过短期访问。凯瑟琳很享受与狄德罗进行交谈，但最终发现他的想法并不切实际。狄德罗曾在不同时期对法国的世袭法庭，也就是议会持有截然不同的态度；时而认为它是捍卫不劳而获特权的反动派，时而又认为它才是法国人民反对君主制的自由斗士。他还谴责欧洲的殖民主义，并与另一位法国作家阿贝·雷纳尔秘密合作完成了《欧洲人在东西印度群岛殖民和贸易的哲学及政治历史》（1770）一书。该书对帝国主义的罪恶进行了强烈谴责。他很早就在《美国革命》一书中宣扬拥护美国大革命。在法国，狄德罗的大部分作品都只能被秘密传阅以避免法律麻烦。狄德罗的几本最重要的著作都是在他死后才得以正式出版的。

虽然狄德罗是一位唯物主义者和决定论者，但他不认同以下观点：宇宙如同上了发条一样"死气沉沉"，完全是受到牛顿提出的机械定律的支配才得以运转的。他在《对自然的解释》（Thoughts on the Interpretation of Nature，1753）一书中提出了能够自行运动的"活力"理论。狄德罗将他的物质"活力"理论和激进的无神论相结合，并在《达朗贝尔的梦》（D'Alembert's Dream）一书中展示出来。该书也是当时一部极具颠覆性的著作，写于18世纪60年代末，但直到1782年才得以正式出版。该书通过虚构与达朗贝尔的对话来攻击宇宙必须由上帝创造的观点，他提出物质不仅能够自行运动，还能进行自我组织。狄德罗由此否认了生物与非生物以及动物与人类之间的严格区分。

狄德罗也是启蒙运动中最有影响力的艺术作家之一。1759年，他开始为两年举行一次的法国绘画展览沙龙写评述。他对绘画鉴赏的标准之一是看艺术家模仿自然的能力以及是否能促进良好道德价值的形成。狄德罗特别钦佩让-巴蒂斯特·格勒兹，认为他在著作中将朴实的乡村景色与健康的家庭生活相结合，并带有恰到好处的色情色彩。狄德罗于1784年7月31日在巴黎去世。

参见：艺术和建筑；《百科全书》；法国启蒙运动；文学；沙龙

拓展阅读：

Agnani, Sunil M., *Hating Empire Properly: The Two Indies and the Limits of Enlightenment Anticolonialism*（New York: Fordham University Press, 2013）.

Crocker, Lester G., *Diderot: Embattled Philosopher*（New York: Free Press, 1966）.

Fowler, James（ed.）, *New Essays on Diderot*（Cambridge: Cambridge University Press, 2011）.

Goodden, Angelica, *Diderot and the Body*（Oxford: Legenda, 2001）.

经济学

尽管人类在多个世纪以来一直在思考财富和贫穷的问题,但启蒙运动才真正开始把经济学视为一门知识学科。启蒙运动之前,甚至在启蒙运动之中,人们还是普遍倾向将经济学研究称为"重商主义"(mercantilism)。一些经济历史学家曾质疑该术语的实用性,但在启蒙运动之前,人们普遍持有的经济思想包括贵金属是财富的象征,以及国家在经济活动中扮演着重要的角色等。在中欧,这种观点被称为"卡梅伦主义"(cameralism),强调应在国家的全面指导下遵守经济规律。

法国"重农学派"(更喜欢被称为"经济学家")尝试去分析国家财富的来源和范畴。他们认为最重要的财富来自农业生产,而把资源从土地上转移出去是一种"奢侈",也是一种经济威胁。国家的主要资产不应该是早期理论家所假设的黄金,而是具有生产力的土地。重农主义者和其他一些学者相信庞大而不断增长的人口能使一个国家变得更强大。他们认同牛顿的观点,即宇宙是受一定法则支配的,并认为按照经济规律,自由贸易比欧洲普遍存在的经济控制更具有优越性。

重农主义者呼吁自由贸易以及平等税收,废除那些破坏法国金融秩序的特权和豁免制度,这些观点对当时的经济秩序来讲是一种根本性的挑战。把重农思想付诸实践的一个尝试就是建立谷物自由交易市场,虽然这只是一项由重农主义部长安-罗伯特-雅克·杜尔哥短暂实行的政策,但却在1774至1775年间给法国带来灾难性的后果。狄德罗对杜尔哥政策失败印象深刻,从此他开始反对大多数启蒙运动人士提倡的自由贸易。18世纪中期与经济相关的文献通常是给意欲改革的统治者们提出的建议,而不是鼓吹人们进行政治变革以改善经济。尽管重农主义者非常渴望与当时的权威机构合作,但结果是他们的大部分计划都在法国大革命发生后才得以付诸实践。

重农学派的思想在《百科全书》的经济类文章中有所体现,并影响了启蒙运动中最具影响力的经济学家、苏格兰人亚当·斯密。斯密在1776年出版的《国富论》(*The Wealth of Nations*)被公认为是"自由市场"经济学的奠基之作。斯密就能否对贸易和经济活动进行监管持怀疑态度,最终也没能成为一个革新者。质疑任何部门所进行的市场监管,包括国家、半官方组织(如公会)、工人组织或特定行业的业主,是之前启蒙经济理论的主流观点。为实现启蒙运动理想，法国大革命废除了监管制度。斯密有力的论述将经济学的争论焦点提升了一个层次，转移了民众对重农主义的关注，从而开始更多地关注商业和制造业。虽然斯密并没有对美国大革命产生直接影响，但他批评政府过度管制经济与美国殖民地民众抨击英国为自身利益制定各种经济制度不谋而合。

始于英格兰北部的工业革命是18世纪晚期最重大的经济变革，这场革命在很大程度上影响了当时的启蒙运动思想家，使他们大大降低了对经济学的关注。就连斯密在讨论制造业时也十分关注非工业的生产方式。

参见：政治哲学；亚当·斯密
拓展阅读：

Hirschman, Albert O., *The Passions and the Interests: Political Arguments for Capitalism before its Triumph,* new ed.（Princeton: Princeton University Press, 2013）.

Rothschild, Emma, *Economic Sentiments: Adam Smith, Condorcet, and the Enlightenment*（Cambridge, MA: Harvard University Press, 2001）.

Sakamoto, Tatsuya, and Hideo Tanaka（eds.）, *The Rise of Political Economy in the Scottish Enlightenment*（London and New York: Routledge, 2003）.

教育

启蒙运动初期，欧洲教育体系主要由教会掌控，向学生灌输正确的宗教信仰是教育者的重要职责。18世纪的教育体系更为世俗化，在启蒙运动人士的支持下，国家对教育的控制力也逐渐有所增强。启蒙思想家认为教育应该关注实际运用而不是宗教教条。法国布列塔尼（Breton）的地方法官路易-勒内·卡拉杜·德·拉·查洛泰（Louis-Rene de Caradeuc de la Chalotais，1701—1785）的著作《国民教育论》（*Essay on National Education*，1763）在欧洲引起了广泛关注。查洛泰提倡建立一个世俗化、不受宗教控制的教育体系，教育内容取决于是否对国家有益处。

约翰·洛克是启蒙运动中最有影响力的教育哲学家之一。洛克认为，思想并不是天生的，而是通过人对外界的感知而形成的，因此教育是人类发展的核心。卢梭是教育领域另一位颇有影响力的思想家，尽管他为小说《爱弥儿》（1762）中的主人公设计的教育体制颇受赞扬，但却无法在现实中进行模仿和操作。卢梭主张进行情感训练，认为这种训练应先于智力训练。

在18世纪，是否应该提供面向所有阶层和性别的义务教育仍然存在很大争议。一般来说，新教国家更倾向于义务教育和普遍扫除文盲，因为新教比较重视《圣经》阅读。在义务教育方面处于领先地位的国家有苏格兰、瑞典和腓特烈大帝统治的普鲁士。在信奉路德教的德国，"敬虔运动"（Pietist movement）十分重视教育和教师培训。英国在新教国家中比较落后，民众基础教育和读写水平都相对较低。

和启蒙运动倡导的其他活动一样，教育也要解决性别差异的问题。虽然男孩和女孩都可以接受初等教育（洛克所提倡的），但高等教育却几乎被男性垄断。天主教国家的情况相对好一些，因为这些国家有以修道院作为教育中心的传统。俄国凯瑟琳大帝曾专门为俄国贵族和中产阶级女性建立教育机构，但由于俄国领土过于庞大，这些零星分布的教育机构几乎没起到明显的作用。

18世纪中叶，由于耶稣会被驱逐和镇压，大西洋两岸的天主教国家都面临着严重的教育危机。耶稣会曾在这些国家学校教育中扮演着主要角色，它的消失给各国教育留下了巨大的缺口。不过，很多启蒙运动改革者认为这也为教育发展提供了机遇，因为这种教育缺口通常需要由世俗政府来填补，而不会由已经转向其他宗教派别的耶稣会来填补。1759年，葡萄牙正式驱逐了国内的耶稣会，该事件证明启蒙思想已具有逐渐成为主流思想的趋势，随之而来的是技术教育的蓬勃发展。尽管变化大多发生在大城市的学校中，但自1764年耶稣会被驱逐出法国后，位于耶稣会旧址的学校也开始增加对数学和物理学实验教育的投入。

参见：耶稣会；政治哲学；宗教
拓展阅读：

Chisick, Harvey, *The Limits of Reform in the Enlightenment: Attitudes towards the Education of the Lower Classes in Eighteenth-Century France*（Princeton: Princeton University Press, 1981）.

Hilton, Mary, and Jill Shefrin（eds.）, *Educating the Child in Enlightenment Britain: Beliefs, Cultures, Practices*（Farnham, England and Burlington, VT: Ashgate, 2009）.

Palmer, Robert, *The Improvement of Humanity: Education and the French Revolution*（Princeton: Princeton University Press, 1985）.

《百科全书》

《百科全书》是18世纪法国启蒙运动的象征，于1751年至1765年在法国陆续出版，该书的两位著名主编分别是哲学家狄德罗和达朗贝尔。最初计划是将伊弗雷姆·钱伯斯（Ephraim Chambers）编写的两卷英语《大百科全书》（1728）翻译成法语并适当扩充，但后来该书被扩充到共计35卷，包含文本、图片、补充、索引和将近72000个词条。该书整理了100多位各界人士的稿件，包括法国启蒙运动的领导人孟德斯鸠、伏尔泰、卢梭、杜尔哥、孔多塞侯爵和霍尔巴赫男爵（Baron d'Holbach）等。狄德罗的朋友德·若古爵士（Louis de Jaucourt，1704—1779）是该书其中一位主要编写者，他为《百科全书》写了大约18000篇文章，是撰稿篇数最多的撰稿人。达朗贝尔撰写了著名的《全书百科序言》，他在序言中详细介绍了艺术和科学板块是基于理性、记忆和想象这三种科学之间的区别来进行次序安排的，而之所以采取这种划分方式是借鉴了英国哲学家弗朗西斯·培根（Francis Bacon，1561—1626）提出的分类提纲。培根是许多启蒙运动思想家心中的英雄，他提出的先验论以及知识的获得需要彼此合作等观点得到了很多思想家的认同。神学在以前的书中经常占据重要版面，但在《百科全书》中它被彻底边缘化了。

《百科全书》的出版过程非常曲折，因为该书规模宏大，内容敏感，不断引来法国政府的监察。1759年，达朗贝尔退出编撰工作后，同年法国政府正式将《百科全书》列为禁书，这迫使狄德罗不得不与一些政府部长暗中斡旋以完成这项工作。尽管得到了一部分政府官员的支持，但该书自出版以来就一直被视作是对政治和宗教的一种威胁。和其他"哲学书"一样，《百科全书》也不得不在国外出版并走私回法国。

《百科全书》的编辑和许多投稿者认为该书的价值并不仅仅是本参考书，更是为人类社会的进步做出了贡献。尽管大部分读者都是法国人，但由于法语在欧洲比较流行，该书承担了向全欧洲普及启蒙思想的使命。虽然编写者们有着不同的政治和宗教观点，有些人甚至相当保守，但《百科全书》的主题思想仍然是反对现有的教会和国家秩序。在宗教方面，它反对教权、大力支持宗教宽容并在某种程度上反对基督教、自然神论，甚至是无神论。

判断政府和统治者好坏的标准是看他们为普通民众创造了怎样的生活，

这是《百科全书》的主要政治思想。有些君主在书中受到赞扬，但并不是因其赫赫战功或虔诚的宗教信仰，而是因为他们有公正的执政态度和对臣民的关切之心。在《百科全书》中，与普通民众相比，贵族经常遭到批判。除了介绍18世纪盛行的手工艺外，该书还认为福祉一词应属于经济词条。同以往的百科全书相比，狄德罗的《百科全书》包含了更广泛、更系统的经济和金融政策。另外，不仅经济财富可以给人类带来幸福，自由也具有同样的作用。尽管有些人对奴隶制度早已习以为常，但《百科全书》中的文章却对此制度进行了谴责，如若古爵士的文章。在阐释政治观点时，《百科全书》还运用了交叉索引，如读者在一篇关于强调法国制度缺陷的短文结尾处可在参考文献中看到关于"税收"和"宽容政策"的文章，以此引导读者得出过高税收和缺乏宗教宽容会破坏整个国家的结论。狄德罗撰写了一篇关于"食人"的文章，便交叉引用了"圣餐"的词条，以此来讽刺天主教教义提出做弥撒时所吃的面包和酒会转化为基督的身体和血液这种无稽之谈。

参见：达朗贝尔；书籍；出版业和审查制度；德尼·狄德罗；法国启蒙运动

拓展阅读：

Darnton, Robert, *The Business of Enlightenment: A Publishing History of the Encyclopédie, 1775–1800*（Cambridge, MA: Belknap Press of Harvard University Press, 1979）.

Kafker, Frank A., in collaboration with Serena L. Kafker, *The Encyclopedists as Individuals: A Biographical Dictionary of the Authors of the Encyclopedie;Studies in Voltaire and the Eighteenth Century* 257（Oxford: Voltaire Foundation, 1988）.

英国启蒙运动

启蒙运动许多最具特色的元素都起源于英国，包括牛顿物理学、约翰·洛克的政治理论和认识论、共济会总会以及君主立宪政体。然而在很长一段时间内，历史学家都在争论是否存在"英国启蒙运动"。几乎没有英国作家表现出法国启蒙运动所显示出的种种特征，如对宗教和传统怀有敌意；即便是有寥寥几位，也都是英国思想界的无名之辈。18世纪英格兰最重要的几位思想家，如作家塞缪尔·约翰逊①（Samuel Johnson，1709—1784）和卫理公会②（Methodism）的创始人约翰·卫斯理（John Wesley，1703—1791）都是启蒙运动的反对者。尽管启蒙运动在 18 世纪英国的思想史和文化史上并不总是处于中心地位，但我们无法否认英国启蒙运动的存在。

英语知识分子具有某些独特的优势。1695 年，英国在《出版法案》到期时废除了审查制度，而议会也没有再次设立审查制度。尽管英国作家不再需要获得出版许可，但他们仍然会因作品而遭受指控。在启蒙运动后期，英国政府对法国革命的反对态度使出版实际上变得更加危险了。尽管英国国教仍然是一股不可忽视的力量，但它缺乏法国天主教会甚至苏格兰长老会掌握的制度权力和文化霸权。英国不仅对自然神论和反基督的立场表示出宽容，还能接受与其他宗教团体共存，包括被边缘化的罗马天主教和一些新教教会，如公理会（Congregationalists）、长老会（Presbyterians）、浸礼宗（Baptists）、贵格会（Quakers）和一些活跃的小型犹太群体。英格兰教会无法压制异教徒，这可能是除爱德华·吉本之外，英国启蒙运动很少公开压制基督教反对者的另一个原因。尽管新教教会反对吉本在《罗马帝国衰亡史》一书中对基督教兴起的世俗化描写，却还是无法阻止该书的出版。

英国启蒙运动的领军人物中有几位是异教徒牧师，如约瑟夫·普里斯特利和理查德·普林斯（Richard Price，1723—1791），他们是启蒙运动末期英国最杰出的知识分子。许多巴黎知识分子崇拜普里斯特利作为科学家所取得的成就，但在发现他是一位虔诚基督徒时还是表示异常错愕，这也体现出英国和法国启蒙运动的区别。普林斯和普里斯特利在英国设定的启蒙运动目标并不是攻击基督教教义，而是要动摇教会的特权地位，这是因为在英国，教会垄断了一切政治权力。因此，他们支持政治改革并对法国大革命表示同情。英国国教本身是一个学术多元化的机构，其中有人对基督教持怀疑态度，有人持有启蒙思想，但尚未达到公开敌对的程度。古典学者、牧师可尼尔·米德尔顿（Conyers Middleton，1683—1750）对传统

---

① 塞缪尔·约翰逊，英国作家、文学评论家和诗人。一生重要作品有长诗《伦敦》（1738）、《人类欲望的虚幻》（1749）、《阿比西尼亚王子》（1759）等。他还编注了《莎士比亚集》（1765）。——译者注
② 卫理公会，是基督教新教卫斯理宗的美以美会、坚理会和美普会合并而成的基督教教会。——译者注

基督教中《圣经》的权威性、神奇故事和预言等多方面持怀疑态度。和吉本一样，他也避免直接攻击耶稣基督本身的神奇传说。

除了在宗教问题上相对开放之外，英国在政治上也相对开放。它的议会政府采纳了"忠诚反对派"（loyal opposition）的概念，在许多情况下，民众对政府甚至是主要政客的批评都不会被认为是犯罪。不过英国也存在一些具有局限性的地方，如一些探讨宪法合法性或极端政治的文章还是会被冠以煽动诽谤罪，尤其是在法国大革命后，这些文章更是遭到了保守派的激烈批判。但在18世纪早期，英国的言论自由很受欧洲大陆国家的推崇，法国尤为如此。

和其他国家相比，英国启蒙运动对制度方面的影响较小。英格兰既没有像法国和其他欧洲大陆国家那样成立政府资助的学会体系，也不像苏格兰和德国一样，其大学是学术界的领导机构。英国只有两所大学，牛津大学和剑桥大学，但在苏格兰这个小得多的国家中却有四所大学，而德国则有几十所大学。但英国主要的科学学会皇家学会、以技术为导向的艺术学会以及各种非正式的俱乐部和团体弥补了这些不足。英国传播启蒙思想和价值观的许多非正式组织都地处伦敦以外的省份，特别是在异教徒聚集的北部地区。受到苏格兰的影响，拥有创新型大学及启蒙运动活跃的地区也多在北方。这里是工业革命开始的摇篮，该地区更重视科学和哲学对经济发展的贡献。从18世纪60年代成立到19世纪早期，"月光会"吸收了很多持有启蒙思想的会员，包括著名的启蒙哲学家和科学家约瑟夫·普里斯特利、发明了蒸汽机独立冷凝器的伟大工程师詹姆斯·瓦特（James Watt，1736—1819）、工业家马修·博尔顿（Matthew Boulton，1728—1809）和约书亚·威治伍德（Josiah Wedgwood，1730—1795）。在北方的其他非正式团体包括由持有启蒙思想的医学家和诗人伊拉斯谟斯·达尔文（Erasmus Darwin，1731—1802）领导的"德比哲学学会"以及"曼彻斯特文学与哲学学会"。

参见：爱德华·吉本；约翰·洛克；艾萨克·牛顿；托马斯·潘恩；约瑟夫·普利斯特利

拓展阅读：

Bulman, William J., *Anglican Enlightenment: Orientalism, Religion, and Politics in England and its Empire, 1648–1715*（Cambridge: Cambridge University Press, 2015）.

Porter, Roy, *The Creation of the Modern World: The Untold Story of the British Enlightenment*（New York and London: W. W. Norton, 2000）.

Porter, Roy, *Flesh in the Age of Reason: The Modern Foundations of Body and Soul*（New York and London: W. W. Norton, 2003）.

Stewart, Larry, *The Rise of Public Science: Rhetoric, Technology, and Natural Philosophy in Newtonian Britain, 1660–1750*（Cambridge: Cambridge University Press, 1992）.

Uglow, Jenny, *The Lunar Men: Five Friends whose Curiosity Changed the World*（NewYork: Farrar, Straus, and Giroux, 2002）.

启蒙运动中对非洲和非洲人的认识

在 18 世纪，启蒙运动哲学家经常贬低非洲人及非洲后裔的智力水平和道德能力，这在白人学术圈里是一种司空见惯的现象。大卫·休谟就是一个典型例子，他把那些受过欧洲教育的非洲人比作受过训练的鹦鹉，认为他们只是在重复学到的东西，并不能理解其中真正的意义。

尽管非洲旅游文学在当时日渐兴起，但非洲大陆的大部分地区对 18 世纪的欧洲人来说基本上是一片"空白区域"。由于非洲地形复杂且存在许多闻所未闻的疾病，欧洲人对非洲沿海之外的非洲内陆地区基本没什么了解。非洲国家虽然愿意与欧洲人进行贸易往来，但同时也抵制欧洲人对非洲事务的干涉。对非洲的无知使得这块大陆让很多欧洲作家非常喜欢使用它作为创作背景，他们经常在作品中虚构或半虚构一个非洲国家。其中最著名的著作就是反启蒙运动的英国作家塞缪尔·约翰逊所著的《拉塞拉斯——一个阿比西尼亚王子的故事》(*The History of Rasselas, Prince of Abisinnia*, 1759)。（阿比西尼亚是现在的埃塞俄比亚，但书中的王国与真正的埃塞俄比亚并没有关系。）德尼·狄德罗的半色情作品《泄露隐情的首饰》则是以一个虚构的、地处刚果的非洲王国为背景进行创作的，作品实际讽刺的是路易十五统治下的法国社会。

在 18 世纪，欧洲人和非洲人有了更多的接触。尽管仍处于边缘位置，少数非洲知识分子也逐渐为欧洲学术圈所接受。阿布拉姆·彼得罗维奇·甘尼巴尔（Abram Petrovich Gannibal, 1696—1781）是一名来自中非的俄国军事工程师，他结识了很多启蒙运动领导人。甘尼巴尔是俄国诗人普希金（Alexander Pushkin, 1799—1837）的曾祖父，普希金曾为其撰写生平传记。安东·威廉·阿莫（Anton Wilhelm Amo，1703？—1759？）于1729年获得哈雷大学（University of Halle）的学位，成为首位获得欧洲大学学位的非洲人。他论文研究的是非洲人在欧洲合法权利的问题。阿莫后来还继续深造并获得了维滕贝格大学（University of Wittenberg）的博士学位，之后在一所德国大学任教。但由于遭受敌视，他最终还是返回了非洲。

在英语学术圈较为活跃的的非洲人还有书信作家伊格纳修斯·桑乔（Ignatius Sancho，1729—1780）、自传作家同时也是废奴主义者奥拉达·艾奎亚诺（Olaudah Equiano，1745—1797）、废奴主义小册子作家奥托巴·古瓜诺（Qobna Ottobah Cugoano，1757—1791）和美国诗人菲利斯·惠特利（Phyllis Wheatley，1753—1784）。

欧洲人与非洲人的接触大都是来自18世纪争议不断的奴隶贸易。欧洲人对非洲人的态度并不总是和其对奴隶制的观点相一致，如尽管休谟认为非洲人低人一等，但他是反对奴隶制的。而利用18世纪流行的科学思想，拥护启蒙运动的奴隶主托马斯·杰斐逊却声称，尽管自己对奴隶制持有矛盾态度，但非洲人身上具有的劣等性恰恰充分证明其被奴役的合理性。

启蒙运动中出现的种族等级观念，通常会使深色皮肤的人（尤其是非洲人）处于社会的最底层。居住在非洲最南部、被称为"霍顿督族"（Hottentots）的科伊科伊人（Khoikhoi）则被认为是人类最低等的种族（不过在世纪末，有学者提出澳大利亚土著人才是最低等的种族）。在18世纪末，关于种族问题的主流观点认为，非洲人是在气候的影响下从一种类似欧洲人的初始状态"退化"而来的种族。而少数人则认为非洲人是一种不同的群体，他们属于和欧洲人种完全不同的独立人种。18世纪末，人们还试图通过测量头骨尺寸来量化种族间的差异。

参见：殖民主义；奴隶制
拓展阅读：

Eze, Emmanuel Chukwudi, *Race and the Enlightenment: A Reader*（Cambridge, MA: Blackwell, 1997）.

Jordan, Winthrop D., *White over Black: American Attitudes towards the Negro 1550–1812*, 2nd ed.（Chapel Hill: University of North Carolina Press, 2012）.

Schiebinger, Londa, *Nature's Body: Gender in the Making of Modern Science*（Boston: Beacon, 1993）.

启蒙运动中对亚洲文明的认识

通过贸易、旅行和战争，欧洲与亚洲的联系在18世纪日益紧密。随着对亚洲社会的不断了解，亚洲人的生活方式引起了启蒙思想家的极大关注。欧洲学界一直就亚洲社会和政治的性质争论不休。孟德斯鸠曾认为整个亚洲社会——从欧洲的邻国奥斯曼帝国到日本——都在采用最恶劣的政体，即专制政体。而另外一些学者则认为亚洲社会采用的并不是专制政体，而是一种与欧洲君主立宪相似的政体。

18世纪，欧洲人对中国的认知代表其对东亚地区的基本印象。日本在当时被视为一个"封闭国家"，它与西方的联系仅限于同几名荷兰商人在长崎港附近的人工岛上进行商贸交易。朝鲜更加封闭，它与外国的所有接触仅限于同中国偶尔进行贸易往来。朝鲜在西方被称为"隐士王国"。中国相对开放一些，因此受到了许多欧洲启蒙人士的欢迎，尤其是法国人，他们认为中国似乎是一个由哲学家而不是牧师统治的国家。之所以会形成这种印象，主要是由于一些自16世纪就活跃于中国的耶稣会士的介绍，他们的介绍是欧洲对中国认知的主要来源。耶稣会士强调儒家思想——中国精英阶层信奉的一种具有浓厚"古典"传统的宗教，在中国思想界远远超越了佛教和多神论的地位。1687年，在耶稣会的赞助下，中国儒学经典《论语》(Confucius, Philosopher of the Chinese) 首次被翻译成拉丁语。耶稣会的专家宣称，儒学体系代表了人类理性的巅峰，是在没有神明帮助下人类理性所能达到的最高境界。仅凭借耶稣会的介绍来了解中国，意味着启蒙思想家们也像其他欧洲人一样认为和佛教、道教及其他宗教相比，儒家思想对中国人来说才是最重要的。戈特弗里德·威廉·莱布尼茨 (Gottfried Wilhelm Leibniz) 对中国人的思想持有浓厚兴趣，还曾与中国的耶稣会士保持通信。他希望中国能为宗教派别四分五裂的欧洲提供一种宽容共处的模式。莱布尼茨非常崇尚中国的文化和礼仪，希望中国能派传教士来欧洲宣传中国思想（尽管最终未能实现）。莱布尼茨的追随者克里斯蒂安·沃尔夫 (Christian Wolff, 1679—1754) 曾在哈雷大学做过一场演讲，提出儒家学说显示人类在没有超自然神明启示的帮助下依然可以依靠自身的理性建立起一套完整的道德体系。由于他的这种观点极具争议性，沃尔夫失去了在哈雷大学的职位，并在死亡威胁下被迫离开了普鲁士。欧洲人还从其他方面认识了中国，包括对中国瓷器收藏和展示的热爱以及18世纪中期对中国风装饰图案的痴迷。

虽然启蒙运动的主要思想家都不曾去过中国，但他们与一些来到欧洲的中国基督徒有过接触。孟德斯鸠曾与一位名叫黄嘉略（Arcadio Huang，1679—1716）的中国基督徒有过交流，他曾独树一帜地用法语展示中国语言的魅力，并出任法国国王中国作品收藏图书馆的管理员。欧洲人还接触到除了经史子集之外的大量中国文学作品。伏尔泰曾将中国戏剧《赵氏孤儿》（*The Orphan of Zhao*）改编为《中国孤儿》（*The Orphan of China*），并于 1755 年在法兰西喜剧院进行了首次公演。伏尔泰赞扬了文明的中国，称其要比成吉思汗的野蛮侵略行为更具有价值。长达数千年的中国历史也是欧洲怀疑论者用来攻击《圣经》中对人类历史记述的强大武器，他们指出中国历史并未提及《圣经》中所描述的全球大洪水及其他一些全球性事件。

不过，中国元素给欧洲人的印象并非全是积极的。尽管儒家思想受到推崇，但佛教和中国的一些其他宗教却常常被欧洲人视为是一种迷信行为。西方人认为自己的科学、数学和音乐明显优于中国人的（有些中国人对此也表示认同），有些人还将中国人和西方的独立民族进行比较，把中国人描述成软弱和劣等的民族。在启蒙运动开始前，欧洲人长久以来形成的刻板印象是中国男人有些"娘娘腔"，他们认为中国男人和刚健、好战的欧洲男人是完全不同的。欧洲人还认为中国文明已经"停滞不前"了，中国人的崇古行为会阻碍文明的进步。尽管东亚人在种族等级制度中仅次于欧洲白种人，位列第二等种族，但在启蒙运动后期种族思想的影响下，欧洲人认为中国人及其他亚洲民族都无法和白种人相提并论。

伏尔泰对中国的态度非常矛盾。一方面，他把中国看作是一个不受西方一神论宗教影响也能发展自己文明的典范；而另一方面，他却认为中国没有发展出像西方科学或音乐之类的任何文明形式。

与信奉哲学的中国相比，信奉印度教的印度在欧洲人眼中则是一切由僧侣掌控的社会，其民众在宗教上过于"迷信"，到处充斥着"婆罗门"这种被描绘成社会寄生虫的特权阶级。然而，启蒙思想家们对于婆罗门的观点也非常矛盾。婆罗门有时也被描绘成智慧和宁静的象征，如伏尔泰就写过关于善良婆罗门的寓言故事。在政治上，印度也像中国一样经常（但不总是）被视为一个专制国家。总的来说，和印度教相比，伊斯兰教对印度的专制统治起到了推进作用。18 世纪末，随着英国东印度公司对印度的殖民扩张，以及英国语言学家和东印度公司职员威廉·琼斯爵士[①]和孟加拉亚细亚学会不断举行学术活动，欧洲对印度文化的了解得到了很大提升。琼斯爵士还发现印度语和欧洲语言之间存在一些共性，从而将两种文化更紧密地联系到了一起，并最终建立了"印欧语系"这一语言系统。

18世纪的欧洲人几乎对佛教一无所知，因为当时的佛教徒并没有用过佛教这个词语。爱德华·吉本和其他学者认为佛陀就是早期中世纪挪威人崇拜的神——奥丁。

参见：殖民主义；启蒙运动中对穆斯林和伊斯兰教的认识

拓展阅读：

Ahmed, Siraj, *The Stillbirth of Capital: Enlightenment Writing and Colonial India*（Stanford: Stanford University Press, 2012）．

Ching, Julia, and Willard G. Oxtoby（eds.）, *Discovering China: European Interpretations in the Enlightenment*（Rochester, NY: University of Rochester Press, 1992）．

Whelan, Frederick G., *Enlightenment Political Thought and Non-Western Societies: Sultans and Savages*（New York: Routledge, 2009）．

启蒙运动中对犹太人及犹太教的认识

欧洲人在启蒙运动中一直对犹太人和犹太教怀有敌意，这似乎是欧洲人生活的一个永恒特征。从传统的谴责犹太人不信奉基督教到认为犹太人应该为耶稣基督的死负责，虽然这些并不是启蒙人士抨击犹太人经常使用的手段，但启蒙人士用许多其他方式来反对犹太人和犹太教。不过，仍有一部分启蒙思想家对犹太人和犹太教十分包容和支持，也有一些犹太人本人可能就是启蒙运动的追随者，甚至是启蒙运动中备受尊敬的领袖。

欧洲人对犹太教的态度普遍受到宗教思想的影响。那些对有组织的宗教怀有敌意的人自然而然也会对犹太教怀有敌意。摩西、耶稣和穆罕默德被宗教激进分子视为"三个骗子"。启蒙运动进行的反犹太教活动与传统的欧洲反犹太教活动有所不同，启蒙人士也同样批判《旧约》中的犹太人。

[①] 威廉·琼斯爵士（Sir William Jones,1746—1794），英国东方学家、语言学家、法学家、翻译家。他最早正式提出印欧语系假说，揭示了梵语、希腊语、拉丁语、日耳曼语、凯尔特语之间的同族关系，成为历史比较语言学的奠基人。——译者注

启蒙人士极为严厉地谴责《犹太教圣经》前几卷中对迦南土著居民展开的种族灭绝暴行；另外，包括割礼和饮食限制在内的犹太教义在18世纪的欧洲人看来都是十分荒谬的。

欧洲人不仅对古代犹太人和犹太教怀有敌意，欧洲启蒙人士也常常批判当时的犹太人。基督教将犹太人描述成杀人如麻的谋杀者而倍加谴责，尽管这样的刻板印象比较极端，但许多启蒙运动的领袖仍认为犹太人贪婪且缺乏诚信，伏尔泰就是其中的一位。

然而，也有部分启蒙人士对犹太人持有积极态度，尤其是一些提倡宗教宽容的启蒙人士，他们谴责欧洲基督教长久以来对犹太群体施加的歧视和暴力行为。孟德斯鸠曾严厉谴责那些反犹太运动中对犹太人施加残酷迫害的行为。他还暗示欧洲基督徒逼迫犹太人从商以促进社会发展，毕竟犹太人在商业领域曾做出很多有益于社会的贡献。即使一些不喜欢犹太人的人士也大都认为，虽然私下里可以嘲讽犹太教，但在公开场合应该对犹太教宽容。有些犹太人也是启蒙思想人士中的一员，其中最著名的是柏林的摩西·门德尔松。门德尔松认为，与基督教和伊斯兰教不同，犹太教并不追求让别人改变信仰，所以实际上犹太教与以宗教宽容为基础的启蒙社会更为兼容。这一论点也得到了非犹太启蒙思想家的支持。

门德尔松的崇拜者，基督教徒戈特霍尔德·埃夫莱姆·莱辛（Gotthold Ephraim Lessing）撰写了戏剧《智者纳坦》（*Nathan the Wise*，1778），剧中主人公的原型就是门德尔松。该书极力主张犹太教、基督教和伊斯兰教应该相互包容。尽管卢梭很少以犹太人为题材进行创作，但他也十分推崇门德尔松的立法观点以及他为犹太人制定的法律制度，他认为门德尔松制定的法律制度与其他民族不同，该制度具有强烈的犹太人集体认同感。卢梭甚至认为犹太人的制度在某些方面比备受人推崇的古斯巴达和古罗马的社会制度还要优越（如强调同情心）。

虽然开展启蒙运动的国家对犹太教越来越宽容，但这不意味着它们承认犹太人和基督教徒享有同等地位。在政治方面，西方将基督教徒认定为正式社会成员的历史由来已久，可以追溯到罗马帝国末期。但在启蒙思想的启发下，第一个将犹太人视为真正公民的西方国家却是美国。包括乔治·华盛顿在内的美国领导人不但实行了宗教宽容政策，还将犹太人视为新建美联邦中的一员，和其他教徒一样享有平等的权利。尽管法国革命者普遍对传统的犹太制度、文化和宗教持怀疑态度，但大革命后的法国是第一个承认犹太人真正公民身份的欧洲国家。

参见：犹太人启蒙运动；摩西·门德尔松；宗教；巴鲁赫·斯宾诺莎
拓展阅读：

Bodeker, Hans Erich, Clorinda Donato, and Peter Hanns Reill（eds.）, *Discourses of Tolerance and Intolerance in the European Enlightenment*（Toronto: University Of Toronto Press, 2009）.

Hertzberg, Arthur, *The French Enlightenment and the Jews: The Origins of Modern Anti-Semitism*（New York: Columbia University Press, 1990）.

启蒙运动中对穆斯林和伊斯兰教的认识

几个世纪以来，欧洲人对伊斯兰教要比其他任何"非西方"的宗教或文化更加了解。启蒙人士对伊斯兰教的观点也是建立在长久以来对其历史了解的基础之上的，但同时也部分打破了西方基督徒对"先知信仰"由来已久的敌意。奥斯曼帝国是离欧洲最近的伊斯兰教邻国。1687年，奥地利哈布斯堡重新征服匈牙利，奥斯曼帝国的军事力量被大大削弱了。至此，不存在任何能够对欧洲基督教文明构成严重威胁的伊斯兰势力，从而也使欧洲人对伊斯兰教及其信徒持有更加客观、平衡的观点。世俗主义以及启蒙运动对基督教一定程度的反对使启蒙作家打破了对伊斯兰教的传统敌意，开始以一种创新的视角来看待它。越来越多的历史学家和宗教学者也开始研究伊斯兰教的历史和经文，并将《古兰经》和其他伊斯兰教经文翻译成欧洲语言。当然，这并不意味着启蒙运动作家总是对伊斯兰教持赞赏态度。

启蒙人士对伊斯兰教及其创始人的观点也受到其对宗教及伊斯兰教整体感受的影响。反对宗教的激进派把穆罕默德、摩西和耶稣联系在一起。但比较矛盾的是，有些作品暗示穆罕默德和耶稣或摩西相差无几，从而在实际上可能提高了伊斯兰教的地位。也有人对伊斯兰教创始人持积极的观点。如法国历史学家，《穆罕默德的生活》（*Life of Mohammed*，1728）的作者孔德·亨利·德·布兰维利（Comte Henri de Boulainviller, 1658—1722）非常同情自然神论或一神派基督教，而对"三位一体"的教义则持敌对态度。这类学者赞赏穆罕默德强调唯一上帝的观点，反对基督教将耶稣视为上帝之子，而非智者或先知。对穆罕默德持有最复杂，但也最为客观、平衡观点的启蒙运动思想家是爱德华·吉本。他在《罗马帝国衰亡史》一书中探讨了伊斯兰教的起源，将先知视为一个从早期宗教幻想者到成熟政治家和战士的进化型人物，而不是将其简单描述成一个狂热者或圣人的形象。

从历史角度来看，伊斯兰教比基督教更宽容，这也让一些启蒙思想家对其大加赞赏。中世纪时期的穆斯林统治者萨拉丁（Saladin，1137—1198）打败了十字军，莱辛在戏剧《智者纳坦》中对此历史事件进行了赞赏。伊斯兰社会中的慈善机构因能很好地帮助穆斯林信徒践行慈善的宗教义务而备受称赞。然而，无论伊斯兰教的信仰和做法有多宽容或友善，人们大多都不相信他们能建立开明政府，也不相信这些国家能建立像中国或古代非基督教那样的理想化政府和社会。欧洲人最熟悉的伊斯兰政府是奥斯曼帝国，而奥斯曼国王苏丹数百年来都被欧洲人公认为是一位专制君主。在反奥斯曼帝国的侵略战争中，俄国（凯瑟琳大帝统治时期）得到许多启蒙人士的支持，他们认为战争是在发展一种高级文明。这种观点也延伸到其他穆斯林统治者身上，如波斯和印度的统治者。孟德斯鸠在《论法的精神》(*The Spirit of the Laws*，1748）一书中指出，伊斯兰教非常适合集权政府，就像天主教是为君主制国家而生，而新教则和共和政体十分切合一样。不过，孟德斯鸠的早期作品《波斯人信札》(*Persian Letters*，1721）却描写了一位穆斯林哲学家游历法国时的见闻，并对当代基督教文明进行了无情的嘲讽。

参见：启蒙运动中对亚洲文明的认识；性别；孟德斯鸠；政治哲学；宗教
拓展阅读：

Bulman, William J., *Anglican Enlightenment: Orientalism, Religion, and Politics in England and its Empire, 1648–1715*（Cambridge: Cambridge University Press, 2015）.

Elmarsafy, Ziad, *The Enlightenment Qur'an: The Politics of Translation and the Construction of Islam*（Oxford: Oneworld, 2009）.

Gunny, Ahmad, *The Prophet Muhammad in French and English Literature, 1650 to The Present*（Markfield, UK: Islamic Foundation, 2010）.

Whelan, Frederick G., *Enlightenment Political Thought and Non-Western Societies: Sultans and Savages*（New York: Routledge, 2009）.

启蒙运动中对美洲原住民的认识

在启蒙运动开始前,欧洲人与美洲原住民之间的接触已经长达几个世纪之久了。启蒙人士关于美洲原住民的观点各异,有些人认为他们是无知的野蛮人,理应被欧洲定居者驱逐或杀戮;但也有少部分启蒙思想家认为美洲原住民实际上非常有智慧,他们的社会蔑视财富和地位,这一点非常值得欧洲人学习。法国人和西班牙人由于需要依赖美洲原住民进行殖民扩张,所以总的来说,他们对待美洲原住民的态度要比英国人好得多。英国人的殖民战略除了极少数例外,大多数都是采取驱逐美洲原住民,让欧洲殖民者和其奴隶定居下来的手段。

欧洲人对美洲原住民的厌恶一直延续到美国大革命时期。作为启蒙运动革命者的心声之作,《独立宣言》将与英国政府结盟的美洲原住民称作是"无情的印第安野蛮人"。与此相反,法国作家更倾向于将他们视为"高贵的野蛮人",有能力对欧洲社会的愚蠢行为加以讽刺,如伏尔泰在小说《天真汉》(*The Innocent*,1767)一书中虚构了一位在 17 世纪末探访法国的休伦人,借此来嘲笑基督教和宗教不宽容。伏尔泰在小说《老实人》中还描绘了一个美洲原住民的乌托邦世界。

在启蒙运动中,美洲原住民经常被描绘成过着简朴生活的人。与欧洲人不同,他们并没有严重的社会不平等和私有财产问题。在欧洲人眼中,他们就像南太平洋岛民一样,代表着一种不受罪恶影响,也不被文明改良的"自然人"的理想化身。欧洲人还对美洲原住民有种普遍但不准确的看法,他们认为美洲原住民完全靠狩猎-采集为生,并不懂任何农业生产方式,这点还被欧洲人用来证明殖民者对当地土地进行掠夺具有合理性。在许多启蒙运动领袖看来(尤其是约翰·洛克),殖民者可以用更有效的方式利用土地。苏格兰启蒙人士也特别赞同这一观点,他们认为美洲原住民在放牧业和农业兴起前就是靠"狩猎"为生的族群,因此经常把美洲原住民与古希腊人、古罗马人和德国人联系在一起,这几个社会的起源都属于类似的情况。

在启蒙运动后期,种族思想的流行导致美洲原住民的地位更加一落千丈。在"关于新世界的争论"中,一些欧洲自然学家认为人类和其他动物一样,在美洲会逐步退化。这不仅适用于欧洲殖民者,也适用于土著居民,但这种想法更多指的是那些在美洲居住了几个世纪的原住民。欧洲人通过对比印第安男性稀疏的面部毛发和欧洲男性的茂密胡须来证明前者天生的劣等和退化性，并声称当地人的性欲要比欧洲人低。

参见：殖民主义；约翰·洛克；自然；政治哲学；性

拓展阅读：

Gerbi, Antonello, *The Dispute of the New World: History of a Polemic, 1750–1900*, translated by Jeremy Moyle（Pittsburgh: University of Pittsburgh Press, 1973）.

Pagden, Anthony, *European Encounters with the New World: From Renaissance to Romanticism*（New Haven: Yale University Press, 1993）.

Whelan, Frederick G., *Enlightenment Political Thought and Non-Western Societies: Sultans and Savages*（New York: Routledge, 2009）.

法国启蒙运动

法国是18世纪欧洲文明的中心。法语是社会精英的国际语言，法国宫廷和巴黎上流社会的礼仪和习俗也被许多国家的贵族争相效仿。来自欧洲各地及法国各省的人都会专门前往巴黎以体验法国文明的辉煌、欣赏具有传奇色彩的法国社会以及美丽的巴黎女性。法国还因拥有一大批首屈一指的启蒙思想家和享有盛名的学院而备受世人称赞。

尽管法国在启蒙运动中取得了诸多成就，但法国的启蒙运动却并不是受到文化沙文主义和自大之心驱使的结果。最初，法国启蒙思想家只是为了让法国变得更加美好。在这场斗争中，启蒙人士的最大敌人就是天主教会中的学术和政治权威，他们不得不面对法国政府的低效和压制、阶级制度以及法国文化的束缚。法国启蒙运动思想家达成了共识，即法国需要改革，但法国却从未实现像苏格兰休谟提出的"开明保守主义"。法国启蒙人士以理性为名开展革命斗争，他们还引以为豪地吸收和借鉴了一些外国文化元素，其中最重要的就来自英国。对法国而言，英国是一个崇尚言论自由和宗教信仰自由的国家。伏尔泰于1732年出版了《从英特兰来的信》一书，此书的出版意味着法国"亲英"之路达到了顶峰。

以伏尔泰和孟德斯鸠为首的法国哲学家推崇英国的"自由机构"（如议会）、无审查制度及民众信仰自由。伏尔泰和其聪慧的女友夏特莱侯爵夫人一起孜孜不倦地把艾萨克·牛顿的物理学引入到法国，而当时勒内·笛卡尔（Rene Descartes，1596—1650）的物理学概念在法国科学界仍然具有很大的影响力。英国在与法国的战争中多次获胜，如西班牙王位继承战争、奥地利王位继承战争和"七年战争"等，这些胜利无疑增加了英国在法国的威望，也使许多法国知识分子更加认为英国所做的事情必定是正确的。然而到了18世纪末，新独立的美利坚合众国取代了英国，成为新一个令法国众民钦佩的国家。

同时，一些外国的开明君主，如普鲁士的腓特烈大帝和沙俄的凯瑟琳女皇也受到了法国民众的仰慕。这二人与启蒙运动时期无能的法国统治者路易十五（1715—1764年在位）和路易十六（1764—1792年在位）形成了鲜明的对比。在意识到法国作为知识和文化领导国的重要性时，腓特烈、凯瑟琳和其他欧洲统治者通过奉承或庇护的方式结交了很多法国启蒙运动知识分子。国王路易十五的情妇蓬帕杜夫人多年以来一直是法国政府的领导人物。然而，她也是众多启蒙运动领袖们的朋友和崇拜者。尽管蓬帕杜夫人因法国在"七年战争"中战败而受到谴责，但还是有一些人赞扬她。在国王路易十六统治初期，启蒙政治家安·罗伯特·雅克·杜尔哥的短暂任职也得到了启蒙者的拥护。不过，他的失败使许多法国民众对本国的政治体制愈加感到失望。

尽管法国民众羡慕其他国家的文化及其统治者，并抱怨本国政府效率低下、压迫民众，但他们却从未忘记生活在法国的那份荣耀和快乐。即使是"亲英"的伏尔泰也认为英国文明的许多方面都不能同法国相提并论，而且真正定居在英国的法国思想家也的确寥寥无几。伏尔泰和狄德罗曾分别游历过腓特烈统治下的柏林和凯瑟琳统治下的圣彼得堡，但在近距离接触过这些"开明君主"后，他们很快就失去热情并返回了法国。外国民众都羡慕法国的文化和生活方式。1785至1789年间任美国驻法大使的托马斯·杰斐逊曾说过，经常旅游的人更喜欢在自己的国家生活，但这些人的第二选择都会是法国。

路易十四（Louis XIV）于1685年废除了《南特敕令》（*Edict of Nantes*），但18世纪的法国宗教制度依旧深受该法令的影响。敕令的废除剥夺了法国新教徒或"胡格诺派教徒"的合法地位，使法国在官方上不再承认除天主教以外的其他任何教派（大多数法国民众都信仰天主教）。因为禁止民众信奉非天主教宗教在实践中有很多漏洞，这让启蒙运动人士普遍对此感到不屑。他们不仅谴责法国政府剥夺了民众宗教信仰自由的权利，还指出胡格诺派教徒离开法国，带走了各种工业和技能，并利用其为欧洲各国谋利。

审查制度是教会和政府施加给法国启蒙思想家的最大挑战。这一制度导致很多重要的启蒙思想家不能出版其著作，或只能在海外出版，再走私进入法国本土。然而，法国社会却为启蒙思想的发展和传播提供了众多机会和场所。大多海外法语出版社（荷兰共和国、日内瓦说法语的城邦以及伦敦等）是由被流放的法国新教徒及其后代经营的，这就意味着在法国深受打压的启蒙思想著作可以在国外出版并偷运回国内。书籍的买卖方式很成熟，以至于很多受人尊敬的中产阶级能够像订阅合法书籍一样来定期订阅这些非法书籍。法国政府，尤其在巴黎，雇用了成百上千的警察间谍来监听法国民众的交谈。间谍遍布酒肆和大街小巷，一旦某些作家对法国政权构成威胁，他们就会对其进行严加监控。尽管如此，在法国大革命爆发前的十年中，法国民众依旧能够自由传阅大量抨击君主政体的小册子和大幅报纸。

启蒙思想家们认为法国社会和法国政府采用的是高压且非理性的统治手段。陈年旧俗和特权制度造成整个社会运作低效且有失公允。数百年来，贵族们享有至高无上的社会声望，尽管在18世纪丧失了一部分优势，但他们仍旧拥有各种特权，并垄断了很多教会和政府的要职。法国制度的不合理性也清晰地体现在各省间存在的内部贸易壁垒上，这阻碍了全国粮食市场的发展。

大革命前夕，法国执政者是国王路易十六（Louis XVI）。在杜尔哥的辅佐下，法国经历了短暂的开明统治时期。杜尔哥是经济学重农学派的支持者，也是美国和法国革命之前拥有参政、议政权力的少数启蒙运动知识分子之一。在国王路易十五与高等法院的争端中，杜尔哥是国王的支持者。同时，他也奋力帮助卡拉斯家族为让·卡拉斯翻案。杜尔哥对经济学持有浓厚的兴趣，并因此结识了法国重农主义经济学家弗朗斯瓦·魁奈（Francois Quesnay，1694—1774）和让·克劳德·古尔奈（Jean-Claude Gournay，1712—1759）。启蒙运动知识分子将杜尔哥视为启蒙思想的先行者，并帮助他在法国政府中逐步掌握权力。杜尔哥在掌权期间曾努力建立全国性的粮食交易市场，但这一行为引发了灾难性的后果，且随之而来的宫廷阴谋使杜尔哥最终丧失了一切政治权利。

沙龙是法国启蒙运动的主要机构之一，是众多知识分子和善谈者经常举行聚会的社交场所。在沙龙里，人们可以畅所欲言，享受较为自由的学术氛围。大多数沙龙的经营者为女性，这证明女性知识分子在法国启蒙运动中起到了重要作用。当时，法国沙龙享誉海外、备受称赞。

除此之外，学院是法国启蒙文化传播的另一个主要机构，但较其他机构而言，学院则受到更多的监管。学院的存在表明法国政府与启蒙运动的关系模棱两可，并不是直接对立的。学院是由政府资助并认可的团体，其成员通常在最负盛名的学院担任重要职位，并会因其所做的杰出贡献而获得报酬。当时法国三个最重要的学院全部建立于启蒙运动发生前的17世纪，其总部都设在法国的思想和生活中心——巴黎。这三大学院分别是在文学和语言方面卓有成就的"法兰西学术院"、致力于科学研究的"皇家科学院"以及致力于古典知识研究的"铭文与美术学院"。在国家级学院任职不但可以享有财政奖励，还可得到专门颁发给知识分子的最高荣誉嘉奖。多数国家级学院的职位原本都是由保守派人士把持的，对启蒙知识分子来说，进入高级别学院的过程漫长且艰辛。另外，法国还有许多省级学院，这些学院虽不是很著名，但却为省级城镇提供了丰富的精神生活，有时甚至会吸引一些著名作家和哲学家的关注，例如卢梭在第戎学院的竞赛中提交了《论科学与艺术》一文。

参见：学院及学会；让·勒朗·达朗贝尔；卡拉斯案；马奎斯·德·孔多塞；德尼·狄德罗；百科全书；法国大革命；保尔·昂利·霍尔巴赫男爵；查理·路易·孟德斯鸠男爵；让-雅克·卢梭；沙龙；伏尔泰

拓展阅读：

Gay, Peter, *The Party of Humanity: Essays in the French Enlightenment*（New York: Knopf, 1964）.

Hesse, Carla, *The Other Enlightenment: How French Women Became Modern*（Princeton: Princeton University Press, 2009）.

McManners, John, *Death and the Enlightenment: Changing Attitudes to Death among Christians and Unbelievers in Eighteenth-Century France*（Oxford: Oxford University Press, 1981）.

Roche, Daniel, *France in the Enlightenment,* translated by Arthur Goldhammer（Cambridge, MA: Harvard University Press, 2000）.

本杰明·富兰克林（1706—1790）

本杰明·富兰克林于 1706 年 1 月 17 日出生在波士顿，是美国殖民地上第一位获得欧洲人认可的哲学家和科学家。富兰克林出身贫寒，其父当时以制造蜡烛和肥皂为生。青年时期的富兰克林曾在波士顿和费城做印刷工人。他是一位多产作家，对传播理性和宽容、勤奋与社交等启蒙运动思想做出了卓越贡献。富兰克林在新英格兰清教徒家庭中长大，但他没有公开信奉某种宗教或参加任何教会。不过，他似乎是信奉自然神论，尤其是在 1723 年他到费城做印刷工人后这种倾向更为明显。富兰克林用来传播自己思想的一个主要工具就是《穷理查德年鉴》(*Poor Richard's Almanac*)，该书在 1732 年到 1758 年间每年出版一次。自 1748 年从印刷厂退休之后，富兰克林将大部分时间都投入到电子科学和政治学当中。

富兰克林对科学做出的最大贡献就是提出了电学"单流体"理论，该理论是 18 世纪科学界最为瞩目的论题。以往的电学理论是建立在"以太"[①]（effluvia），一种微小的粒子基础之上的。虽然富兰克林未能完全驳斥"以太"论，但他将电定义为一种普遍存在的流质，并将带电状态称为"正电"，放电状态称为"负电"。尽管当时欧洲许多主张"双流体理论"的科学家对他的理论进行了数年的批驳，但他还是支持闪电的本质也是电流的观点（该观点最初并不是由他首先提出的）。目前，人们尚未证实富兰克林是否真的做过风筝实验。然而，他发明的避雷针却的确是一项具有科学实际功效的杰出创造。该发明对当时的文化也产生了巨大的冲击，是否应该使用避雷针是启蒙运动时期的一个经典论争。世俗论者与神职人员就此事展开了激烈的辩论，后者认为使用避雷针会挡住"上帝之光"，此举是对神明的一种亵渎。众所周知，富兰克林的理论为电学奠定了重要的基础。1751 年，由富兰克林撰写的《电学实验与观察》一书在伦敦出版。该书全名为《本杰明·富兰克林和英国皇家学会会员科林森先生在美国费城所做的电流观察和实验》(*Experiments and Observations on Electricity, Made at Philadelphia in America, by Mr. Benjamin Franklin, and Communicated to Mr. P. Collinson of London, F.R.S.*)，后被译成法文、德文和意大利文，该书的出版对整个欧洲产生了巨大的影响。富兰克林是启蒙运动迄今为止最著名

[①] 以太是古希腊哲学家亚里士多德设想的一种物质，它是组成空间的意识流、灵界创造物质时所创造的第一种最基本元素。——译者注

的美国自然哲学家。自 1768 年开始，他就一直担任美国哲学学会的首任主席，直至 1790 年去世。

富兰克林年轻时曾旅居英国，最初他致力于建立并维系英国与其北美殖民地之间的关系。然而，英国拒绝采纳他的建议让其大失所望并开始支持美国争取独立。作为美国驻巴黎大使，他在美国与法国结盟的过程中发挥了至关重要的作用，而且还从法国争取到进行独立战争的资金。富兰克林是一位睿智的哲学家，但他在生活中却非常质朴和谦虚。他朴素的着装往往会与法国精英们的精美华服形成鲜明的对比。一些"开明"的法国人对他极其尊重，这对提升美国的国际声望大有裨益。在巴黎，他参加了许多主要的启蒙运动机构，包括爱尔维修夫人（Madame Helvetius，1722—1800）的沙龙、皇家科学院以及共济会九姐妹分会（富兰克林于 1779 年至 1781 年任会长）。法国大革命后，富兰克林返回美国参与制定美国宪法，同时他也是最早提议废除奴隶制的领导人之一。

1790 年 4 月 17 日，富兰克林因胸膜炎在费城的家中去世。为缅怀这位名人，费城民众为其举行了盛大的公祭活动以表哀悼，美国国会和法国国民议会也对他的逝去致以沉痛的悼念。富兰克林逝世后出版的《自传》是美国自传史上的一部不朽之作，为后世展现出一个通过勤奋努力和自我提升实现"美国梦"的杰出代表。与他同一时期的法国经济学家安·罗伯特·雅克·杜尔哥在评价富兰克林时曾说道："他抓住了天堂的闪电和暴君的权杖。"

参见：学院及学会；美国革命和建国；共济会；科学

拓展阅读：

Dull, Jonathan R., *Benjamin Franklin and the American Revolution*（Lincoln, NE: University of Nebraska Press, 2010）.

Morgan, Edmund S., *Benjamin Franklin*（New Haven: Yale University Press, 2002）.

Schiffer, Michael Brian, *Draw the Lightning Down: Benjamin Franklin and Electrical Technology in the Age of Enlightenment*（Berkeley and Los Angeles: University of California Press, 2003）.

普鲁士腓特烈大帝（1712—1786）

腓特烈大帝是普鲁士国王，于 1712 年 1 月 24 日生于普鲁士首都柏林。其父腓特烈一世（1688—1740）思想保守、勇武好战，号称"士兵国王"。尽管遭到父亲的强烈反对，但腓特烈从小就痴迷法国文化。1730 年，父子间的关系达到了冰点。当时，腓特烈二世试图逃离普鲁士，但最终被抓捕囚禁并交由军事法庭审判。为了以示惩戒，父亲迫使他观看其好友汉斯·赫尔曼·卡特（Hans Hermann von Katte，1704—1730）惨遭处决的场景。

1740 年，腓特烈一世在其父去世后继位。自此以后他决心参照启蒙运动的部分纲领对普鲁士实行变革。腓特烈大帝称自己是欧洲践行启蒙思想的最伟大君主。不过，启蒙运动纲领究竟对国家统治有多大的影响力就另当别论了。腓特烈大帝意图改革并建立"开明政府"以提高政府机构的工作效率。与奥地利、俄国和法国等欧洲强国相比，普鲁士处于弱势。为了能够在军事上与之抗衡，普鲁士政府必须要做到以下几点：充分利用自身资源、公民依法诚实纳税、法院提高办事效率、政府官员高度负责并把为国家服务视作至高无上的荣誉。

早在启蒙运动开始前，腓特烈一世对普鲁士的管理就极为严格。为进一步加强政府的执政能力，腓特烈大帝即位后更是大力组织人员长期潜心编撰普鲁士民法典及经济发展方案。腓特烈大帝在军事方面天赋异禀且能识人善用，再加之运气连连，在这些因素的共同作用下普鲁士得以不断提高管理成效，从而在 18 世纪一跃成为欧洲的强国之一。1740 年，腓特烈大帝突袭并占领了奥地利控制的西里西亚，从此揭开了一场波及整个欧洲的奥地利王位之争。另外，他还在 1772 年以武力为后盾对波兰进行了首次瓜分。在腓特烈大帝统治期间发生的最危险的经历当属"七年战争"，在此次战争中，普鲁士王国面对的是欧洲大陆多个强国的联盟军，包括法国、奥地利、俄国和瑞典，而他的同盟国只有大英帝国。在此次战争中，腓特烈大帝带领普鲁士军队经历九死一生，但最终大获全胜。

虽然腓特烈大帝对一些启蒙理想拍手称赞，但在现实中却很少真正付诸行动。他对外宣称会支持宗教宽容政策，但实际上仍在执行许多歧视犹太人的法律条令，尤其是一些有利于将犹太人的财富转移到普鲁士国家财政上的条令。另外，他还亲自出面阻止柏林科学院录取犹太启蒙运动主要思想家摩西·门德尔松。当然，腓特烈大帝确实在某些领域贯彻了启蒙运动的原则，如在 1754 年废止了司法酷刑、解放国王所有的农奴（但却无法解放那些为其他贵族常年辛苦工作的农奴）。

腓特烈大帝还是一位伟大的建筑家。他设计的最著名的建筑就是坐落于柏林郊外波茨坦小镇洛可可式的"无忧宫"（palace of Sanssouc，意为无忧无虑）。当时，腓特烈大帝的大部分著作都是在法国完成的，他很少关注德国的启蒙运动文化。伏尔泰和腓特烈大帝互为知己，维持了十几年的书信来往。不过，伏尔泰在 1750 年到柏林亲自拜访腓特烈大帝时，发现他奉行的是军国主义且为人独裁专制，伏尔泰非常失望，两人从此分道扬镳。伏尔泰在小说《老实人》（Candide）的前几章提到了他的柏林之行，言语中尽是对德国生活的嘲讽。尽管之后他们又重归于好，但两人的友谊却不复从前了。腓特烈大帝还是让·勒朗·达朗贝尔的狂热崇拜者，曾多次邀请达朗贝尔担任柏林科学院的院长。虽然达朗贝尔拒绝了他的邀请，但是柏林学院一直都是由法国人主导的。腓特烈大帝还会作曲并且创作了几首作品，其中大部分都是关于如何治理国家的。当然，腓特烈大帝的所有著作都是在法国出版的。他的许多个人信仰（如他向公众隐瞒自己信奉无神论）都带有法国启蒙运动的特点，而这些信仰往往不容易被德国人接受。此外，他的宫廷也是一些哲学家及各国饱受争议人士的避难所，如法国的唯物主义者朱利安·奥夫鲁瓦·德·拉美特利（Julien Offroy de la Mettrie，1709—1751）。

腓特烈大帝同时也赞助了很多音乐家。虽然他对德国文学毫无兴趣，但因为德国在音乐创造上可以引领整个欧洲，腓特烈大帝十分欣赏德国的音乐家。约翰·塞巴斯蒂安·巴赫的《音乐的奉献》（Musical Offering）就是在腓特烈大帝规定主题下创作完成的一部杰作。同时，腓特烈大帝也是德国共济会的领导人。

腓特烈大帝于 1786 年 8 月 17 日在其波茨坦宫殿中逝世。他希望死后能够埋在无忧宫。1991 年，也就是在他逝世 205 周年之际，腓特烈大帝终于达成了这一遗愿。

参见：共济会；德国启蒙运动；政治哲学

拓展阅读：

Behrens, C. B. A., *Society, Government and the Enlightenment: The Experiences of Eighteenth-Century France and Prussia*（London: Thames and Hudson, 1985）.

Fraser, David, *Frederick the Great: King of Prussia*（London and New York: A. Lane, 2000）.

Gaines, James R. *Evening in the Palace of Reason: Bach Meets Frederick the Great in the Age of Enlightenment*（London and New York: Fourth Estate, 2005）.

共济会

"共济会"是一个人们广泛熟知的神秘组织，该组织在18世纪早期诞生于英国，后传到欧洲和美洲。共济会的前身是自中世纪就存在的采石工人行会，并在17世纪转化为社会组织。该组织的兴起与启蒙运动息息相关。18世纪初伦敦共济运动的领袖是让·德萨吉利埃（Jean Desaguliers, 1683—1744），他既是支持牛顿学说的科学家，同时也是英格兰教会的牧师。得到多个欧美分会认可的伦敦共济总会最初的领导人大多都是英国顶尖科学组织皇家学会的成员。因为该组织强调存在一位以数学方法创造宇宙的"建筑大师"，很多和早期共济会相关的传说和宣传说辞与牛顿学说的自然哲学和自然神学如出一辙。"上帝"的概念吸引了许多自然神论者的兴趣。如牛顿所说的万有引力将宇宙聚集在一起一样，共济会也认为社会是一个由多个独立个体相互"吸引"而形成的合体。各个共济会分会践行的宗教包容政策（某些分会甚至还承认耶稣的存在）也与启蒙运动倡导的价值观相符。另外，他们还提倡隶属不同社会阶层的共济会成员之间关系平等。然而，也有许多共济会成员认为该组织的成员比其他异教徒要略高一等。

天主教教会视共济会为他们的一个极大威胁，罗马天主教皇分别于1738年和1751年两度颁发教皇令禁止天主教徒加入共济会。然而禁令并没有奏效，反而令天主教教徒更加了解共济会与自由反教权主义间的区别。在大英帝国和普鲁士等信奉新教的国家里也有很多地区推行启蒙运动，而通常情况下共济会领导人往往出自当地的贵族家庭。沙皇俄国凯瑟琳女皇认为共济会具有颠覆性的破坏力，加之又与她的对手普鲁士国王腓特烈大帝有着千丝万缕的联系，因此于1785年摧毁了分布在俄国的多个共济会分会。即便共济会与英国贵族联系密切，但仍旧受到很多美国革命领导人的认可。本杰明·富兰克林、乔治·华盛顿以及法国拉法耶特侯爵（美国独立运动的支持者）都是共济会成员。

共济会不断发展壮大,并在此过程中以多种形式建立了多个分会。某些小团体,尤其一些最初以追求理性为目标的德国分会后来开始具有神秘主义倾向。启蒙运动中最重要的组织是一些由知识分子组成的会所,如成立于1781年的维也纳"和睦会所"(True Harmony Lodge)以及巴黎的"九姐妹会所"(指希腊神话中分管文艺的九位缪斯女神)。"和睦会所"中的著名共济会成员有作曲家沃尔夫冈·阿玛多伊斯·莫扎特,他在歌剧《魔笛》(The Magic Flute)中运用了大量共济会的意象和象征。"九姐妹会所"是由法国天文爱好者及无神论者约瑟夫-杰罗姆·勒弗朗索瓦·德·拉朗德(Joseph-Jérôme Lefran-çais de Laland,1732—1807)于1776年创立的,他是该分会的首任会长。该分会的著名成员有本杰明·富兰克林,他在担任美国驻法国大使期间曾担任过会长。另外,伏尔泰也是该分会的会员,而且他是在去世前几个星期才被正式接纳入会的。该分会经常赞助一些教育机构。不过,法国大革命时期的政府将"和睦会所"视为"贵族势力",并于1792年将其解散。而哈普斯堡皇室在1786年初打压秘密社会组织时也将该国的"和睦会所"解散。另外一个会所虽只是昙花一现,且也没有前两个会所那样有诸多文人墨客加入,但在贯彻启蒙运动思想上该会所却是最为激进的,那就是由德国因戈尔施塔特市教会(Ingolstadt church)法学教授亚当·维索兹(Adam Weishaupt,1748—1830)于1776年创办的巴伐利亚"光明会"(Bavarian Illuminati)。受到霍尔巴赫男爵等激进唯物主义哲学家的影响,维索兹以创立"光明会"的方式来反抗巴伐利亚政府。然而,"光明会"很快就被镇压了,但直至今日,该会所仍然是一些阴谋论者经常拿来炒作的话题。

参见:美国革命与建国;本杰明·富兰克林;普鲁士腓特烈大帝;伏尔泰
拓展阅读:

Bullock, Steven C., *Revolutionary Brotherhood: Freemasonry and the Transformation of the American Social Order, 1730–1840* (Chapel Hill: Published for the Institute of Early American History and Culture by the University of North Carolina Press, 1996).

Jacob, Margaret C., *Living the Enlightenment: Freemasonry and Politics in Eighteenth-Century Europe* (New York: Oxford University Press, 1991).

Jacob, Margaret C., *The Radical Enlightenment: Pantheists, Freemasons, and Republicans* (London and Boston: Allen and Unwin, 1981).

法国大革命

启蒙运动与法国大革命（始于 1789 年）之间的关系是启蒙运动史中最具争议问题之一。一些历史学家认为法国大革命的爆发从本质上来讲是理性战胜迷信和传统，引领社会进行"启蒙运动项目"的终极产物。然而，还有一些历史学家则认为法国大革命，特别是在其激进阶段，是对启蒙运动的一种否定甚至是终结。一些保守的历史学家将启蒙运动与大革命中最激进的"恐怖统治"联系起来，认为启蒙运动为 20 世纪的极权主义奠定了基础，这种解释在冷战时期尤其受人推崇。当然，还有人认为启蒙运动与法国大革命的爆发并无任何关系，而是当时经济发展不景气、军事上屡遭失败以及社会和政治冲突愈演愈烈等因素，共同交织最终促成法国大革命的爆发。

事实上，启蒙运动中的某些因素可能确实有助于法国大革命的爆发。启蒙运动提倡要建立一个理性、负责且高效的理想政府，这让许多法国民众开始对当时的统治者产生怀疑。法国既不像英国和美国那样对启蒙运动持开放、包容的态度，也没有像普鲁士腓特烈大帝或俄国凯瑟琳女皇那样的"开明君主"。尽管法国政府试图努力朝着启蒙运动的方向迈进，如在 1787 年赋予新教合法地位，这是启蒙运动倡导的宗教宽容政策的重大胜利，但是许多法国民众仍因为整个进程较为缓慢而苦恼。

很多革命者，尤其是早期的革命者，坚定信奉伏尔泰和卢梭等人倡导的哲学传统。1791 年，人们将伏尔泰的遗体运回巴黎并安葬在先贤祠内（法国伟人的墓地），而他的遗体安葬日被当时的革命党人定为国家正式的节日。三年后，卢梭也被安葬在先贤祠内。1789 年国民大会颁布的《人权宣言》是法国大革命早期纲领性的文件，《人权宣言》提及了许多启蒙运动原则，如废除贵族不劳而获的特权、鼓励言论自由以及宗教信仰自由等。法国大革命的众多领袖，甚至连反革命人士都是启蒙运动文学的狂热读者，因此无法断定究竟哪一方更为"开明"。

国王路易十六被处以绞刑后，法国大革命迎来了最激进的"共和主义"时期。人们常认为大革命时期提倡共和主义是受到卢梭，尤其是他所著的《社会契约论》的影响。马克西米连·罗伯斯庇尔是法国大革命激进阶段的公共安全委员会（Committee of Public Safety）的领导人，他深受卢梭的影响。然而，以罗伯斯庇尔为首的共和党"雅各宾派"推行"恐怖专制"政策，这有违《人权宣言》提倡的言论自由和思想自由等原则。在恐怖专制及雅各宾派改革期间，启蒙运动思想家和学术机构也未能幸免于难。法国最伟大的化学家安托万-洛朗·拉瓦锡（Antoine-Laurent Lavoisier，1743—1794）由于在大革命爆发前曾担任波旁王朝的包税官而遭到谴责并处以死刑。同样，孔多塞侯爵为了避免被公开处决而自杀身亡。天文学家让-西尔万·巴伊（Jean-Sylvain Bailly，1736—1793）早期的革命生涯十分顺利，曾担任过国民议会（National Assembly）主席和巴黎市长。然而，就像大革命早期其他领导人的命运一样，他在恐怖活动期间也被送上了断头台。因为执政者要迎合精英阶级，且启蒙思想有违提倡人人平等的共和主义，法国启蒙运动的多个核心组织被视为"贵族势力"而遭到解散，如法兰西学术院、法国皇家科学院及共济会、九姐妹会所等。

生活在大革命时期的外国启蒙运动领袖对法国大革命态度各不相同。托马斯·潘恩和约瑟夫·普利斯特利在初期支持法国大革命。潘恩被选为国民公会（National Convention）的外国代表，但最终遭到雅各宾派的囚禁。爱德华·吉本反对法国大革命，而伊曼努尔·康德则在哥尼斯堡（Königsberg）这样一个相对安全的地方推崇法国大革命。

法国大革命的反对者认为大革命是启蒙运动质疑欧洲基督教神圣教令的延续。这一说法可以从最早一批反对大革命的出版物中得到证实，如爱尔兰政治家埃德蒙·伯克（Edmund Burke）的《法国大革命反思录》（*Relfections on the Revolution in France*，1790）。

参见：孔多塞侯爵；法国启蒙运动；托马斯·潘恩；政治哲学
拓展阅读：

Israel, Jonathan, *Revolutionary Ideas: An Intellectual History of the French Revolution from the Rights of Man to Robespierre*（Princeton: Princeton University Press, 2014）.

Kennedy, Emmet, *A Cultural History of the French Revolution*（New Haven: Yale Santa University Press, 1989）.

Plassart, Anna, *The Scottish Enlightenment and the French Revolution*（New York: Cambridge University Press, 2015）.

性别

在启蒙运动时期,欧洲各国仍然是男权至上的宗法社会。除了少数国家有女王或女性摄政者,绝大多数国家的政权都是由男性把持的。男性还控制着欧洲各国的国教、异教以及犹太教。在大多数情况下,男性还控制着国家的高等教育,其受教育程度及出版物数量都远远高于女性。同时,他们还拥有欧洲的大部分财富。

启蒙运动的主流思想并没有挑战男性的主导地位。然而,启蒙运动确实将这一问题以一种理想化的方式进行了重释。基于《圣经》和基督教传统,男性地位要高于女性,但启蒙运动开启了对男女之间本质区别的探讨。启蒙运动时期的唯物主义者认为,女性是由躯体塑造的,而非超然、无性别的灵魂。这样一来,女性的天职就是性和繁衍生息,而且在繁衍生息的概念下,女性提供的性当然要比男性的更为重要。这一倾向就将女性排除在学术探讨之外,因为男子气概在理性崇尚中是不可或缺的。人们并不认为女性的理性思考能力比男性低下,而是认为女性根本就是一种毫无理性的生物。因此,能够成为"杰出"的知识分子和科学家的女性寥寥无几,而这些杰出女性则被贴上了"非自然"的标签。虽然并不是所有男性哲学家和科学家都持此种观点,但启蒙运动的主要思想家卢梭和康德却的确如此认为。因此,人们认为母乳喂养是女性的职责所在,这也是许多参加启蒙运动的男性所捍卫的观点;当然,并不是所有持此观点的人都将自己视为启蒙运动的一员。

尽管如此,这并不意味着女性在社会中毫无作用可言。许多启蒙运动时期的思想家认为,男女之间自由的联系和对话可以促进文明发展。这也是欧洲文明比中华文明或伊斯兰文明更具优越性的原因所在,因为在这些文明中,女性能与家人以外的男性进行交谈。然而,与法国沙龙文化联系紧密的理念仍然认为女性只是作为男性的支持者,而非拥有自我权力的思想者和践行者。

尽管加入到启蒙运动中的女性会比男性遇到更多挑战,但这些挑战并不是不可克服的。很多沙龙的主人都是女性,还有一些女作家或研究者,如夏特莱侯爵夫人。还有一小部分女性,如意大利教授和学者劳拉·巴斯、沙皇俄国凯瑟琳·达什科娃,后者甚至成为学术机构中的一员。玛丽·沃斯通克拉夫特(Mary Wollstonecraft,1757—1797)的许多作品反映出现代女性主义的观点，其中尤其以《女权辩护》(A Vindication of the Rights of Woman，1792)一书为代表。该书的灵感多源自德国启蒙运动中强调的理性生活以及对传统特权的严厉批判。启蒙运动对不劳而获的贵族和神职人员进行了抨击，沃斯通克拉夫特在此基础上进而批判当时随处可见的男权至上现象。沃斯通克拉夫特在倡导女权主义时重点批判了卢梭。启蒙运动后期出现的另一位提倡女权主义的思想家则是孔多塞侯爵，他认为男性和女性应该享有同等的政治和社会地位，他还认为女性之所以在科学领域的成就低于男性是因为她们没能接受和男性同等的教育，而并不是由于女性自身能力不足所造成的。

参见：沙皇俄国凯瑟琳二世女皇；艾米丽·夏特莱侯爵夫人；教育；自然；沙龙
拓展阅读：

Hesse, Carla, *The Other Enlightenment: How French Women Became Modern*（Princeton: Princeton University Press, 2009）.

Hufton, Olwen, *The Prospect Before Her: A History of Women in Western Europe, 1500–1800*（New York: Vintage, 1998）.

O'Brien, Karen, *Women and Enlightenment in Eighteenth-Century Britain*（Cambridge: Cambridge University Press, 2009）.

Steinbrugge, Lieselott, *The Moral Sex: Woman's Nature in the French Enlightenment*, translated by Pamela Selwyn（New York: Oxford University Press, 1995）.

Sutton, Geoffrey V., *Science for a Polite Society: Gender, Culture, and the Demonstration of Enlightenment*（Boulder, Colorado: Westview Press, 1995）.

德国启蒙运动

在启蒙运动时期，德国尚不是一个统一的国家，而是"神圣罗马帝国"的一部分。除了德国，神圣罗马帝国还包括现在的奥地利、捷克共和国以及其他一些领土。帝国的皇位长期被奥地利的哈普斯堡家族占据，他们管理着所继承的领土（哈普斯堡皇室的领土分布于奥地利，同时他们也是匈牙利的君主）。罗马帝国是由多个侯国、公国、主教管辖区和自由城市组成的，每个地区都有各自的历史和习俗。18世纪，这些城邦彼此之间战事不断。"七年战争"是罗马帝国内最大的王国普鲁士与奥地利女大公玛丽亚·特蕾西亚（Maria Theresa，1717—1780）之间的对抗。特蕾西亚继承的领土大多位于奥地利及德国的一些城邦，如巴伐利亚公国。

德国存在不同的宗教派别，主要以北方的路德教和南方的天主教为主，但路德教还可以划分为"正统路德教"以及强调谨遵教条的"虔信教"。宗教上的分裂使德国没有和其他国家一样形成像巴黎、伦敦或爱丁堡那样的文化中心。然而，德国却有许多活跃的省会城市，其中最著名的就是位于北方的普鲁士首府柏林和位于南方的哈普斯堡首府维也纳。

在德国，教会与启蒙运动或城邦与启蒙运动之间的关系各有不同。德国往往参照英、法两国的做法，试图成为践行启蒙运动的典范。德国的启蒙运动也受到了社会阶层分化的影响。在德国，贵族和新兴中产阶级之间的分化要比西欧其他国家都更为严重，这种分化在东德尤为明显。在其他国家，如在英国的共济会、咖啡馆和法国沙龙这样的组织里，不同阶级的人可以或多或少地实现平等，但这种情形在德国则是极为罕见的。

德国的政治分裂使知识分子获益匪浅。和苏格兰一样，德国的大学在启蒙运动中扮演着重要角色。由于政治分化，德国创办了很多大学，当地政府也创办了一些大学。其中，最主要的大学就是哥廷根大学（the University of Göttingen）和虔敬派哈雷大学，但是德国最伟大的启蒙运动哲学家康德（也被称为启蒙运动中最伟大的哲学家）却是在位于普鲁士东部的一所较偏远的柯尼斯堡大学（University of Königsburg）任教（今位于俄国加里宁格勒）。当然，与其他启蒙运动盛行的国家一样，德国也建立了很多学院、学会和大学，并且大多与启蒙运动关系密切。

随着政权和宗教权力的变化，德国启蒙运动的环境也发生了变化。在许多地区，尤其是一些天主教地区，独裁政府和教会采取了各种手段来阻止新观念的传播。然而，一些国家的君主却是启蒙运动的支持者，如普鲁士的腓特烈大帝和罗马帝国的约瑟夫二世。腓特烈大帝即位后就进行了大刀阔斧的改革，从而证明统治者的更替对德国城邦的统治具有十分重大的意义。他的父亲，也就是前任君主腓特烈·威廉一世（1713—1740年在位）是一个宗教保守派，他注重的是军事发展，而不是人才培养（他认为柏林学院的学者都是宫廷中的跳梁小丑）。腓特烈一世在任期间，哈雷大学在1723年以不敬之罪驱逐了德国重要的哲学家、莱布尼茨思想的追随者克里斯蒂安·沃尔夫（1679—1754）。1740年腓特烈大帝继位后，勒令哈雷大学重新聘请了沃尔夫；同时，他也对柏林科学院展开了一系列改革，使其得以复兴。德国由多个中、小型城邦组成，为获得更大的自由度，启蒙思想家在遭到当地政府的打压后可以随即搬到其他城邦。因此，沃尔夫在遭到哈雷大学驱逐后就去黑森州（Hesse）的马尔堡大学（University of Marburg）继续任教。当时，普鲁士首都柏林没有大学，所以腓特烈大帝借此可以重塑全新的文化氛围，而不必依靠那些建立多年、独立性较强的学术机构。

腓特烈大帝在柏林开展的启蒙运动借鉴了大量法国启蒙运动的思想。在1744年重振柏林科学院时（始建于1700年），他放弃之前对德语的研究，而将法语作为了官方语言。他还从法国请来著名的科学家皮埃尔－路易·莫佩尔蒂担任柏林科学院的首任院长。腓特烈大帝崇拜并资助过许多法国哲学家，如伏尔泰（二人关系一直跌宕起伏）、达朗贝尔以及孔多塞。不过，他对发展德国文化或德语并没什么太大兴趣。启蒙运动在德国开展得如火如荼，但通常是以反抗法国影响的方式为主。开展德语启蒙运动的人大多都是新教徒，对其影响更大的是英国，而不是法国。当时，德国上演的戏剧大多都是在模仿17世纪的法国悲剧，故事情节也基本上都是围绕贵族和皇族展开的。德国诗人、剧评家莱辛试图突破法国戏剧的束缚，写了一部关于英国中产阶级女性的悲剧，名为《萨拉·萨姆逊小姐》（*Miss Sara Sampson*），并于1755年进行了首次公演。

德国启蒙运动取得的最重要的成就之一就是哲学、科学和文学作品在德国得到了广泛传播。沃尔夫是德国启蒙运动的领头羊，他是第一个用德语而非拉丁语撰写哲学著作的哲学家，他的著作很快吸引了大批普通读者，而从前哲学作品的读者只是一小部分认识拉丁语的大学学者。德国最重要的哲学家康德是沃尔夫的忠实追随者。

尽管沃尔夫提倡反对宗教，但德国启蒙运动对宗教和基督教的反抗程度却远远不及法国及苏格兰。在德国，没有出现提倡信奉有神论和自然神论的著名启蒙思想家。康德反对无神论，捍卫强调道德准则的基督哲学。德国也有一些激进的启蒙运动人士，像亚当·维索兹，他是准－共济会巴伐利亚光明会的创办者，这一派别致力于在德国开展激进的改革，但是在建立不久后就被解散了。

18世纪末，德国启蒙运动开始走向衰落，1786年腓特烈二世的侄子腓特烈·威廉二世继位（1786—1797年在位）。威廉不支持启蒙运动，对与知识分子阶层相关的事情也不感兴趣。法国大革命后，德国也像其他国家一样开始对启蒙运动及崇尚自由的思想产生了质疑。普鲁士政府在1793年开始禁止康德出版与宗教相关的书籍，而和启蒙运动的传统相比，德国的年轻人则把目光投向了早期的浪漫主义运动。

参见：普鲁士腓特烈大帝；奥地利约瑟夫二世；伊曼努尔·康德；戈特弗里德·威廉·莱布尼茨；莱辛；摩西·门德尔松

拓展阅读：

Brunschwig, Henri, *Enlightenment and Romanticism in Eighteenth-Century Prussia*, translated by Frank Jellinek（Chicago and London: University of Chicago Press, 1974）.

Reed, T. J., *Light in Germany: Scenes from an Unknown Enlightenment*（Chicago: University of Chicago Press, 2015）.

Saine, Thomas P., *The Problem of Being Modern; or, The German Pursuit of Enlightenment from Leibniz to the French Revolution*（Detroit: Wayne State University Press, 1987）.

Wilson, W. Daniel and Robert C. Holub（eds.）, *Impure Reason: Dialectic of Enlightenment in Germany*（Detroit: Wayne State University Press, 1993）.

爱德华·吉本（1737—1794）

爱德华·吉本是启蒙运动时期最伟大的历史学家，于1737年4月27日出生在伦敦。吉本著有《罗马帝国衰亡史》，该书第一卷于1776年问世，而第六卷和最后一卷则于1788年才正式出版。虽然吉本是英国人，但他却深受法国和苏格兰启蒙运动的影响。吉本年轻时声称自己要改信天主教，所以被父亲送到瑞士的洛桑（Lausanne）跟随一位新教牧师学习过一段时间。但事实上，吉本信奉天主教的时间并不长，当然这并不是因为他开始坚信新教，而是由于他对天主教产生了质疑。在瑞士期间，吉本不但开始学习并使用法语写作（他后来甚至声称自己能够用法语进行思维），而且还结识了一些法国启蒙运动的作家。吉本博览群书，之后又受到一些苏格兰启蒙运动作家的影响，如历史学家大卫·休谟和威廉·罗伯逊。

吉本从小就励志要写一部历史专著，他花了很长时间寻找写作题材。最终，在1764年参观古罗马遗迹时，他萌生了要写罗马帝国衰亡史的想法。《罗马帝国衰亡史》一书记述了公元180年罗马皇帝马可·奥勒留

（Marcus Aurelius）去世直至 1453 年奥斯曼土耳其人攻占君士坦丁堡，拜占庭帝国（东罗马帝国）灭亡期间的历史。吉本是启蒙运动时期唯一对拜占庭帝国历史具有浓厚兴趣的历史学家。他给出了多个罗马帝国衰亡的原因，但其中野蛮民族入侵和基督教兴起是两个最主要的原因。吉本独树一帜地认为基督教分散了罗马人的注意力，使其不能专心解决罗马帝国面临的现实问题。吉本沿用启蒙运动时期伏尔泰和休谟的哲学历史观。他们二人并不仅单纯记录历史事件，而是在研究历史的过程中尝试去了解人类社会及其变化规律。但与他们有所不同的是，吉本广泛阅读当代历史学家和考古学家的作品，深入了解各个历史事件的背景，在此基础上他将哲学和"博学"史学结合在一起。

吉本的《罗马帝国衰亡史》一书轰动文坛，成为当时的一部畅销书。不过，吉本对待基督教的态度却颇有争议。《罗马帝国衰亡史》一书中最有名的是第十五和十六章。在这两个章节里，吉本带着对宗教的怀疑叙述了自后使徒时期[①]（post-Apostolic period）以来基督教的发展史，并对基督教早期的一些领导人的动机和品德提出了质疑。虽然吉本缺少伏尔泰式的斗争精神，尤其在评价基督教时以自身是史学家为托辞，对一些超自然的传说不予评价，但他在叙述基督教发展史时并没有袒护从古至今的任何一位基督徒。虽然吉本从未直接抨击基督教，只是以一种委婉的方式进行了嘲讽，然而，这丝讽刺意味无论是对基督徒或非基督徒读者来说都是显而易见的。他在书中对基督教早期历史进行了评论，这不但在宗教界引发了轩然大波，而且直至今日仍饱受争议。当时，大批愤怒的基督徒以文学作品为武器，对其展开猛烈的攻击。他反对宗教迫害，但似乎对那些迫害基督徒的人更为同情，因为他在书中往往弱化基督徒所受的折磨，并将这种遭遇称作多神论者在执行宗教宽容政策时发生的少数过激行为。吉本还暗指，当代基督教徒对他人的迫害和古代异教徒的行为同出一辙。事实上，古代的宗教迫害者相对而言比较温和，他们只会因基督徒的一些外在过激行为而进行暴力镇压，而对于基督徒坚守自己内心真正的信仰却并不那么关注。吉本对基督教权威以残忍的手段迫害异教徒表示不解。吉本将许多基督教先贤圣人看作是狂热的宗教信奉者，而却对从基督徒转为异教徒的罗马皇

[①] 使徒时期，传统上指 12 使徒在耶稣复活显现，接受大使命，开始向外传教后，一直到最后一个使徒死亡的这段时期，时间约从公元 33 年一直到约 100 年之间。这是基督教会发展的最初期阶段。——译者注

帝尤利安赞赏有加；但几个世纪以来，尤利安不断遭到基督教历史学家的强烈谴责。另外，吉本也像他所崇拜的伏尔泰一样，将自己对基督教的厌恶延伸至对犹太教的反感。而且，在该书最著名的结尾部分，吉本将罗马帝国衰亡的原因归结为"野蛮入侵与宗教干扰"。

《罗马帝国衰亡史》一书致使大批宗教人士对吉本展开学术攻击，这些攻击通常都是出于宗教动机，但是都被他轻而易举地化解了。针对这些批评，吉本在《对罗马帝国衰亡史第十五、十六章一些段落的考证》(*A Vindication of Some Passages in the XVth and XVIth Chapters of the Decline and Fall of the Roman Empire*，1779)中对此做出了回应。吉本对宗教持怀疑态度，但与当时很多启蒙运动领导人相比，他在政治上更为保守，而且对法国大革命深恶痛绝。

1774年至1783年间，吉本一直在议会任职。之后，他离开英格兰定居在瑞士的洛桑。除了《罗马帝国衰亡史》一书，吉本还写了一部自传，并在他去世后正式出版。吉本在访问英国时因为阴囊肿胀接受手术，但在术后由于严重感染于1794年1月16日去世。

参见：《圣经》；英国启蒙运动；宗教

拓展阅读：

Craddock, Patricia B., *Edward Gibbon: Luminous Historian 1772–1794*（Baltimore: Johns Hopkins University Press, 1989）.

Craddock, Patricia B., *Young Edward Gibbon: Gentleman of Letters*（Baltimore: Johns Hopkins University Press, 1982）.

Pocock, J. G. A., *Barbarism and Religion,* 5 vols.（Cambridge and New York: Cambridge University Press, 1999–2010）.

保尔·昂利·霍尔巴赫男爵（1723—1789）

霍尔巴赫生于德国的贵族家庭，但他成人后长期居住在巴黎，是一位多产的作家和翻译家，同时也是当时为数不多的男性沙龙主持人之一。霍尔巴赫生于德国小镇埃德斯海姆（Edesheim），出生日期不详，之后就读于荷兰莱顿大学（University of Leiden）。霍尔巴赫是将新教，尤其是德国的科学思想传到法国的重要人物。他为狄德罗和达朗贝尔主编的《百科全书》撰写了几百个与矿物学和化学学科相关的条目,其中大部分内容都改编自德国的著作。霍尔巴赫也阅读英语书籍,曾将数本英语反教权和反基督教的书籍翻译成法语。他从舅父那里继承了大笔遗产,因此并不用像启蒙运动时期许多其他作家一样为了生计而写作。

当时,霍尔巴赫曾因倡导无神论而臭名昭著。即使许多哲学家反对基督教,但大多数人,即使是像伏尔泰那样的激进人士,也都对自然神论望而却步。他们尽管没有信奉基督教中的上帝,但还是相信上帝是存在的。霍尔巴赫将自己的无神论和唯物主义结合在一起。唯物主义认为物质世界是由物质组成的,而灵魂只是人们的一种幻想。同时,他还支持斯宾诺莎提出的决定论传统思想。斯宾诺莎认为一切都是命中注定的,自由意志的自由也只是另一种幻想而已。在伦理层面上,霍尔巴赫认为人们不应该追求做一些令自我愉悦的事情,并反对基督教和其他宗教中对人自身和性的压抑。当然,他只能在一些匿名出版的著作书中表达此类观点,这些书多在阿姆斯特丹出版,因为阿姆斯特丹在书籍出版方面比法国更为自由。就像很多法国启蒙运动时期出版的图书一样,这些书也不得不通过走私的方式偷偷运回法国。

霍尔巴赫最主要的著作是《自然的体系》(The System of Nature, 1770),该书宣扬无神论,大批作家因此以伏尔泰和腓特烈大帝的观点为武器著书立说,对其展开激烈的批驳,这其中既有许多启蒙运动的支持者,也不乏大量启蒙运动的反对者。尽管政府禁止出版此书,天主教会也对其进行了强烈的打压,但该书依然在法国非常畅销。霍尔巴赫著有很多公开反对基督教的畅销书籍,包括《耶稣基督批判史》(Critical History of Jesus Christ, 1770)以及政论专著《社会的体系》(A System of Society, 1773)。与其他法国启蒙运动哲学家有所不同,霍尔巴赫对英国体制的评价比较消极,认为该体制腐败不堪,维护的只是一少部分人的特权。同时,他还认为英国对商业和全球贸易的专注对世界和平构成了极大威胁。

无论是霍尔巴赫本人的性格,还是他所提出的哲学观点都在当时引发了无数争议。他主持的文学沙龙以众多激进主义知识分子的加入而著称,在启蒙运动时期吸引了众多杰出人物(尽管霍尔巴赫学术圈里的很多人在法国大革命时期都比较保守)。霍尔巴赫快乐至上的理论为大众所接受,而且他为人慷慨大方、品德高尚且和蔼可亲。他的好友包括狄德罗、大卫·休谟及让－雅克·卢梭(卢梭最终因其加入百科全书派与之决裂,甚至认为霍尔巴赫就是攻击他的阴谋论策划者）。霍尔巴赫拥有巨大的财富，这使得他既有财力可以大设宴席、结交文人志士，也可以有充裕的时间进行创作和翻译。1789 年 1 月 21 日，霍尔巴赫在他深爱的巴黎去世。

参见：《圣经》；法国启蒙运动；宗教；沙龙

拓展阅读：

Curran, Mark, *Atheism, Religion, and Enlightenment in Pre-Revolutionary Europe*（Woodbridge, Suffolk and Rochester, NY: Boydell Press, 2010）.

Darnton, Robert, *The Forbidden Best-Sellers of Pre-Revolutionary France*（New York and London: Norton, 1996）.

Kors, Alan Charles. *D'Holbach's Coterie: An Enlightenment in Paris*（Princeton: Princeton University Press, 1975）.

大卫·休谟（1711—1776）

来自苏格兰的大卫·休谟在思想上比伏尔泰更加深邃和深刻，在社交上比康德更加平易近人。如今，休谟作为世界著名的哲学家、历史学家以及社会分析学家闻名于世。休谟于 1711 年 5 月 7 日出生在爱丁堡的一个贵族和律师家庭。他曾就读于在爱丁堡大学，最初本打算从事和法律相关的律师职业，但他在英国和法国居住期间不断地更换工作、阅读了大量书籍，后来逐渐失去了对宗教的信仰。休谟的第一部著作是分别于 1739 年和 1740 年匿名出版的两卷《人性论》（*Treatise of Human Nature*）。尽管如今人们认为该书是一部哲学巨著，但当时并没有得到广泛的关注。灰心丧气的休谟认为该书对于大多数人来说晦涩难懂，所以之后的哲学著作，如于 1741 年和 1742 年分两卷出版的《道德和政治论文集》（*Essays, Moral and Political*）、《人类理解研究》（*Philosophical Essays Concerning Human Understanding*，1748）以及《道德原则研究》（*An Enquiry into the Principles of Morals*，1751）都更加通俗易懂。

休谟是著名的经验论哲学家、怀疑论者，他的怀疑论倾向不仅体现在宗教上（他对宗教的怀疑人尽皆知），也反映在生活的方方面面，如他认为人类的感知与客观存在的事物息息相关，事物之间是有因果关系的。暂且不管是要通过信念还是理性来理解超验现实，休谟的哲学是根植于人性而非超验现实的。即使无法通过感知或抽象理性了解客观自然世界，人类也不应该，事实上也不可能一直生活在怀疑当中。同时，道德不是建立在神旨或理性论证基础上的，而是根据人的性格特征所产生的一种特殊的苦乐感觉。

休谟对理性并无太大信心，他在《人性论》一书曾说过理性是"激情的奴隶"。在《宗教的自然史》（Natural History of Religion，1757）一书中，他认为宗教的出现源自人对未来和未知世界的恐惧。他在《自然宗教对话录》（Dialogues on Natural Religion，1779）一书中猛烈地抨击了人类可以单纯依靠理性方式去"信奉上帝"的观点。休谟对宗教的反对使他数次卷入到学术论争当中，这或许也正是他当时在苏格兰的大学求职时四处碰壁的主要原因。

在休谟的一生中，最使他声名显赫的不是其哲学思想，而是1754年到1762年间出版的六卷关于英国史的书籍。这部书很快就成为经典之作，因此休谟能够通过售书而不用再依靠他人资助来维持生计了。作为历史学家，休谟持有的是传统的"哲学"历史观，他并不是简单罗列过去发生的历史事件，而是将重点放在探索人类社会的本质及其变化规律上。休谟的史书从政治角度上看颇具争议性，因为他的史书看起来过于保守。另外，休谟对历史的解析也不像洛克等人那样把社会契约当作分析的基础，因为他认为这种方式过于抽象。休谟致力于揭示17世纪英国历史上"辉格党"的神话，认为该党掀起了一场善良的国会与邪恶、残暴的斯图亚特王室之间的斗争。激进的辉格党人凯瑟琳·麦考利所著的《詹姆斯一世登基后至大革命间的英国史》（History of England from the Accession of James I to the Revolution，1763-1783）一书被看作是对休谟探索的回答。休谟用自然主义的方法去了解历史，着重探讨习俗和传统而非抽象的权力。然而，休谟对基督教的嘲讽让英格兰和苏格兰的保守主义者无法认同他所写的史书。

休谟在巴黎的各个沙龙都非常受欢迎。尽管巴黎文人墨客的社交圈经常让他感到局促不安，但休谟很享受那种感觉。他认为巴黎的社会交往要比他所厌恶的英国社会圈好得多。休谟帮助卢梭来到了英国，但由于卢梭过度敏感、对事常常主观臆断，加之休谟过于看重对自己声誉的维护，二者的关系慢慢地走向破裂。

1776年8月25日，休谟因直肠癌死于爱丁堡。他一生反对宗教，他的去世吸引了很多人的关注。许多反对启蒙运动的知识分子最初极其厌恶休谟，如塞缪尔·约翰逊（1709—1784），但他们认为人在面对死亡的时候是绝不可能毫无宗教信仰的。休谟能够平静从容地面对自己的死亡，这令所有人（不管是否有宗教信仰）都感到钦佩。休谟的朋友亚当·斯密为他写了一部悼文，将其比作智慧和美德的理想化身，此举当时震惊了很多人，因为在他们看来坚持宗教怀疑主义是一种道德上的沦陷。休谟在人类哲学史上始终是一面旗帜，人们通常将他视作现代分析哲学的奠基人。

参见： 宗教；苏格兰启蒙运动；亚当·斯密
拓展阅读：

Norton, David Fate, and Jacqueline Taylor（eds.），*The Cambridge Companion to Hume,* 2nd ed（Cambridge and New York: Cambridge University Press, 2009）.

Mossner, Ernest Campbell, *The Life of David Hume,* 2nd ed.（Oxford: Oxford University Press, 2001）.

Quinton, Anthony, *Hume*（New York: Routledge, 1999）.

意大利启蒙运动

18世纪的意大利依然处于城邦分裂的混乱状态：南部是首府位于那不勒斯（Naples）的两西西里王国（Kingdom of the Two Sicilies）；中北部的狭长地带是教皇国（Papal States），首府位于罗马；还有一些小国分布于北部，包括威尼斯共和国（Republics of Venice）、热那亚共和国（Republics of Genoa）、托斯卡纳公国（Duchies of Tuscany）和米兰公国（Duchies of Milan），这些小国都隶属于奥地利哈布斯堡皇室和萨伏伊公国（Kingdom of Savoy）的管辖区域。这种割据的局面不仅仅是政治上的割据，也让意大利人（和德国人不同）缺少对"意大利人"这一身份的认同感。但是，意大利在文化上并没有与北欧启蒙运动的主要中心脱离开来，尽管遭到教会的强烈反对，法国和英国的翻译作品依然可以在意大利得以广为传阅。另外，许多来自欧洲各国的文人也经常走访意大利并与意大利的精英人士进行沟通和交流。而且，共济会也吸引了大批意大利精英人士争相加入。

在意大利，天主教会对启蒙运动展开了强烈的镇压。总部设在罗马的宗教法庭（Inquisition）对整个意大利享有管辖权。一些为其他国家广为接受的基本假说，如哥白尼提出的地球绕着太阳转假说，在意大利却是被严令禁止传播的（尽管禁令并没有真正落实）。当时，意大利大部分世俗政府都反对启蒙运动，只有一些小国在18世纪开展了启蒙运动，如那不勒斯、米兰、萨沃伊、托斯卡纳和帕尔玛（Parma）等侯国或公国。

那不勒斯是欧洲最大的城市之一，同时也是意大利南部启蒙运动的中心。那不勒斯的启蒙运动在查理三世和大臣德·塔努齐侯爵（Marchese de Tanucci，1698—1783）的带领下尤为繁荣。他们通过资助和鼓励启蒙运动文人来挑战教会的权威，并进一步提升了城市人口的知识和文化生活。1776年以前，查理三世和塔努齐侯爵一直都是那不勒斯王国的重要人物，他们为把那不勒斯变成具有统一法律的国家而共同努力。虽然，他们最终未能成功，但是一些法律改革措施还是取得了一定成效。

佛罗伦萨是托斯卡纳公国的首府，自中世纪起便是一个思想和文化上较为活跃的城市，所以成为北部启蒙运动的中心。德拉克鲁斯卡学院（Academy of the Della Crusca）是欧洲最古老的学院之一，最早可以追溯到16世纪。该学院尤其热衷于传播和推行启蒙运动中与社会和农业改革相关的思想和项目。米兰也受到启蒙运动的影响，不断努力制定有利于理性执政和经济发展的法律、法规。欧洲著名的法理学家切萨雷·贝卡利亚当时居住在米兰，他是意大利最具影响力的启蒙运动改革家之一。另外，尽管对许多游客来说以狂欢节著称的威尼斯是一个旅游圣地，但因其政府独裁专制、闭关锁国，威尼斯受到的启蒙运动影响微乎其微。

启蒙运动甚至也对教皇国产生了一定影响，尤其在罗马教皇本笃十四世在位期间（1740—1758年在位）。本笃十四世原名普洛斯彼罗·洛伦佐·朗贝蒂尼（Prospero Lorenzo Lambertini，1675—1758），虽然他推行宗教宽容政策的时间较短，但与同时代的世俗开明君主一样，他实施了许多相似的政策，包括创办学院以及建设基础设施来大力发展经济。位于教皇国的博洛尼亚学院是欧洲少数几个接受女性学生的学院之一。

对许多其他国家的启蒙运动人士来说，意大利是古典主义的发源地。爱德华·吉本对当时意大利人的生活毫不关心，但却声称他在罗马生活的经历为其创作《罗马帝国衰亡史》提供了巨大的灵感。德国美学理论家约翰·约阿希姆·温克尔曼（Johann Joachim Winkelmann，1717—1768）对古文明遗址充满了敬畏，甚至于从路德教改信天主教并移居罗马担任教皇国宫廷文物总管以及梵蒂冈图书馆馆长。

参见：研究院与学术团体；艺术与建筑；切萨雷·贝卡利亚；耶稣会

拓展阅读：

Cochrane, Eric, *Tradition and Enlightenment in the Tuscan Academies 1690–1800*（Chicago: University of Chicago Press, 1961）.

Ferrone, Vincenzo, *The Intellectual Roots of the Italian Enlightenment: Newtonian Science, Religion, and Politics in the Early Eighteenth Century*, translated by Sue Brotherton（Atlantic Highlands: Humanities Press, 1995）.

Venturi, Franco, *Italy and the Enlightenment: Studies in a Cosmopolitan Century*, translated by Susan Corsi（London: Longman, 1972）.

耶稣会

耶稣会是一个罗马天主教宗教组织，成立于1540年。尽管许多启蒙运动的伟大领袖，如强烈反对教会权利的伏尔泰和狄德罗，都曾就读于耶稣会学校，但耶稣会在许多方面来说却是启蒙运动的最大敌人。耶稣会是一个由自我意识极强、受过良好教育的知识分子组成的团体，常被视作天主教的文化精英组织。他们掌管着许多天主教的学校和高等院校，因此也就成为"詹森派"[①]（Jansenist）和一些开明人士进行天主教"革新"的首要目标。在法国，耶稣会于1701年创办了《特雷乌期刊》（*Journal de Trevoux*）以捍卫天主教的正统地位，该期刊吸引了启蒙运动中的一批饱学之士。同时，耶稣会也是向其他国家传播欧洲文明的主要途径，例如在中国，自17世纪起就有多位来自西方耶稣会的教士担任过清朝钦天监的监正。

但是后来耶稣会曾一度遭到解散，这并不是由于启蒙运动哲学家或詹森天主教派的反对，而是由于欧洲各国政府均向教皇施加压力、要求其解散耶稣会。凭借其拥有的巨额财富以及不断提升的权势和影响力，耶稣会逐渐建立起国际化思想秩序，从而使很多国家领导人把耶稣会视为巨大的威胁。在欧洲人的美洲殖民地上，耶稣会的权力也变成了一个至关重要的问题。1759年，在"开明"政治家庞巴尔侯爵的带领下，葡萄牙成为第一个驱逐和镇压耶稣会的国家。而在法国，其殖民地马提尼克岛

---

① 詹森派是信奉詹森学说的天主教教派。该派追随17世纪荷兰天主教神学家詹森的思想。该教派反对道德论学说，遵从恩宠论学说，认为只能靠上帝恩宠才能得救，主张虔诚地严守教会法规。——译者注

(Martinique）上的耶稣会分会解散为法国大规模反对该组织提供了机会。1764 年，法国开始在全境镇压耶稣会。西班牙的"开明君主"查理三世（1759—1788 年在位）也在 1767 年将耶稣会驱逐出境。当时，掌管意大利两西西里和帕尔马王国的分别是法国和西班牙的波旁家族，这两个小国也相继对耶稣会进行了镇压。不过，奥地利的哈布斯堡家族却大力支持耶稣会。

波旁王朝向教皇克莱门特施以重压，并承诺如果教皇同意镇压耶稣会，他们就帮助其延续候选人的资格。最终在 1773 年，教皇克莱门特十四世（1769—1774 年在位）颁布了一条名为《为上帝交流而作》（*Dominus ac Redemptor*）的教令；此后，耶稣会在全世界范围内遭到了镇压。在一些非天主教国家，耶稣会仍然以半地下的方式存在着，尤其是在信奉新教的普鲁士和信奉东正教的沙皇俄国，因为这两国的开明君主都认为耶稣会对教育具有重大贡献。1814 年，耶稣会在教皇授权下得以恢复并延存至今。

参见：教育；宗教
拓展阅读：

Hellyer, Marcus, *Catholic Physics: Jesuit Natural Philosophy in Early Modern Germany*（Notre Dame: University of Notre Dame Press, 2005）.

Northeast, Catherine M., *Parisian Jesuits and the Enlightenment, 1700–1762*（Oxford: Voltaire Foundation, 1991）.

Whitehead, Maurice, *English Jesuit Education: Expulsion, Suppression, Survival, Restoration, 1762–1803*（Burlington VT: Ashgate, 2013）.

犹太人启蒙运动

犹太人启蒙运动，也称"现代启蒙运动"，自开展以来就面临诸多挑战。欧洲社会为阻止犹太人进入上流社会的知识和文化生活圈设置了重重障碍，如为使犹太人远离大学、研究院和科学学会，将欧洲中东部大部分犹太人聚集地划为贫民区。除了不能随意参加社会学术组织的外部压力之外，犹太知识分子在自己的社区内也受到很大限制。很多社区的学术组织大多是由欧洲基督教会建立的，所以开明知识分子在加入这些学会时不得不突破保守的犹太法学博士所设立的知识、文化以及制度层面的种种壁垒。

然而事实上，欧洲社会并没能把犹太群体真正从文化和地理层面上隔离开来。虽然犹太人在"犹太区"（封闭的犹太人聚集区）必须要遵守社区公共机构以及"拉比"精英阶层制定的法律和法规，不过，这样的犹太区在欧洲的许多地方，尤其是在西欧一直在不断减少。而在犹太区，越来越多的城邦开始开展启蒙运动，这严重威胁了传统犹太精英阶层的统治地位。另外，犹太区从整体上来说也逐步丧失了以往传统意义上的自治权。在英国，犹太人在中世纪时被驱逐出英格兰地区，而在17世纪又正式被准许返回，并且此后再也没有设立过犹太区。

在18世纪，犹太人开始有意识地参与到欧洲的科学和文化生活中去。虽然在欧洲文化机构中反对犹太人加入的呼声日益减弱，但犹太人融入欧洲社会的总体进程依然非常缓慢并曲折。一些科学学会开始接纳犹太人入会。1723年，艾萨克·赛克拉·萨穆达（Isaac de Sequeira Samuda，1681—1729）成为首位获准加入英国皇家学会的犹太人。越来越多中产阶级和上流阶层的犹太人开始接受世俗教育，如学习科学及希腊和罗马的经典著作。尽管天主教的帕多瓦教区（Catholic Padua）从16世纪开始仅接收犹太学生到医学院学习，但是接收犹太学生的大学数量在不断攀升，尤其在新教地区尤为突出。犹太教和基督教中参加启蒙运动的知识分子在共济会中，特别是在英格兰的共济会中进行了大量互动和交流。参加启蒙运动的犹太人也在自己的传统中寻求知识资源，如中世纪犹太理性主义哲学家迈蒙尼德（Maimonides）等人曾试图将犹太人和非犹太人的思想融合在一起。

最开始将牛顿主义学说纳入犹太思想体系中的是居住在英格兰的犹太知识分子。他们居住在牛顿的故土，这使英格兰犹太裔思想家具有一个优势，即英国上流社会没有给犹太人设置重重障碍。犹太人自中世纪遭到驱逐以来，直到17世纪50年代才获准重新进入英格兰。与欧洲其他地区的犹太社区不同，在英格兰不存在历史悠久的犹太人隔离区以及独立的司法体系。牛顿主义吸引了很多基督教作家，并同样对许多犹太作家产生了巨大的吸引力，这也许就是牛顿思想对自然神学的适用性。第一位在作品中将牛顿主义融入到犹太自然神学中的犹太作家是伦敦贝维斯·马克斯犹太教堂（Bevis Marks Synagogue）的拉比大卫·涅托（David Nieto，1654—1728）。莫迪凯·冈伯·施纳博·利维森（Mordecai Gumper Schnaber Levison，1741—1797）也许应该是最重要的信奉牛顿主义的犹太人，他一生四海为家，曾旅居英国、瑞典和德国，并使用希伯来语、德语和英语出版著作。这位高产的作家用希伯来语撰写了第一本著作,名为《论法律与科学》(*A Dissertation upon the Law and Science*,1771),该书全面论述了牛顿的科学理论及其与犹太教的关系。

  尽管英国的犹太人团体首先将启蒙运动思想带到犹太人社区,但是在庞大的犹太人群体中他们只是处于边缘化的一小部分人群而已。事实上,引领启蒙运动的犹太团体位于门德尔松的故乡德国。18世纪欧洲文坛中最著名的犹太人当属摩西·门德尔松,他率先证明骄傲、审慎的犹太人也可以进行启蒙运动哲学方面的研究。门德尔松开辟了先河,从而被德国以及中欧的犹太人视为英雄和楷模。门德尔松所处的柏林是犹太启蒙运动的发源地之一。尽管许多启蒙运动领导人没有彻底反对犹太教,但他们对此还是比较反感的。因此,"现代启蒙运动"中的犹太人试图展示出犹太教与启蒙运动间的兼容性。另外,参与启蒙运动的犹太人也面临着本民族内部传统权威的阻挠,他们往往质疑非犹太教的思想,并担心过多关注其他民族会影响犹太人对《托拉》(*Torah*)的研究,甚至有些参加启蒙运动的犹太人改信了基督教,这是让"拉比"们最为担心的事情。另外,犹太启蒙运动极力反对当时日渐兴起的波兰犹太人组织的哈西德派运动(Hasidic movement),该运动摒弃一切犹太民族和启蒙运动知识,只强调对上帝的热情奉献。犹太启蒙思想家群体"马斯基尔"(Maskilim)致力于将启蒙运动知识传播给精英阶层以外的广大犹太民众。他们用希伯来语撰写初等科学、数学及其他科目的教科书供德国和东欧的犹太学校使用。

参见:犹太人和犹太教启蒙运动;摩西·门德尔松;宗教;巴鲁赫·斯宾诺莎

拓展阅读:

Feiner, Shmuel, *The Jewish Enlightenment*, translated by Chaya Naor (Philadelphia: University of Pennsylvania Press, 2011).

Ruderman, David B., *Jewish Enlightenment in a New Key: Anglo-Jewry's Construction of Modern Jewish Thought* (Princeton and Oxford: Princeton University Press, 2000).

Sorkin, David, *Moses Mendelssohn and the Religious Enlightenment* (Berkeley: University of California Press, 1996).

奥地利约瑟夫二世(1741—1790)

在 18 世纪,没有几位统治者能像约瑟夫二世那样全心投身于启蒙运动中。约瑟夫分别于 1765 年和 1780 年加冕成为神圣罗马帝国皇帝和匈牙利国王。虽然名义上他与母亲玛丽亚·特蕾西亚共同执政,但是在 1780 年其母去世前他一直都没有掌握实权。在母亲去世后,约瑟夫就开始尝试在哈布斯堡帝国的领土上实行启蒙运动项目,区域包括奥地利、匈牙利和波西米亚。他实施了带有一定限制性的宗教宽容政策,整顿天主教教会财产以及改善农奴和农民的法律地位。同时,他还精简市级和省级的权力部门,要求其按照规定的标准化流程执行政务。虽然玛利亚·特蕾西亚在其执政期间就已经开展了上述几方面的改革,但约瑟夫进行了更为深刻的变革。之所以能大张旗鼓地推行一系列改革与约瑟夫广泛阅读启蒙运动作家的著作有很大关系,尤其他深受法国重农主义者思想家及普鲁士腓特烈大帝的影响。当然,所有这些改革的前提都是强化哈布斯堡家族的中央集权统治。约瑟夫进行的改革并不具有民主倾向,恰恰相反,他希望可以在与教会和贵族的抗争中进一步加强皇权。

1781 年,约瑟夫二世颁布了《宽容敕令》(*Edict of Toleration*),允许民众自由信奉希腊东正教及新教教派的路德教和加尔文教。同时,该敕令也赋予犹太教信徒更多的自由。不过,敕令不涵盖一些新教小教派及自然神论教派。同年,约瑟夫二世还废除了农奴制和封建制,并在改革民法条令的同时进一步削弱教会的权力并没收教会财产来修建学校和医院,从而极大地提高了奥地利境内的教育水平。另外,约瑟夫还废除了审查制度,甚至允许人们自由批评政府的错误行为。

约瑟夫实施的政策遭到了教会和传统精英阶层的强烈反对,同时,有些政策还打乱了乡村地区传统的经济模式。尽管约瑟夫希望通过解放乡村来提高农业方面的税收,但他的政府财政却一直处于入不敷出的窘境。而一些刚刚获得自由的农民为了争取更大的权益也会常常揭竿而起以反抗当地地主的剥削。另外,一些新教、天主教和犹太教社区也担心约瑟夫建立的世俗学校可能会对传统的宗教学习造成影响。与此同时,荷兰南部爆发了大规模的暴动,随后哈布斯堡皇室的领土及匈牙利也发生了一系列暴动。约瑟夫旨在扩张领土的外交政策也没有取得成效,而绝大多数改革工作在他去世之后都未能继续开展下去。

参见：教育；德国启蒙运动；政治哲学

拓展阅读：

Beales, Derek, *Joseph II* (Cambridge: Cambridge University Press, 1987).

Bernard, Paul P., *Jesuits and Jacobins: Enlightenment and Enlightened Despotism in Austria* (Urbana: University of Illinois Press, 1971).

Blanning, T. C. W., *Joseph II* (London and New York: Longman, 1994).

Gates-Coon, Rebecca, *Charmed Circle: Joseph II and the "Five Princesses," 1765–1790* (West Lafayette, IN: Purdue University Press, 2015).

伊曼努尔·康德（1724—1804）

伊曼努尔·康德于1724年4月22日出生在德国小城柯尼斯堡（今地处俄国的加里宁格勒市）。康德被认为是启蒙运动时期最伟大的哲学家，同时也是最伟大的历史哲学家。他终身就职于柯尼斯堡大学，1770年获得逻辑与形而上学教授一职并于1797年退休。康德是启蒙运动中少数几位以大学教授为职业的思想家之一。康德是一位非常受学生欢迎的教授，课堂总是座无虚席，学生们不得不提前几个小时去占座位。

德国大学竞争氛围浓厚，尽管康德是在虔诚的路德教虔信教派家庭中长大，但他却不相信保守的神学，而是更相信世俗思想以及现代哲学。康德在早期的学术研究上致力于探求艾萨克·牛顿和戈特弗里德·威廉·莱布尼茨在科学和哲学体系之间的差异，他并没有仅在二者间找到折中之处盲目信奉，而是尝试要在二人的理论基础上有所突破。在时空理论上，康德在牛顿的"绝对时空观"和莱布尼茨的"关系性时空观"的基础上提出了自己的时空观，认为时空属于一种心理范畴。

康德早期的大部分著作主要探讨的是科学问题（如太阳系起源的星云假说），但其中最著名的却是他的哲学著作《纯粹理性批判》(*Critique of Pure Reason*, 1781)。康德非常推崇大卫·休谟，称其为"将他从教条主义迷梦中唤醒的人"。康德致力于寻找一种经得起休谟怀疑主义检验的方法。康德哲学力求区分一些通过感知获得的真理（后验）以及先于感知的真理（先天）。我们无法通过感知获得关于"自在之物"的真知。康德提出知识可能先于感知而存在，该观点打破了洛克在启蒙运动中倡导的心理学传统，洛克将感觉视作获得知识的唯一来源。在科学上，康德区分了那些基于后验和先天的知识，认为后者可能根本不能算是科学。真正的科学必定是一个有序的先验知识体系，而该系统往往具有数学性，而引入数学方法的牛顿物理学则是真正科学的经典范例。康德试图借此表明该学科的形成是基于先验，而不是基于观察。在康德看来，有些科学并不能称为真正的科学，如化学和心理学。当然，这并不意味这些领域没有研究价值。康德在《自然科学的形而上学基础》(*Metaphysical Foundations of Natural Science*，1786）一书中探讨了科学与哲学的关系。

康德持有十分矛盾的宗教观。他在法国大革命爆发后出版了《单纯理性范围内的宗教》(*Religion within the Limits of Reason Alone*，1793）一书。由于该书显得过于激进，普鲁士政府下令禁止其继续出版宗教题材的著作。康德抨击自然神学及科学可以证实上帝存在的观点。康德哲学明确区分了科学与宗教的界限，在两者之间不偏不倚。他认为基督教在宗教界享有"至高无上"的地位，是最有价值的宗教。

尽管康德对纯粹的无神论者是否会坚持道德规范表示怀疑，但他坚信即便不借助神的启示录（如《圣经》），人类也可能获得绝对真理。康德撰写的关于道德的著作，包括《道德形而上学基础》(*Groundwork of the Metaphysic of Morals*，1785）和《实践理性批判》(*Critique of Practical Reason*，1788），这些著作围绕"绝对命令"（categorical imperative）原则，对道德理论产生了极大的影响。简而言之，绝对命令就是通过考量具有普遍规律的行为后果来对个人行为进行道德性评判。因此，偷窃是一种错误行为，因为如果每个人都偷窃，社会就无法运转下去了。道德行为只能是一些人们有意识遵守道德规范而采取的行为。"善意"行为之所以发生是因为个人的实际偏好而并非道德驱使。同时，康德还著有和美学及政治学相关的著作。1804 年 2 月 12 日，康德因久病在柯尼斯堡逝世。18 世纪后期，尽管康德哲学在很久后才走出国门，但它成为当时德国大学的主流哲学思想。康德哲学，尤其在德国人眼中，是启蒙运动的顶点和高潮。

参见：德国启蒙运动

拓展阅读：

Cassirer, Ernst, *The Philosophy of the Enlightenment, translated by Fritz C. A. Koelln and James P. Pettegrove*（Princeton: Princeton University Press, 1951）.

Guyer, Paul, *The Cambridge Companion to Kant and Modern Philosophy*（Cambridge

and New York: Cambridge University Press, 2006).
Kuehn, Manfred, *Kant: A Biography* (New York: Cambridge University Press, 2001).
Watkins, Eric (ed.), *Kant and the Sciences* (Oxford: Oxford University Press, 2001).

戈特弗里德·威廉·莱布尼茨（1646—1716）

  德国哲学家戈特弗里德·威廉·莱布尼茨是一位新教徒，被世人称为欧洲最后一个通才。莱布尼茨对科学、哲学、语言、历史、宗教、法律、图书馆管理和诗歌等诸多领域都有所贡献。莱布尼茨的父亲是一位大学教授，为了教育莱布尼茨，父亲让其管理家里的私人图书馆。莱布尼茨在七八岁时就自学了拉丁语，他曾就读于在莱比锡大学（University of Leipzig）、耶拿大学（University of Jena）和奥特多夫大学（University of Altdorf），并在奥特多夫大学获得了博士学位。莱布尼茨早年到过巴黎，并跟随物理学家和天文学家克里斯蒂安·惠更斯学习（Christiaan Huygens）。此后，他还做过图书管理员、外交官以及汉诺威大选的咨询顾问。同时，他还投入大量时间和精力撰写汉诺威王朝的宗谱。

  作为哲学家和科学家，莱布尼茨的职业生涯与启蒙运动早期的大多数知识分子有所不同。莱布尼茨生平只用自己的名字出版过一部著作，但是却发表了很多文章。他是当时少数几位利用日益流行的期刊出版学术论文的学者之一。同时，莱布尼茨与友人进行了大量的书信往来。他绝大多数作品的手稿都不是用德语，而是用拉丁语和法语撰写而成，因为这两种语言是当时国际上的通用语言。

  莱布尼茨熟读笛卡尔和其他17世纪"机械唯物主义哲学家"的著作，早期对力学也做出过重大贡献。莱布尼茨发明了"动力"（dynamics）一词，并被认为是动力学的创始人，他还区分了力的概念与运动量之间的区别。莱布尼茨支持力的守恒原则，并提出当非弹性物体在发生碰撞后静止时，其所受的力转移到物体的各个部分。莱布尼茨和斯宾诺莎曾在不同场合多次会面，莱布尼茨十分钦佩斯宾诺莎，但因在上帝自由性这一问题上双方各持己见而最终绝交。莱布尼茨认为上帝拥有创造最美好世界的道德需求，并不受到斯宾诺莎所说的严格决定论的束缚。

  莱布尼茨声称自己的哲学借鉴了古代和中世纪学术传统中的精华，而不是简单地用更好的哲学取而代之。他对科学的进步充满了信心，并希望以此让世界变得更加美好,但他认为当代物理学过于唯物主义。莱布尼茨认为世界是由有形实体构成的,并从精神角度出发将他认为过于唯物的现代哲学和科学进行了调整。莱布尼茨认为受外界影响的物质实体并不是实体。受到犹太教神秘主义卡巴拉生命之树①(Kabbalah)哲学思想的影响,莱布尼茨认为终极的客观实体是"单子"(monads),这些"单纯的实体"组合在一起构成了整个世界。在上帝的安排下,这些单子乃至整个自然界都充满了活力,单子的和谐共处表明了上帝的存在。

莱布尼茨非常支持建立各种学院和科学学会。在他的不懈努力下,普鲁士于1700年在首都建立了柏林科学院。该学院遵循的是法国科学院采用的模式,莱布尼茨出任首任院长。在18世纪,柏林科学院成为主要的科学机构之一。莱布尼茨还鼓励俄国沙皇彼得大帝(1687—1725年在位)建立科学院。在彼得大帝去世后不久,圣彼得堡俄国科学院就成立了。

莱布尼茨最大的竞争对手就是艾萨克·牛顿。二人几乎在同一时期发明了微积分,而牛顿毫不客气地发起了一场关于谁才是微积分发明人的激烈争论,并指责莱布尼茨盗取了自己的成果。出于民族主义的原因,大多数英国人都站在牛顿这一边,坚持推举牛顿为皇家学会的会长。几十年来,英国数学家固执地拒绝使用莱布尼茨发明的高级微积分系统,但法国、德国和其他欧洲国家的数学家则利用该系统取得了巨大的成功。直到19世纪早期,英国的数学都远远地落于欧洲其他国家。

莱布尼茨不认同牛顿在科学和哲学方面提出的理论。他认为万有引力定律不可信,因为似乎存在两个在一定距离内互相影响的物体,但牛顿却没有对此做出解释。莱布尼茨也不赞同牛顿提出的绝对空间概念。莱布尼茨在物理学上界定了运动的概念,并由此提出了关系性的空间概念。莱布尼茨与牛顿的追随者英国牧师萨缪尔·克拉克(Samuel Clark,1675—1729)就这些问题在1715年和1716年以书信的方式进行了探讨。莱布尼茨与牛顿相似,也从宗教角度提出了自己的哲学观点。他着重强调上帝创造的世界极其完美,批评牛顿和克拉克提出的上帝要经常进行干预才能维持宇宙正常运转的观点。这并不意味着上帝创造的任意一个世界都是完美的,因为莱布尼茨认为好与坏的标准并不依赖于上帝的意愿。因为上帝既

---

① "卡巴拉"是犹太教的神秘哲学,生命之树用来描述通往神(在卡巴拉教派文献中,通常被称为耶和华,或"神名")的路径,以及神创造世界的方式。

至善又全能，所以他在能力范围内从一切可能世界中选择最好的世界并将其创造出来。

伏尔泰在小说《老实人》中就此事对莱布尼茨进行了辛辣的讽刺。在该小说中，老实人的顾问、极度乐观的潘格拉斯博士的原型就是莱布尼茨。书中讽刺并攻击莱布尼茨，说他的极度乐观是建立在扭曲的立场之上的，而且他所说的"好"有别于其他正常人的界定。莱布尼茨将"好的世界"定义为最大程度的多样性与最大程度的秩序相结合，而并非是为了给人类提供愉快的生活。人类的幸福只是上帝考虑的众多因素中的一个，上帝完全可以因为更重要的事情牺牲人类的幸福。

莱布尼茨是一个虔诚的泛基督教信徒，他花费了大量时间用来改善欧洲新教与罗马天主教的关系。他的大多数哲学观点都是旨在解决各个教派之间存在的矛盾和争端。他同时也对中国哲学非常感兴趣，并且经常与中国的天主教耶稣传教士通信。虽然莱布尼茨只能通过译本来进行研究，但他却是最早一批研究中国思想的欧洲人之一。

1716年，莱布尼茨在汉诺威去世。因为被支持牛顿学说的学者所鄙视，他在英国并没有太大的影响力。虽然他的数学思想在法国广为流传，但人们认为他的哲学思想还不够唯物。（夏特莱侯爵夫人是少数几位对莱布尼茨的自然哲学感兴趣的法国人之一，她将莱布尼茨和牛顿的观点融合在物理学中。）莱布尼茨在德国，尤其是大学中一直享有巨大的影响力。一些宗教权威认为莱布尼茨是一个宿命论者，因为他否认人类拥有自由意志的可能性，但莱布尼茨的哲学观点在18世纪的德国却非常受欢迎。

参见：启蒙运动中对亚洲文明的认识；艾米丽·夏特莱侯爵夫人；德国启蒙运动；艾萨克·牛顿；科学；伏尔泰

拓展阅读：

Antognazza, Maria Rosa, *Leibniz: An Intellectual Biography*（Cambridge and New York: Cambridge University Press, 2009）.

Hall, A. Rupert, *Philosophers at War: The Quarrel Between Newton and Leibniz*（Cambridge and New York: Cambridge University Press, 1980）.

Jolley, Nicholas, *The Cambridge Companion to Leibniz*（New York and Cambridge: Cambridge University Press, 1995）.

戈特霍尔德·埃夫莱姆·莱辛（1729—1781）

戈特霍尔德·埃夫莱姆·莱辛是18世纪德国启蒙运动最具代表性的人物。莱辛于1729年1月22日出生在德国的卡门茨（Kamenz），是一位新教牧师家中的长子。家人本希望他子承父业，但他却成为了一名剧作家和作家。作为剧作家，莱辛把解放德国戏剧视为自己的使命，努力使其摆脱法国新古典主义戏剧重规则和重形式的束缚。他的第一部戏剧《萨拉·萨姆逊小姐》于1755年成功首映。剧中英国主人公和背景都展现出德国戏剧正从法国宫廷喜剧向英国"资本主义"戏剧转型。

作为作家和翻译家，莱辛成为最早一批靠笔杆谋生的德国人中的一员。他希望得到"开明君主"普鲁士腓特烈大帝的资助，但这一梦想最终被粉碎了。一部分原因是腓特烈大帝对德国文化并不感兴趣，另一部分原因是腓特烈大帝的朋友伏尔泰对他怀有敌意。莱辛不相信伏尔泰的无神论，而伏尔泰则怀疑莱辛想要剽窃他所著的《路易十四时代》（*Century of Louis XIV*）出版译著，却不打算给自己分文报酬。同时，莱辛毫不留情地将伏尔泰与莎士比亚的著作进行对比，认为伏尔泰的悲剧作品过于刻板和冷漠。经过多年寻觅，莱辛终于在1770年获得了一份稳定的工作，即担任布伦瑞克公爵（Duke of Brunswick）图书馆的管理员。

莱辛的《拉奥孔》（*Laocoon*，1766）是启蒙运动中最重要的一部美学批判著作。该书的题目源于古老神话故事人物拉奥孔的雕像，该雕像描述了被海蛇缠绕的拉奥孔和他的两个儿子。而极为讽刺的是，莱辛从没亲眼见过这座雕像，只是看过雕像的版画而已。在《拉奥孔》一书中，莱辛反对从古希腊和古罗马一直传承下来的理念，即诗和画是姐妹一样的艺术形式。恰恰相反，莱辛认为这两者是截然不同的。他认为诗才是一种更有力、更通用的艺术形式，因为诗能够呈现出时间的轨迹，而非只是片刻的瞬间。

莱辛对《圣经》十分感兴趣，但他并不认为《圣经》是从上帝那里传下来的神圣典籍。就像许多其他启蒙运动思想家一样，莱辛也认为《圣经》只不过是人类撰写的历史记录而已。他对《福音书》的研究十分大胆，以致无法在德国出版。莱辛还十分支持宗教宽容政策，认为不仅基督教各教派之间需要相互包容，基督教与犹太教之间也需要如此。《智者纳坦》于1778年初次公演，故事以十字军东征为背景，主人公是一位睿智、可敬的犹太人，其人物的原型就是莱辛的密友摩西·门德尔松。在剧中，莱辛重点刻画了人物而非某个特定的宗教信仰，而且他在作品中表明社会中的宗教偏见具有毁灭性的力量。

莱辛后期的作品都与宗教有关，并引起了布伦瑞克当局的异议。莱辛深受巴鲁赫·斯宾诺莎的影响，并接受他的泛神论以及自由意志虚幻性的观点。莱辛所著的《论人类的教育》(The Education of the Human Race, 1780) 一书将人类历史描绘成一部在宗教引导下不断取得精神进步的画卷。在他看来，人类历史并不是一部真理的启示史，而是一部人类进步的励志史。莱辛也是共济会成员。他于 1781 年 2 月 15 日在布伦瑞克 (Brunswick) 去世。在莱辛逝世几年后，由于信奉斯宾诺莎，他为越来越多的人所知并成为争论的焦点。

参见：德国启蒙运动；摩西·门德尔松；巴鲁赫·斯诺宾莎；戏剧
拓展阅读：

Fischer, Barbara and Thomas C. Fox (eds.), *A Companion to the Works of Gotthold Ephraim Lessing* (Rochester, NY: Camden House, 2005).

Nisbet, H. B., *Gotthold Ephraim Lessing: His Life, Works and Thought* (Oxford: Oxford University Press, 2013).

Robertson, Ritchie (ed.), *Lessing and the German Enlightenment* (Oxford: Voltaire Foundation, 2013).

里斯本地震

1755 年 11 月 1 日发生于葡萄牙首都里斯本的大地震是欧洲历史上最具破坏性的一次地震。这场地震几乎将里斯本夷为平地，加之后来的火灾和海啸，致使成千上万人丧生。这场地震夺走了众多鲜活的生命，造成不可估量的损失，它使人们不再坚信自然是充满善意的，从而引起了整个欧洲的广泛关注。伏尔泰在灾后写了一首诗，名为《里斯本的灾难》(Poem on the Disaster at Lisbon, 1756)，诗中强烈批判了哲学乐观主义、神意公正以及人与自然和谐相处的信念。伏尔泰在讽刺小说《老实人》中也描述了里斯本发生地震的场景，再次对这种乐观主义进行了抨击。另外，德尼·狄德罗死后出版的小说《宿命论者雅克和他的主人》(Jacques the Fatalist, 1796) 中也描述了这段历史。让-雅克·卢梭将这场地震作为搬离城市、回归自然的证据。年轻的伊曼努尔·康德对这一话题也十分感兴趣，他提出一套地震理论，认为地震是由地下气体喷发所造成的。

启蒙运动领导人庞巴尔侯爵根据启蒙运动中城市化的理念重建了里斯本市中心。网格化的布局取代了之前街道交错的设计，同时采取了一系列措施，以期在未来地震中将损失降到最低。迄今为止，这片城区仍叫作"巴夏庞巴尔区"或"庞巴尔下城"。

参见：塞巴斯蒂昂·何塞·德卡瓦略庞巴尔侯爵一世；宗教；伏尔泰

扩展阅读：

Johns, Alessa（ed.）, *Dreadful Visitations: Confronting Natural Catastrophe in the Age of the Enlightenment*（New York: Routledge, 1999）.

文学

启蒙运动早期的主要美学哲学是起源于 17 世纪法国的古典主义。伏尔泰是最早讨论威廉·莎士比亚作品的法国作家，他十分钦佩莎士比亚的天赋，但却认为莎士比亚未能严格遵循悲剧应有的范式。像拉辛这样的 17 世纪法国悲剧作家绝不会在《麦克白》中把门房出场那幕设计成悲、喜剧交织的形式。尽管法国的古典主义对英国影响较小，但对欧洲大陆上的其他国家却产生了巨大影响。17 世纪早期德国文化主要受到法国的影响，因为当时的开明君主腓特烈大帝对法国文化更感兴趣，却对德国文化，甚至是德语深感失望。17 世纪中期开始，德国作家戈特弗雷德·莱辛开始努力要摆脱法国文化的枷锁，致力于复兴德国文学。

现如今，人们认为作者为追求不同的美学目标而采用不同的文学体裁，但在 18 世纪，不同的文学体裁有不同的教育目的。英国启蒙运动医学家伊拉斯谟斯·达尔文（Erasmus Darwin，1731—1802）撰写了叙事诗《植物之爱》（*The Loves of the Plants*，1789），提出了崭新的关于植物性行为的科学观点。

小说的兴起是 18 世纪文学史上最显著的变化，这一文学形式的发展与启蒙运动有着错综复杂的关系。很多启蒙运动作家，如伏尔泰、卢梭和狄德罗都是小说家。同时一些启蒙运动哲学家也阅读同时期小说家的作品。很多著作使他们印象非常深刻，如塞缪尔·理查逊（Samuel Richardson）

的《帕米拉》(Pamela, 1740) 和《克拉丽莎》(Clarissa, 1747—1748) 以及劳伦斯·斯特恩 (Laurence Sterne, 1759—1767) 的《项迪传》(Tristram Shandy)。小说像启蒙运动的其他作品一样吸引了众多读者, 包括中产阶级、工人阶级以及众多女性。但总体来说, 小说还是很难达到新古典主义美学家的标准。

尽管很多小说, 如伏尔泰的《老实人》和狄德罗的《宿命论者雅克和他的主人》吸引了众多知识分子读者, 但18世纪最成功的还是"感伤小说"。这种小说更能激发出读者的情感, 读者读到动情之处很容易潸然泪下。很多成功的小说家, 如理查逊就非常重视唤起读者的情感共鸣, 而非理性思考, 但无论如何这些小说家都深受开明读者的喜爱。理查逊能够在直陈生活现实的同时使读者感受到书中主人公的美德, 狄德罗还因此非常敬佩他并为其写了致敬辞。卢梭是启蒙运动领导人中最伟大的感伤主义小说家, 他所写的《新爱洛伊丝》(The New Heloise, 1761) 是18世纪最流行的小说之一。

感伤小说的兴起与文化市场中女性读者的加入息息相关, 其中卢梭拥有众多的女性读者。卢梭不仅善于用家庭生活碰触女性的情感, 还同时要实现他的教育目的, 传播正确的教育观念, 如《爱弥儿: 论教育》(1762)。其他小说, 如拉克洛 (Cholderos de Laclos) 的《危险的关系》(Dangerous Liaisons, 1782) 通过对腐败和邪恶主人公的描述以一种反讽的方式呼吁人们要提高道德修养。虽然德国的小说创作起步较晚, 但歌德的《少年维特的烦恼》取得了巨大的成功。尽管没有足够的证据, 但据说这部小说当时风靡一时, 吸引了众多读者争相效仿书中主人公饮弹自杀, 从而引领了一股自杀潮流。

同时, 与其他体裁相比, 小说吸引了更大的女性读者群体。在英国和法国涌现出大批受人欢迎的女性小说家, 同时, 女性也成为小说的主要读者群体。

参见: 德尼·狄德罗; 让-雅克·卢梭; 戏剧; 伏尔泰

拓展阅读:

Jones, Tom, and Rowan Boyson (eds.), *The Poetic Enlightenment: Poetry and Human Science, 1650–1820* (London: Pickering and Chatto, 2013).

London, April, *The Cambridge Introduction to the Eighteenth-Century Novel* (Cambridge and New York: Cambridge University Press, 2012）.

Rex, Walter E., *The Attraction of the Contrary: Essays on the Literature of the French Enlightenment*（Cambridge and New York: Cambridge University Press, 1987）.

约翰·洛克（1632—1704）

约翰·洛克是一位英国医生和哲学家，他主张宗教宽容并支持政府和民众之间建立一种契约关系。洛克于1632年8月29日出生在英国小镇灵顿（Wrington）。

作为政治哲学家，洛克被视为自由主义传统的奠基人。他否认上帝赋予亚当的权力是政治权力最初来源的学说。他认为统治者的权力应来自于被统治者的认同。同时，洛克还认为当统治者管理不善时，原有的契约就被打破了，人民有权进行反抗。他在《政府论上、下篇》（*Two Treatises on Government*，于1689年出版）中表达了这种立场，该书的下篇是一部广为流传的政治思想经典之作。尽管学术界对洛克的影响力评价各异，但洛克的作品的确对启蒙运动和美国大革命都产生了巨大影响。洛克是17世纪末英格兰辉格党的支持者，他是辉格党领袖安东尼·阿什利·库珀沙夫茨伯里伯爵一世（Anthony Ashley Cooper，1621—1683）的密友，曾担任过库伯的医生并于1683年托利党人复辟后被迫流亡荷兰。洛克拥护1688年英国光荣革命，也因此又得以重返英国。尽管洛克的政治哲学思想在英国"光荣革命"之前就已有所发展，但人们还是将其看作是在为英国资产阶级大革命寻找理据。

洛克的宗教观点接近于自然神论，但又没有完全否认基督教。他是英国国教坚定的支持者。在他去世后出版的《论奇迹》（*Discourse on Miracles*，1706）一书中，洛克将耶稣的传奇经历视作支持基督教最强有力的证据，并且这种观点在早期启蒙运动宗教教义中占主导地位。同时，洛克还十分支持宗教宽容，他的《论宗教宽容》（*Letters on Toleration*，1689—1692）一书的影响力一直持续到18世纪。然而，洛克对宗教宽容的支持却是有限的，他不支持罗马天主教（洛克时期辉格党反对天主教），认为天主教教徒不可信，因为他们信奉的主教是外国的宗教领袖。同时，他也不支持无神论者，认为他们不信奉任何超自然权威也就意味着他们也不可信。

洛克对心理学做出了巨大的贡献，他曾尝试设计一种与17世纪新科学相适应的新型哲学风格。洛克认为哲学家的使命不是建立一个全面、能够回答所有关于宇宙问题的体系，而是要消除人们的心理错误和偏见，使其能够更加清晰地思考。这种观点在启蒙运动中具有强大的影响力，因为启蒙运动也反对"体制建设"。洛克的《人类理解论》（*Essay Concerning Human Understanding*，1690）一书从感官到知觉，从接受到组合的角度分析了人类的大脑。洛克反对古希腊哲学家柏拉图提出的理论，柏拉图认为有些想法在人类大脑中是天生或"内在的"。洛克认为知觉是通过感官被人类大脑吸收，进而合成复杂的观点（该观点被称为"白板说"），这构成了启蒙运动心理学的基础。由于外部世界而非人类大脑才是真理的最终来源，所以人类必须要全面、认真地观察外部世界。在书中，洛克提出了第一性的质（物质本身）与第二性的质（人类感知，如颜色）之间的区别，这种区别是启蒙运动和现代科学的基本理论。约翰·洛克的著作还涉及教育、基督教合理性及经济学等领域。尽管洛克与艾萨克·牛顿相识甚久、关系密切，并在担任英国货币委员期间与牛顿共同解决了货币上存在的问题，但洛克还是对他的科学宏观理论持怀疑态度，认为这些理论通常都超出了人类认知的界限。

洛克于1704年10月28日在英国小村庄高莱佛（High Laver）去世。洛克与牛顿一起被尊称为18世纪启蒙运动的奠基人。

参见：英国启蒙运动；政治哲学；宗教

拓展阅读：

Ashcraft, Richard, *Revolutionary Politics and Locke's "Two Treatises of Government"*（Princeton: Princeton University Press, 1986）.

Hirschmann, Nancy J., and Kirstie M. McClure（eds.）, *Feminist Interpretations of John Locke*（University Park, PA: Pennsylvania State University Press, 2007）.

Woolhouse, Roger, *Locke: A Biography*（Cambridge and New York: Cambridge University Press, 2007）.

摩西·门德尔松（1729—1786）

摩西·门德尔松是犹太启蒙运动或"现代启蒙运动"中最重要的领袖，

也是德国启蒙运动领导人莱辛和康德的友人。莱辛在戏剧《智者纳坦》中塑造了一个犹太人物形象，其原型就是门德尔松。门德尔松于1729年9月6日出生在德国小镇德绍（Dessau），父亲是一所犹太学校的老师，因此他从小接受的是正规的传统犹太教育。像其他犹太男孩一样，门德尔松学习了希伯来语、犹太圣典《托拉律法》（Torah）以及《塔木德经》（Talmud）。同时，门德尔松还自学了现代欧洲语言及古代异教徒、基督教哲学家和思想家的文学作品。

门德尔松用德语和希伯来语出版了大量作品。虽然门德尔松在某些问题哲学上另辟蹊径，但从整体上来说他继承了德国哲学家戈特弗雷德·威廉·莱布尼茨和克里斯蒂安·沃尔夫的哲学思想。和他们一样，门德尔松也是一位理性主义者，相信人类可以通过理性了解一些基本的普世真理，如上帝的存在、灵魂的不朽以及道德的基本准则。他最成功的著作就是《斐多》（Phaedo，1767），该书是继古希腊哲学家柏拉图后再次探讨灵魂不朽话题的著作。门德尔松驼背，身体上的畸形和思想上的智慧形成鲜明的对比。在这方面，他与长相丑陋的希腊哲学家柏拉图的老师苏格拉底情况颇为相似，世人因此称其为"犹太苏格拉底"或"柏林苏格拉底"。该书在欧洲大陆被翻译成多种语言。

门德尔松成年之后一直在普鲁士首都柏林生活，当时普鲁士的国王是腓特烈大帝。他最初从事的是会计职业，后来成为一名犹太丝绸商的合伙人。在18世纪的普鲁士，犹太人虽享有宗教自由，但在法律上仍会遭到歧视。门德尔松不得不面对来自犹太人内部及基督教徒的双重压力。在犹太社区内部，人们对他用非犹太知识解决犹太人问题及将希伯来语《圣经》翻译成德语表示质疑；在外部，一些基督徒则希望受人钦佩的门德尔松能够改信基督教。1769年，他与瑞士牧师约翰·卡斯帕·拉瓦特（Johann Caspar Lavater，1741—1801）之间产生了纷争，拉瓦特要求门德尔松解释他不改信宗教的原因。门德尔松最主要的著作《耶路撒冷》（Jerusalem，1783）写于二人发生争端之后，该书表达了宗教宽容的观点，试图论证犹太教与自然宗教之间具有相容性。他认为犹太教与基督教不同，犹太教没有宗教胁迫的概念，是符合启蒙运动情感特性的理想宗教。门德尔松提出开明犹太教必须要质疑犹太拉比权力的合法性。

门德尔松晚年因为其已故友人莱辛的信仰和性格做辩护而遭到其他学者的攻击。莱辛被视作一名"斯宾诺莎主义者"，是巴鲁赫·斯宾诺莎的忠实追随者。尽管并不客观，但很多人都认为莱辛是无神论者。为莱辛的人格做辩护使门德尔松与几位著名的德国学者针锋相对，饱受非议。1786年1月4日，门德尔松在柏林逝世。尽管门德尔松是犹太教的坚定拥护者，但他的后人，包括为其写传记的作曲家菲利克斯·门德尔松（Felix Mendelssohn，1809—1847）都试图通过以改信基督教的方式来融入到德国社会中。

参见： 启蒙运动中对犹太人和犹太教的认识；德国启蒙运动；犹太人启蒙运动；戈特弗雷德·莱辛；宗教

拓展阅读：

Feiner, Shmuel, *Moses Mendelssohn: Sage of Modernity*, translated by Anthony Berris Santa（New Haven: Yale University Press, 2010）.

Sorkin, David, *Moses Mendelssohn and the Religious Enlightenment*（Berkeley: University of California Press, 1996）.

查理·路易·德·塞孔达·孟德斯鸠男爵（1689—1755）

孟德斯鸠（Montesquieu）于1689年1月18日出生在法国一个贵族家庭中。从事法官和律师职业是这个家族的传统，孟德斯鸠也曾就职于法国波尔多省的刑事部门及司法机关。孟德斯鸠的第一部著作是匿名出版的《波斯人信札》（*Persian Letters*，1721）。在这部书信体小说中，孟德斯鸠采用了启蒙运动中较为流行的文学手法，以外国人的视角来描绘欧洲社会。《波斯人信札》描述了两个波斯人游历欧洲，同时与波斯国内人之间进行书信往来，他们在信中讽刺了欧洲社会中发生的各种不合常理的事情。然而，这部作品借助波斯人郁斯贝克（Usbek）讽刺的不仅是欧洲人，还借助波斯暴君虐待妻妾来讽刺欧洲君主的暴政统治。当时，这部著作深受读者欢迎。

孟德斯鸠坚信启蒙运动倡导的一些原则，如政府必须要服务于人民以及宗教宽容等。孟德斯鸠是一名天主教徒，但妻子却是一名加尔文教徒；因此，他十分看重宗教宽容并支持对犹太教以及基督教各分支的包容。孟德斯鸠撰写的《罗马盛衰原因论》（*Consideration of the Causes of the Greatness and Decay of the Romans*，1734）是一部关于古罗马历史的研究著作，该书对吉本撰写《罗马帝国衰亡史》产生了重大影响。孟德斯鸠也对

《百科全书》的撰写做出了巨大贡献。

1725年，孟德斯鸠辞去了世袭的波尔多法院庭长的职务。此后，他花数年时间游历欧洲来观察各国不同的社会体制，并于1731年开始撰写自己的鸿篇巨作《论法的精神》，该书于1748年正式出版。《论法的精神》是第一部对社会和法律体制进行对比研究的著作。孟德斯鸠认为不应该通过一些抽象、完美的标准来判断法律和政体的优劣，而应该根据其是否能适用于不同的民族来进行判断，因为很多看似不合理的法律却能在某些社会中发挥合理的作用。

鉴于法律要适应不同民众，因此，进行法律改革要非常谨慎。例如，许多启蒙运动改革家希望加强法国君主对贵族权力的限制，但该举措可能是有害的，因为这将削弱对君主权力的审查力度。这样一来，很可能会使法国从一个君主制国家（孟德斯鸠倡导的）变为一个君主专制的国家（孟德斯鸠鄙视的）。他列举了一些非西方国家的统治者来说明此事，如奥斯曼帝国统治者苏丹就是一个很好的例子。

专制政体与君主政体是孟德斯鸠提到的三种政体中的两种。君主专制不同于君主制，因为专制者可以不必受法律的束缚。第三种政体是共和制，它可以是人民当权的民主政体，也可以是少数人统治的贵族城邦。除了君主专制（该政体本身就是一种腐败）之外，每种政体都可能呈现出积极或腐败的特点。民主共和制最容易滋生腐败，因为维持这种政体需要大量能够坚持公民道德的民众。

为保护个人自由、防止腐败发生，一个国家要确保政体中的权力不能全部集中在某个部门。孟德斯鸠还对立法权、行政权和司法权进行了区分。他认为将这些权力分散开是最好的手段，因为权力一旦集中，就可能会导致专制的发生。孟德斯鸠崇尚英国实行的政体，因为王权与议会的立法权能够互相制约。孟德斯鸠对寻找理想的或"乌托邦式"的政府没有太大兴趣，他认为最好的政府就是能够做到不加干涉、放任人民处理自己的事务。

孟德斯鸠分析了不同政体的形成过程和维持手段，并考虑了气候等物理因素及宗教等文化因素。气候塑造人类社会的理论并非是孟德斯鸠率先提出的，该理论的提出可以追溯至16世纪。一些气候恶劣的国家对于侵略者来说并不具有诱惑力，而促使这些国家发展所需的艰苦努力取决于民众的美德和共和政府的有效执政。而生活在炎热气候中的人常具有惰性，这与专制主义倾向有很大关系。不过，孟德斯鸠并非是一个气候决定论者，一些其他因素，如拥有杰出的立法者或信奉某种宗教都有可能会抵消气候造成的影响。孟德斯鸠在《论法的精神》一书中分析了宗教和其所产生的社会效用之间的关系，并提出不同的宗教可以适用于不同社会的观点，如新教适用于共和制国家、天主教适用于君主制国家，而伊斯兰教适用于专制国家。天主教反对孟德斯鸠的这部书，将其列入《禁书目录》，但该书却通过了法国的审查制度并可以在法国自由流通。该书对后来许多人的政治思想产生了巨大影响，其中包括一些美国的开国元勋。1755年2月10日，孟德斯鸠因高烧于巴黎去世。

参见： 启蒙运动中对亚洲文明的认识；启蒙运动中对穆斯林和伊斯兰教的认识；法国启蒙运动；政治哲学

拓展阅读：

Rahe, Paul A., *Montesquieu and the Logic of Liberty*（New Haven: Yale University Press, 2009）.

Shackleton, Robert, *Essays on Montesquieu and the Enlightenment*（Oxford: Voltaire Foundation, 1988）.

Shklar, Judith, *Montesquieu*（Oxford: Oxford University Press, 1987）.

自然

启蒙运动中和自然相关的话题引发了许多异议和矛盾，这些不同的观点可以最终归结为以下内容。基于基督教传统的启蒙思想强调自然对人类的有用性。利用土地来实现人类的最大化利益既是一种道德价值，也是一种文明的衡量标准。苏格兰思想家亚当·弗格森（Adam Ferguson，1723—1816）和亚当·斯密按照人类与土地的关系提出人类历史发展的四个阶段：狩猎－采集社会、游牧社会、农业社会和商业社会。人类从一种社会过渡到另一种社会是社会不断进步的标志。然而，各阶段的"过渡"并不都是和平发展的。当游牧民族、狩猎民族及其他一些民族没能合理利用土地时，一些更"文明"的民族就会采用暴力手段取而代之，如苏格兰高地居民和美洲土著居民，这种情况一直延续到启蒙运动时期。在欧洲，这种将不毛之地变为沃土良田的过程经常伴随的是将非个人所有或公有土地转化为"私有财产"，而这一过程也被视为某些人采用武力进行暴力征服的正当理由。而那些阻碍农业学家充分利用土地的自然特征则会被视为自然的"瑕疵"如山脉或没有太大经济价值的树木。

但是，这并不意味着启蒙运动思想家对自然充满了敌意或蔑视。自然神论的传统——利用自然来解释上帝的存在及上帝的特性——在18和19世纪仍然十分有影响力，并且不断从自然史和物理学中汲取证据。当时，很多人，尤其是植物学家和动物学家更是对大自然的宏伟和瑰丽赞叹不已，如巴黎皇家植物园园长乔治·路易·勒克莱尔布丰伯爵（Georges Louis Leclerc de Buffon，1707—1788）和瑞典现代生物分类之父卡尔·林奈乌斯（Carolus Linnaeus，1707—1788）。而18世纪的自然学家，英国国教牧师吉尔伯特·怀特（Gilbert White）在其著作《塞尔伯恩博物志》(*The Natural History and Antiquities of Selborne*，1789）中详细记录了他对大自然的观察，表达出他对大自然无尽的热爱。当时，人们将研究自然视作一种可以提高思想境界的方法，甚至社会各阶层中都有人将自然史研究当作一种个人兴趣。

在当时的欧洲，各种供富人休闲娱乐的花园和公园随处可见，如伦敦的海德公园（Hyde Park）。当然，穷人和工人阶级还是不能随意进出这些公园的。许多富有的地主会倾其所有建造各种观赏园林，如托马斯·杰斐逊就在蒙蒂塞洛（Monticello）建造了自己的花园。然而，18世纪的花园和公园的建造表达了人类能够塑造自然的观点。很多园林改变了最初土地的原貌，种植了各种异域植物。在设计正式园林时，人们不再沿用路易十四（1643—1715年执政）时期流行的中规中矩的几何图形，而是会根据土地的原有地貌进行修缮，不过这样设计出来的花园和最初的荒野之地还是有天壤之别。城邦附近之所以能够保留大片开阔土地可能与很多欧洲男性贵族和王室成员（也有一些女性）痴迷于狩猎活动有很大关系。不过，开明君主普鲁士腓特烈大帝是为数不多的讨厌狩猎的欧洲统治者之一。

许多人认为耕种土地不仅仅能够改良土地，也能滋养耕种者。伏尔泰的小说《老实人》以一句名言结尾："让我们照料我们的花园吧"（"il faut cultiver notre jardin"），这表明老实人最终放弃了开拓世界的野心，而开始安于贫困但满足的生活。在宣传美国大革命的作品中，善良的农民往往和腐败的城市居民形象形成鲜明的对比，如圣约翰·德·克雷弗柯（St. John de Crevecouer）的《一个美国农民的信札》(*Letters from an American Farmer*，1782）和约翰·迪金森（John Dickinson）的《一位宾夕法尼亚农夫的来信》（*Letters from a Farmer in Pennsylvania*，1767—1768）。然而在现实生活中，农民形象，尤其是欧洲的农民通常并不被视作智慧的源泉，甚至也不是手艺精湛之人，而是一些会从知识分子的告诫中获益的人。农业改良在 18 世纪备受关注，虽然对实际耕作的影响极为有限，但却因此催生出许多农业学术团体和出版物。一些学会是由当地致力于农业改良的地主们组建的，而其他一些组织，如成立于 1761 年的巴黎皇家农业学会（Royal Society of Agriculture）则是由政府资助的。

启蒙运动思想家中，激进派、怀疑派与主流基督教的不同之处在于前者将人类看作自然的一部分，就像其他动植物一样是由自然环境塑造而成的，而非后者认为人类是一群与自然割裂开来具有精神的灵魂。孟德斯鸠在《论法的精神》一书中将人类社会的不同发展归因于不同社会所处的气候因素，但是伏尔泰等人批判了这种说法，因为他们更愿意将原因归结于宗教之类的社会因素。一些观点强调人"自然"的身体特征，而非精神灵魂，这些理论引发了基于人的不同身体特征划分的种族间的争论，争论主要体现在种族和性别两方面，如欧洲白人被视作拥有标准的身体特征，而其他人种，甚至是美国白人都被视为拥有非标准的人类身体特征。

参见：性别；里斯本地震；让－雅克·卢梭；科学

拓展阅读：

Daston, Lorraine and Gianna Pomata（eds.）, *The Faces of Nature in Enlightenment Europe*（Berlin: BWV, Berliner Wissenschafts-Verlag, 2003）.

Gerbi, Antonello, *The Dispute of the New World: History of a Polemic, 1750–1900*, translated by Jeremy Moyle（Pittsburgh: University of Pittsburgh Press, 1973）.

Wolloch, Isaac, *History and Nature in the Enlightenment: Praise of the Mastery of Nature in Eighteenth-Century Historical Literature*（Farnham: Surrey, 2011）.

艾萨克·牛顿（1642—1727）

艾萨克·牛顿是启蒙运动中最负盛名的人物，直到 20 世纪初，他都被视作是物理科学的标杆人物。牛顿在力学、光学和数学等领域都做出了杰出贡献，其中最著名的就是发明了微积分并提出了万有引力定律及运动三大定律。从 1703 年开始直至去世这段时间，牛顿还担任过英国皇家造币局的负责人以及英国皇家学会会长。

牛顿于1642年12月25日出生在一个自耕农家庭，虽然出身比最贫穷的普通英国人好得多，但远远比不上英国的贵族阶级。牛顿的父亲在其出生之前就过世了，这无疑增加了家里的经济负担。牛顿从小就智力超群并获得了剑桥大学的奖学金完成了学业。1665至1666年牛顿迎来了事业上的巅峰。在此期间，牛顿做了光的色散实验、提出了二项式定理、发明了微积分并开始着手进行关于万有引力的研究。1668年，牛顿将其成就应用于光学，并成功发明了第一台反射望远镜。

牛顿在科学上采用数学的方法对后世影响巨大，之所以采用该方法是因为他相信神奇的立法者将统治宇宙的自然法则以数学的方式传承下来。牛顿最杰出的成就就是他在《自然哲学的数学原理》一书中提出的万有引力定律。根据牛顿提出的万有引力定律，任意两个物体之间都会互相吸引，该引力大小与两者的质量乘积成正比，而与两者之间距离的平方成反比。该公式既可以解释地球上自由落体运动，也可以解释行星围绕太阳所做的运动，从而表明宇宙万物都是在相同规律的作用下运动的。

牛顿还提出了运动三大定律。第一定律是任何一个物体，在不受外力作用时总是保持静止或匀速直线运动状态，该定律也称惯性定律；第二定律将力定义为质量与加速度的乘积（$f=ma$）；第三定律是作用在两个物体的一对作用力方向相反，大小相等。

在宗教方面，牛顿是一位虔诚的异教徒。他不相信"三位一体"学说（在现代英国初期被视为异端学说）。他将自己真实的信仰谨慎地掩藏起来。在晚年时期，牛顿致力于研究《圣经》内的预言，这让许多持有启蒙思想的追随者迷惑不已，他们认为天才正在做一件愚蠢的事情。牛顿的科学成就有助于他对《圣经》中的预言做出解释，因为他相信《圣经》中所预言的地球毁灭是彗星撞击造成的。同时，他还投入大量时间计算《圣经》中提到的一些古国的年代。

牛顿在争论中度过了自己的晚年生活，其中他与伟大的德国竞争对手莱布尼茨争论微积分的发明权是科学史上的著名公案。另外，牛顿还质疑莱布尼茨的哲学和神学思想。这种在英国科学界大力支持下的争议给英国数学界带来了灾难性的影响，导致英国的数学家在一个世纪后才接受莱布尼茨提出的高等微积分理论。

1727年3月31日，牛顿在伦敦逝世，举国哀悼。葬礼在其去世的一周后举行,这位农民的儿子被葬于威斯敏斯特大教堂(很多其他英国最伟大的公民也埋葬于此)。事实上,像牛顿这样出身卑微的人能得到举国上下的尊敬给很多启蒙思想家留下了深刻印象,据说伏尔泰可能也参加了这场葬礼。牛顿展现了人脑的潜能,他在科学上取得的巨大成就使其成为启蒙运动中的不朽典范。

参见:学院和学会;《圣经》;艾米丽·夏特莱侯爵夫人;英国启蒙运动;戈特弗里德·威廉·莱布尼茨;宗教;科学;伏尔泰

拓展阅读:

Dobbs, B. J. T., and Margaret Jacob, *Newton and the Culture of Newtonianism*(Atlantic Highlands, NJ: Humanities Press, 1993).

Hall, A. Rupert, *Philosophers at War: The Quarrel between Newton and Leibniz*(Cambridge and New York: Cambridge University Press, 1980).

Westfall, Richard S., *The Life of Isaac Newton*(Cambridge: Cambridge University Press, 1994).

托马斯·潘恩(1737—1809)

托马斯·潘恩于 1737 年 2 月 9 日出生在英国诺福克郡(Norfolk)的赛特福德村(Thetford),是启蒙运动后期主要的政治和宗教激进派领袖之一,他几乎与接触过的所有政府都有过冲突。而极具讽刺意味的是,在他后期的职业生涯中,潘恩成为了一名政府税务官。这是一个在英国备受鄙视的职业,但潘恩全身投入并在著作《税吏事件》(*The Case of the Offcers of the Excise*, 1772)中辩称打击税务腐败的最好方法就是提高税务官的工资。不久,潘恩因持有"反政府"思想被免职。在本杰明·富兰克林的建议下,潘恩启程去了英属殖民地美国,来到富兰克林所在的城市费城。

在费城,潘恩找到了自己擅长的职业,担任杂志编辑。潘恩所著的小册子《常识》(*Common Sense*)于 1776 年 1 月在《独立宣言》发表之前正式出版,他抨击君主制并倡导要从大不列颠王国中脱离出来。《常识》很快就成为了热销书籍,销量超过 15 万册。该书极大地鼓舞了北美民众的独立情绪。美国大革命期间,潘恩在陆军服役并撰写了名为《美洲的危机》(*The American Crisis*)的小册子继续宣扬独立事业。

潘恩反对奴隶制，但却从未全心投入到反奴隶制的斗争中去，甚至还和一些奴隶主，如托马斯·杰斐逊和南卡罗来纳州的政治家亨利·劳伦斯（Henry Laurens，1724—1792）成为朋友，结成同盟。尽管潘恩对美国大革命有所贡献，但却遭到像约翰·亚当斯（John Adams，1735—1826）这样的保守主义革命者的鄙视。

在美国大革命后，潘恩曾一度深陷贫困并返回英国为其发明的桥梁建筑方法寻找经济支持。在法国大革命期间，潘恩赢得更大的名气，但同时也遭到更多的谴责。爱尔兰政治家埃德蒙·伯克反对法国大革命并出版了《法国大革命反思录》一书。潘恩出版了上、下两部《人权论》(The Rights of Man，1791，1792）对此事做出了回应。他在《人权宣言》(1789）中提出天赋人权的思想。该书深受读者喜爱，但是书中对革命强烈的号召引起英国政府的不满，当时居住在英国的潘恩不得不逃离到正在爆发革命的法国。在法国，潘恩被授予荣誉公民并入选法国国民公会。他反对处决路易十六，但支持废除君主制。后来，潘恩被激进的雅各宾派关进监狱，直至恐怖统治的末期才得以释放。潘恩认为美国政府并没有尽全力将其从监狱中救出来，因此心生不满并撰写了一篇辛辣的文章攻击美国总统乔治·华盛顿。之后，潘恩继续居住在法国，又再次入选国民公会。从监狱中释放后，潘恩出版了《理性的时代》上下册（The Age of Reason，1794，1795），该书反对基督教，提倡理性的无神论宗教。

1802 年在朋友美国总统托马斯·杰斐逊的邀请下，他前往美国白宫。不过，潘恩此行仍然遭到许多美国牧师和基督徒的反对。1809 年 6 月 8 日，潘恩因中风在纽约去世。

参见：美国大革命和建国；《圣经》；法国大革命；政治哲学；宗教

拓展阅读：

Foner, Eric, *Tom Paine and Revolutionary America*, 2nd ed.（Oxford: Oxford University Press, 2005）.

Fruchtman, Jack, *Thomas Paine and the Religion of Nature*（Baltimore: Johns Hopkins University Press, 1993）.

Speck, W. A., *A Political Biography of Thomas Paine*（London: Pickering and Chatto, 2013）.

政治哲学

启蒙运动提倡世俗主义、反对教权主义，对将理性和专业知识运用到公共事务中的传统和习俗表示怀疑，认为这种方法对深化民主意义不大。这种思想在18世纪及之后的政治思想中占有主导地位。

启蒙运动继续宣扬文艺复兴时期来自佛罗伦萨的尼科洛·马基雅维里（Niccolo Machiavelli，1469—1527）提出的世俗主义欧洲政治哲学。同时，启蒙运动也吸收了17世纪中期曾一度推翻君主制的英国资产阶级大革命的政治思想。同信奉基督教（包括新教和天主教）的政治思想家一样，启蒙运动哲学家也认为统治者的权力并不是直接或间接地源于上帝。统治者必须用其他方式来为自己的权力正名，如民众的满意度或统治者能够为全体民众带来利益的能力，而这种利益并非是永恒的救赎，而是现世的繁荣。该理论多源于17世纪中期英国资产阶级大革命以及英国政治哲学家托马斯·霍布斯（Thomas Hobbes，1588—1679）和约翰·洛克的"契约"政治思想，他们对主流启蒙政治思想的影响可能比其他任何哲学家都要多。

"契约"论认为政治权力源于契约，既可以是民众和统治者之间（像霍布斯和洛克所言），也可以是民众自身之间的契约（像让－雅克·卢梭所言）。契约主义者反对"父权制权力理论"，认为不应将统治者比作家庭中父亲的角色。洛克在《政府论上、下篇》中就此事对父权理论家罗伯特·菲尔墨（Robert Filmer，1588—1653）进行了驳斥。

在启蒙运动中，卢梭使政治权利源于契约的理论得到了极大地发展。卢梭在《社会契约论》中提出政府权力来自于民众的民主理论。卢梭的契约论与霍布斯和洛克提出的有所不同，后者提出的是人民与政府之间的契约关系，而卢梭认为这种契约是平等个体之间的关系。卢梭认为，理想社会是建立在公民间权利平等（尽管卢梭极力区分男女之间的权利和职能）以及服从"普遍意愿"的基础之上的，但这种意愿并不总是符合大多数人的意见。

世俗化的政治哲学质疑教会和政府的任何介入活动。18世纪法国大革命爆发前，欧洲没有几个国家施行政教分离，而现今被看作是国家权力范围内的诸多事宜，如婚姻的合法性都是由教会掌控的。尽管不是所有启蒙运动哲学家都拥护彻底的世俗化政府，但他们都质疑教会的权力。中国被视为由明智统治者管理并将神职人员边缘化的理想国度，中国在这方面堪称世界上的典范。宗教统治是错误且不公平的，因为它不但限制了人类自由，还限制了经济发展，这一观点很早就被提出并在洛克极具影响力的《论宗教宽容》一书中被再次提及。法国国王路易十四于1685年将法国清教徒（胡格诺教徒）驱逐出境，该历史事件引起了很多法国启蒙运动哲学家的关注。有人认为这场驱逐是一场经济灾难，法国因此失去了许多技术工人。伏尔泰在其极具影响力的《从英特兰来的信》一书中提出英国经济的繁荣发展是因其实施了宗教宽容政策；这与伏尔泰所处的法国形成了鲜明的对比，在法国，除了天主教以外的其他宗教都是违法的。美国颁布的《宪法第一修正案》可以说是启蒙运动最高的政治纲领，它保证了宗教自由，禁止联邦政府建立教会（尽管最开始《第一修正案》被认为是与教会及宗教歧视相容的）。可以保持宗教中立是美国建国时提出的最激进（最具争议的）的创新之一，这一提议与启蒙运动理想高度契合。在法国大革命早期的自由主义阶段，宗教宽容也被纳入了1789年颁布的《人权宣言》中。

启蒙运动思想家并不十分支持传统的政治权力和社会权力观念。18世纪的欧洲社会是一个基于传统和习俗、由多个组织和阶层组成的复杂结构。不同欧洲社会中的贵族拥有的社会特权和法律特权也有所不同。即便是英国引以为傲的议会选举也是基于历史传统中一系列令人瞠目结舌的选举特权，而非出自抽象的政治逻辑。

大多数启蒙运动哲学家都来自中产阶级，他们反对以理性和正义的普适价值之名形成地方的传统和特权。他们指出，基于出身而非能力的权力体系是根本不合理的。一些启蒙运动哲学家甚至支持某些革命运动，如1688年的英国资产阶级大革命、1779年失败的日内瓦大革命、美国大革命以及法国大革命。即使法国大革命在后期倡导激进主义，背离了启蒙运动的初衷，但它仍然是欧洲社会试图将启蒙思想付诸实践的最重要的例子。在此过程中，一些革命者试图实行宗教宽容，废除世袭特权。支持美国大革命的爱尔兰政治家艾德蒙·伯克不支持法国大革命，因为其采用了暴力手段来推翻传统政权。

然而，启蒙运动哲学家不认为革命本身，或其对社会变革有促进作用而具有价值。他们反对因传统主义[①]（traditionalism）或宗教引发的革命，

[①] 传统主义（traditionalism）是盛行于19世纪的神学哲学，声称为了认识超自然的真理，如天主的存在、灵魂的不灭、基本道德律的存在等，人类必须有神的"原始启示"。——译者注

如1773年至1775年发生在俄国的普加乔夫农起义民。受到启蒙运动影响的统治者，如普鲁士腓特烈大帝或俄国凯瑟琳大帝都不得不解决贵族权力的问题，他们不但没有直接攻击这一强大的阶层，甚至还赋予贵族更多的特权。

世袭君主制本身就是传统特权的典型例子，而启蒙运动思想家在这一问题上产生了很多分歧。比较激进的哲学家反对世袭君主制，但温和派哲学家则认为接受君主制并与腓特烈大帝或凯瑟琳女皇这样的统治者合作才是最实际，也是最好的方式。在许多哲学家看来，拥有一位强悍的君主，能够抵制教会、平衡利益团体和传统习俗是十分有吸引力的，如伏尔泰就希望能有一位足够强大的法国国王将启蒙运动付诸实践。启蒙运动认为君主制可以号召个体为了全体民众的利益而努力，这也是像腓特烈大帝这样的开明统治者所追求的。君主制必须要在法律的管控下施行，温和派启蒙运动思想家，如拜伦公爵（Baron de Montesquieu）明确区分了合法的君主政体和独裁的君主政体之间的不同，最明显的是独裁君主不会遵守法律。在独裁君主制政体中生活，就好像在奥斯曼帝国统治下生活一样，和奴隶毫无区别。

哲学家们还支持对司法体系进行激进的改革，除了要废除贵族特权，还应该在某些案子中避免严刑逼供。启蒙运动哲学家致力于废除酷刑并降低使用死刑的比率。切萨雷·贝卡里亚的作品在法律改革中极具影响力。哲学家改革的另一个目标就是要改革漫长又昂贵的司法程序。伏尔泰（他强烈憎恶非正义的行为）和其他法国启蒙运动哲学家抨击法国的"长袍贵族"，即世袭的法官阶级，因为他们关注的是自身利益而非司法行政管理。伏尔泰为遭到司法迫害的让·卡拉斯翻案就是在向司法无能和宗教迫害展开最直接的挑战。尽管人们怀疑司法机构是否能够真正地实现司法公正，但哲学家们仍然希望能够通过正当的法律程序代替独裁的判决过程，如法国国王一封书信就可以将民众关进监狱。生活在独裁统治下的人们不能享有自由。

启蒙运动哲学家虽然也承认战争是人类社会的特征之一，但他们对其仍持怀疑态度。他们强烈谴责以荣誉为名义发动战争，那些通过发动战争来提高自己声望并不为当地民众带来经济繁荣的统治者并不是好的统治者。君主遭到抨击的另一个原因就是他们经常大兴土木、建造宫殿，法国国王路易十四斥巨资修建辉煌的凡尔赛宫，这种行为遭到民众强烈的谴责。

即使君主制有时可以为民众所接受，但启蒙运动倡导的另一个主流政体却是共和制，不过，卢梭和托马斯·潘恩（美国大革命和法国大革命中的杰出人物）在作品中表示非常支持君主政体。哲学家和历史学家羡慕古希腊和古罗马的共和制，并将为建立罗马帝国推翻罗马共和国的行为看作是一场政治悲剧（欧洲精英人士是古希腊和古罗马受教育的主体，这意味着这种观点不仅影响了哲学家和历史学家，还影响了更多其他人）。然而，18 世纪欧洲对建立共和国并没有什么太大热情，大多数共和国，如荷兰共和国和维也纳共和国都在短时间内覆亡了（孟德斯鸠游历意大利和荷兰的所见所闻对其早期的共和主义思想有一定影响）。然而，美利坚合众国在 18 世纪末再次点燃人们对共和制的兴趣，并且重建共和国的思想在法国大革命后达到了顶峰。然而，在法国大革命之前，只有一小部分激进分子是完全支持民主制的，如潘恩。不过，当时所说的民主也只是限于男性公民。包括伏尔泰在内的很多人都对未受教育且有宗教信仰的普通人持怀疑态度。"民主"这一词语本身通常就带有一种和暴民统治相关的消极内涵。

大部分启蒙运动政治哲学都符合启蒙改革的实际需要。即便是施行专制统治或极有限的启蒙运动政策，那些实施变革的统治者们通常都能获得一些启蒙运动思想家的支持。因此，普鲁士腓特烈大帝和俄国沙皇凯瑟琳及许多其他统治者，在实施独裁主义或军国主义的情况下依然能得到启蒙运动人士的支持。

参见：美国大革命和建国；切萨雷·贝卡利亚；俄国凯瑟琳大帝；马奎斯·孔多塞；普鲁士腓特烈大帝；法国大革命；奥地利约瑟夫二世；约翰·洛克；查理·路易·德·塞孔达·孟德斯鸠男爵；托马斯·潘恩；庞巴尔；让-雅克·卢梭；伏尔泰

拓展阅读：

Bradley, James E., and Dale K. Van Kley（eds.）, *Religion and Politics in Enlightenment Europe*（Notre Dame: University of Notre Dame Press, 2001）.

Cranston, Maurice, *Philosophers and Pamphleteers: Political Theorists of the Enlightenment*（Oxford: Oxford University Press, 1986）.

Israel, Jonathan, *A Revolution of the Mind: Radical Enlightenment and the Intellectual Origins of Modern Democracy*（Princeton: Princeton University Press, 2010）.

塞巴斯蒂昂·何塞·德·卡瓦略·庞巴尔侯爵一世（1699—1782）

启蒙运动并未在18世纪的葡萄牙造成很大影响，葡萄牙也没有涌现出大量杰出的启蒙运动作家。然而，葡萄牙却造就了当时最激进的政治家——庞巴尔侯爵，他被视为典型的"开明专制者"。

庞巴尔于1699年5月13日出生于葡萄牙首都里斯本。他曾就读于葡萄牙著名学府科英布拉大学（University of Coimbra），之后进入外交部并担任大不列颠和奥地利的葡萄牙外交部长。庞巴尔之所以能掌权是因获得了国王约瑟夫一世（King Joseph I，1750—1777年在位）的支持。约瑟夫在1750年继位后就立刻把权力赋予庞巴尔。在面对1755年里斯本大地震这场巨大的灾难时，庞巴尔沉着冷静、积极组织重建里斯本，这一切让他声名显赫。作为葡萄牙一人之下、万人之上的重要人物，庞巴尔重点关注经济发展和政府的金融效率。庞巴尔于1761年建立了葡萄牙皇家国库，并亲自出任财务总监。在庞巴尔的管理下，葡萄牙政府率先采用复式记账法来记录账目。

庞巴尔意图削弱天主教会对葡萄牙人生活和政治的影响，他建立了皇家新闻审查署，将新闻审查权交给了新闻出版机构，从而削弱了教会的权力。庞巴尔强烈反对在葡萄牙享有很高地位的耶稣会。1758年发生了"塔沃拉事件"（Tavora affair），有人企图刺杀国王约瑟夫一世，庞巴尔终于有了反对耶稣会的借口，断言耶稣会和这场刺杀阴谋有关并于1758年将耶稣会信徒驱逐出葡萄牙，而1773年教皇下令解散耶稣会。之后，庞巴尔采取了一系列行动试图将神职人员控制的教育体系世俗化。另外，庞巴尔还认为葡萄牙宗教裁判所几个世纪以来一直在迫害犹太裔葡萄牙人，从而严重阻碍了经济的发展，因此政府开始对裁判所进行严格的控制。

然而，庞巴尔的野蛮行径使一些最初支持他的外国启蒙运动人士纷纷倒戈。更重要的是，庞巴尔的改革也遭到虔诚的天主教徒以及在宫廷尚有影响力的保守葡萄牙贵族的反对。然而，国王约瑟夫一如既往地支持庞巴尔并授予他"庞巴尔侯爵"的封号，这使得他在1770年声名鹊起。约瑟夫于1777年去世，而其继承者玛丽一世（1777—1816年在位）是一位虔诚的基督徒。庞巴尔从此跌下政坛并被放逐到距离王宫几英里远的乡下。最终，他于1782年5月8日在家中去世。

参见：耶稣会；里斯本大地震；政治哲学

拓展阅读：

Maxwell, Kenneth, *Pombal: Paradox of the Enlightenment*（Cambridge and New York: Cambridge University Press, 1995）.

约瑟夫·普利斯特利（1733—1804）

约瑟夫·普利斯特利于 1733 年 3 月 24 日出生在英国的伯斯托尔村（Birstall），他一生当过教师和校长，是一位充满激情的政治和宗教激进派人士，也是 18 世纪最伟大的化学家之一。与英国启蒙运动中的大多数领袖一样，普利斯特利也同样反对新教及英国国教。他在科学上的主要成就是在 1774 年发现了氧气或称"脱燃素空气"（dephlogisticated air）。普利斯特利最重要的政治著作是《论政府的第一原则，论政治、公民和宗教自由的本质》（*An Essay on the First Principles of Government, and on the Nature of Political, Civil and Religious Liberty*，1768），该书是基于约翰·洛克提出的公民自由和政治自由的区别撰写而成的。公民自由是指个体公民有权不让政府干涉他们的生活，对普利斯特利来说这比政治自由更为重要，公民要有选举权和知情权。

1773 年，普利斯特利被聘为威廉·佩第谢尔伯恩伯爵（William Petty, Earl of Shelburne）的家庭教师和图书管理员。和普利斯特利一样，威廉也是一位支持与美国殖民地进行和解的政治家（普利斯特利是本杰明·富兰克林的朋友，两人都对科学感兴趣）。普利斯特利在为威廉伯爵工作期间写了一些政治小册子，抗议他和其他异教徒所遭受的宗教歧视以及英国人对北美殖民地人民的压迫。1780 年，普利斯特利移居伯明翰，成为一名重要的牧师并同时成为启蒙思想家举行正式集会的"月光社"中的一颗科学之星。虽然普利斯特利被推荐成为英国皇家学会的会员，但他反对宗教，持有激进的政治和宗教信仰以及支持英国北部的态度使他从未真正成为英国伦敦科学机构的一员。

普利斯特利一直都是一个虔诚的宗教信徒，但他在一次巴黎之行中惊奇地发现不仅一些杰出的法国科学家不是基督徒，而且他们还认为普利斯特利居然是基督徒这个事情令人难以置信。普利斯特利是一位信奉基督教的唯物主义者，这使他成为一名不同寻常的哲学杂家。普利斯特利是一个公开的唯一神论基督徒，曾正式宣布否认耶稣的神性，这种行为在当时的英国被视为违法行为。普利斯特利认为许多反基督教的观点都是建立在非物质、"精神"实在的基础上，如唯物主义的基督徒会把灵魂永恒称为肉体复活。同时，普利斯特利也是一个相信基督千禧年的信徒，他在进行《圣经》解读时宣称法国大革命和拿破仑崛起是即将到来的巨大灾难的天启。普利斯特利在英国反对法国大革命使他的宗教和政治激进主义变得异常危险。1791年，在地方法官和教会的默许下，一名拥护"教会和国王"的保守派暴民袭击了普利斯特利地处伯明翰的住所。面对不断激化的敌对行为，普利斯特利不得不于1794年和家人移居美国。

身处美国的普利斯特利依旧引来不断的争议。他惊讶地发现总统约翰·亚当斯统治下的美国政府竟然对法国大革命十分保守并充满敌意，普利斯特利因此与反美联邦的人结成了政治同盟。在《给北诺森伯兰郡居民的信》(Letters to the Inhabitants of Northumberland, 1799)中，普利斯特利为自己的政治观点做了辩护。一些美国政府官员认为应该将普利斯特利驱逐出美国，因为他是一位极具煽动性的外国人，但可能出于对科学家和宗教思想家的尊重，普利斯特利最终并未遭到驱逐。同时，他的宗教观点也为他招来许多美国神职人员的敌意。普利斯特利对未能在宾夕法尼亚的新家诺森伯兰郡（Northumberland）建立大学感到十分失望。当时，普利斯特利的政治和宗教观点以及科学观点都遭到了排挤，他是最后一位"燃素说"（phlogiston theory of combustion）的支持者，但该理论之后被法国化学家安托万-洛朗·拉瓦锡推翻。

虽然普利斯特利从未申请过美国国籍，但约翰·亚当斯的继任者托马斯·杰斐逊总统非常崇拜他并与之保持通信，这使他在美国生活得非常惬意。深受普利斯特利宗教著作的影响，杰斐逊对基督教持有"开明"的态度。1804年2月6日，贫困的普利斯特利死于诺森伯兰郡的家中。

参见：英国启蒙运动；法国大革命；宗教；科学

拓展阅读：

Rivers, Isabel, and David L. Wykes (eds.), *Joseph Priestley, Scientist, Philosopher, and Theologian* (Oxford and New York: Oxford University Press, 2008).

Schofield, Robert W., *The Enlightened Joseph Priestley: A Study of His Life and Work from 1773 to 1804* (University Park, PA: Pennsylvania State University Press, 2004).

Uglow, Jenny, *The Lunar Men: Five Friends Whose Curiosity Changed the World*（New York: Farrar, Straus, and Giroux, 2002）.

宗教

18世纪初，除了东南部的穆斯林奥斯曼帝国之外，欧洲大部分地区仍像过去几个世纪一样是由基督教主导的。所有政府都宣称自己的权力来自于基督教上帝，并严格限制伪基督徒参政，将其活动范围仅限定在某一特定的教堂。包括法国在内的许多欧洲国家都支持基督教的某一派别，并将信奉其他宗教视为违法行为（在很多地方类似的法律已经停用）。即使在实行宗教宽容政策的国家里也存在亵渎神明法，政府会间歇性地贯彻该法律。在俄国以西的基督教国家中，仅有为数不多的非基督教少数民族——犹太社群——他们在欧洲大部分地区都面临诸多限制，并被剥夺了参与任何政治机构的权利。很多受当今世俗法律约束的生活事宜（如婚姻）在当时都属于教会的管辖范围。教会通常拥有自己制定的法律条文和设立的法庭，根本不受政府管辖。教育系统，尤其是大学完全是由教会控制的，其师资力量主要由牧师组成，他们是法国一流学术机构的精英代表，如法兰西学术院。教会，尤其在天主教国家里拥有大量土地、金钱和动产等资产，其中大部分都是免税的。虽然启蒙运动只是小范围地削弱了教会的权力，但几乎教会的所有特权都受到了挑战。

宗教团体内部分歧往往过大，以至于各宗教派别无法团结起来共同对抗启蒙运动。天主教与新教之间冲突持续不断，越来越引起人们广泛的关注。一些新教教徒愿意接受反教会的启蒙思想（如伏尔泰的观点）并将其视作与教皇斗争的有力武器。在18世纪，除了信奉传统的正统教会外，信徒们对宗教表现出更为感性的虔诚，这是欧洲和美洲宗教的主要特征。教徒们往往充满激情地信奉上帝，而不再坚持以往那些所谓的正确教条及传统的道德规范。

在美国的福音派信徒发起了一系列被称为"大觉醒"（Great Awakening）的宗教复兴运动。英国也掀起了同样的运动，约翰·卫斯理于18世纪中叶展开了卫理公会（Methodist movement）运动。因信奉传统宗教的牧师、教授与敬虔运动（Pietist movement）之间冲突不断，德国路德教会受了极大的冲击。法国天主教会受到了源自17世纪的"詹森主义运动"（Jansenist movement）的挑战。詹森主义强调奉献和慈善，法国教会和国家领导人认为该运动带来的威胁要远远超过启蒙运动。在东欧，以拉比为核心的犹太教要面对来自哈西德运动带来的巨大的挑战，该运动的发起人是伊斯雷尔·本·埃雷泽（Yisroel ben Eliezer，1698—1760），也被称为巴尔·谢姆·托夫（Baal Shem Tov）或"美名大师"（Master of the Good Name）。哈西德派强调狂热崇拜，并不一丝不苟地遵守犹太律法，这也使一些传统的犹太拉比变得更理性和开明。

除了对欧洲本土日益增长的宗教派别有所了解以外，欧洲人也越来越意识到人类宗教的多样性。随着英国、法国、荷兰、西班牙和其他殖民主义国家不断扩张，加之全球贸易不断增长，中东、印度、中国和美洲原住民也开始逐渐接触到启蒙思想。而与此同时，欧洲人对印度教、伊斯兰教、佛教及儒家思想的了解也日益增多。随着人们对人类宗教生活多样性和复杂性的深入了解，大家在分析宗教时不再是根据该宗教所提出的一些神圣真理，而是会考察其对历史和社会产生的影响。提倡该方法的学者是法律和社会分析师孟德斯鸠以及历史学家爱德华·吉本。

18世纪启蒙运动最显著的特点之一就是许多启蒙思想家（不是所有人）对有组织的宗教怀有敌意。为此，他们采取了从宗教宽容到彻底的无神论等多种反抗形式。不同国家在启蒙运动中对宗教的敌视程度也有不同。总体而言，英国国教相对比较宽容，从而启蒙运动和教会之间的敌意最小；而法国则是敌意最强烈的国家。在一些开明知识分子和强大教会机构共存的社会中（如法国和意大利部分地区），反宗教的声音往往更为强烈。尽管许多启蒙运动领袖都接受过宗教教育，有些人本身就是神职人员，甚至在教会中拥有高级职位，但他们仍然对有组织的基督教所掌握的权力存有质疑。

宗教宽容是启蒙运动的一个显著标志，几乎涉及每个人。信奉了错误信仰就会遭到杀戮、折磨或监禁，这是引起启蒙思想家对有组织宗教憎恨的原因。发生于16和17世纪的宗教战争显示宗教冲突极具破坏性。尽管宗教战争在18世纪已经结束，但教会仍会以宗教不宽容为名滥杀无辜，如1761年发生的卡拉斯案就是一个典型的宗教迫害例子。该案引起了包括伏尔泰在内的多名法国启蒙运动领导人的关注。在参与卡拉斯案的调查后，伏尔泰在一封信里开始使用"彻底铲除邪恶"（Ecrasez l'infame）的口号，对基督教和宗教提出最直接的抗议。

在启蒙运动中，对基督教不宽容政策的批判很快就延伸为更广泛的反教权运动，主要针对的是教会在经济、文化和社会机构等诸多方面享有的特权。事实上，并不是启蒙思想家率先使用"反教权主义"（anticlericalism）这个词，该词的使用在欧洲由来已久。不过，在反教权的过程中启蒙思想家受到了很大的限制，因为他们中有很多人本身就是天主教或新教的牧师。启蒙思想家严厉谴责了宗教机构滥用权力的诸多领域，如审查制度、对性的压制及对剧院的敌意等。

激进的启蒙思想家不仅批判了教会的行为，还对宗教本身的哲学基础提出了质疑，尤其是一些他们最为熟悉的宗教：基督教和犹太教。《圣经》被视为古代野蛮人的迷信著作，根本无法媲美一些现代著作以及一些异教徒古希腊人和古罗马人的著作。随着科学的不断发展，人们提出要建立一个理性、有序的世界，越发不相信奇迹的存在。大卫·休谟认为，人们通常都不能提供充分的证据来证明奇迹是可信的，而且所谓的奇迹本身可能就是因为有人说了谎或是被人误解，奇迹实际上违反了自然法则，因此是不会发生的。该论点与以往新教攻击天主教对奇迹的解释有所不同，它直接针对的是耶稣的奇迹故事本身以及对此事予以辩驳的古代和现代的多种解释。即便休谟提出如此激进的观点，但这并没有影响其与苏格兰长老会的领导人成为朋友，因为他们中的很多人都是启蒙运动的支持者，如历史学家威廉·罗伯逊。

启蒙运动对宗教的批判不仅局限于消极的攻击，还包括一些积极的建议。伏尔泰给基督教提供了一个新的选择，即自然神论。几位美国开国元勋们私下里也赞成自然神论。自然神论来源于巴鲁克·斯宾诺莎及17世纪末英国一些作家的著作，这些学者都坚持信仰唯一全能至善的上帝（反对基督教三位一体学说）。自然神论者认为关于上帝的所有真理都可以通过理性来发现，而不是从犹太教和基督教《圣经》中的天启来发现。自然神论者并没有统一的原则，他们在诸如上帝是否关注人类事务等问题上有不同的看法。在法国大革命期间，罗伯斯庇尔提出了理性"至上崇拜"，使自然神论达到了发展的顶峰。

无神论更为激烈地反对基督教，在启蒙运动中支持该学说的哲学家占少数，其中最有名的就是霍尔巴赫。出现在18世纪的现代无神论断然否认上帝的存在。在启蒙运动之前，人们对无神论的界定是对上帝漠然、不崇拜，而不是直接否认上帝的存在。尽管以霍尔巴赫为代表的无神论宣传手册受到了民众的欢迎，但无神论仍然是少数人的选择。即使哲学家口中的上帝与基督教信奉的截然不同，但是包括伏尔泰在内的许多哲学家都发现无神论的观点，即宇宙的存在绝非偶然的说法，本身就是一个能够证明上帝存在的极具说服力的证据。欧洲国家禁止民众信奉无神论，所以无神论者必须用匿名或笔名的方式撰写宣传册。无神论与哲学中的唯物主义密切相关，唯物主义认为世界是物质的，否认灵魂和上帝的存在。当然，也存在一些例外，如唯物主义者约瑟夫·普里斯特利认为唯物主义和信奉上帝或非正统的基督教并不冲突。

大多批判基督教的启蒙思想家属于精英阶层，他们只考虑如何通过宗教变革来改变中产阶级和上流社会的生活；而另外一些启蒙哲学家则认同把宗教当作一种规范下层阶级和妇女行为的方法。他们把那些所谓的非宗教文明（如中国或古希腊和古罗马）理想化了，认为这些国家的执政精英们并不像普通民众一样迷信。

并非所有启蒙思想家都反对基督教，而其对宗教的态度因国家而异。和英国或德国相比，法国启蒙思想家对基督教的敌意更深。虽然有些人认为自然神论提倡理性非常具有吸引力，但仍然认为自己是基督徒。这些人是"一位论派"信徒，只信奉唯一的圣父上帝，他们否认"三位一体"的荒谬学说以及道成肉身的耶稣基督。"一位论"学说起源于新教改革并在一些英语国家获得很多启蒙知识分子的支持，如著名的英国思想家艾萨克·牛顿和约瑟夫·普里斯特利。"一位论"学说在英国是非法的，在美国也遭到了蔑视，因此该学说的信奉者必须要谨言慎行。

伊曼努尔·康德试图以一种与启蒙科学思想相容的形式拯救基督教。在《看理性界线内的宗教》一书中，他提出要建立一种对启蒙思想友好、非奇迹的基督教以彻底解开宗教和科学不相容的问题。关于上帝是否存在的问题，康德从探讨宗教与自然的关系上转变为探讨宗教与道德的关系。他反对启示神学和自然神学，因为二者试图通过道德责任来证明上帝的存在和死后的生命等问题。上帝至善，善是美德产生的源泉。真正的敬拜是要以讲道德的生活来致敬神明。康德认为，尽管基督教常误将一些教会职责——如参加教会活动和相信正确的教义——当成真正的宗教义务，但基督教是唯一一个倡导真正道德生活的宗教。尽管康德支持基督教，但他在法国大革命爆发后提出宗教要强调理性，普鲁士政府因此禁止他出版和宗教有关的任何著作。犹太裔德国启蒙运动领袖、康德的朋友摩西·门德尔松在使犹太教与启蒙运动相容上做出了类似的贡献。

18世纪晚期爆发的一系列革命进一步挑战了基督教的权威。美国在独立战争中获胜，并在欧洲西面的美洲建立起一个自罗马帝国时期起的首个非基督教国家。然而，这个新国家的绝大多数民众都是基督教徒，基督教仍然还是公共生活的核心。在法国大革命最激进的阶段，革命者还曾发起过"去基督化运动"，提倡以自然神论的"理性宗教"和"至上崇拜"来取代基督教。甚至连巴黎圣母院大教堂（Cathedral of Notre Dame）也被重新命名为"理性圣殿"（temple of the Supreme Being）。法兰西第一共和国强烈谴责无神论，称其为"贵族"宗教。孔多塞在东躲西藏中撰写了《人类精神进步史表纲要》，他在书中对宗教进行了总体介绍并称基督教是人类发展史中一股完全消极的力量。然而，法国反对基督教也仅是短暂的昙花一现，19世纪初拿破仑·波拿巴统治下的法国又回归了天主教。在启蒙运动的促进下，世俗主义在19世纪的欧洲逐渐流行开来。

参见：《圣经》；卡拉斯案；启蒙运动中对犹太人和犹太教的认识；启蒙运动中对穆斯林和伊斯兰教的认识；政治哲学

拓展阅读：

Burson, Jeffrey D., *The Rise and Fall of Theological Enlightenment: Jean-Martin de Prades and Ideological Polarization in Eighteenth-Century France*（Notre Dame: University of Notre Dame Press, 2010）.

Curran, Mark, *Atheism, Religion, and Enlightenment in Pre-Revolutionary Europe*（Woodbridge, Suffolk and Rochester, NY: Boydell Press, 2010）.

Hudson, Wayne, Diego Lucci, and Jeffrey R. Wigelsworth（eds.）, *Atheism and Deism Revalued: Heterodox Religious Identities in Britain, 1650–1800*（Farnham, Surrey: Ashgate, 2014）.

Sorkin, David, *The Religious Enlightenment: Protestants, Jews, and Catholics from London to Vienna*（Princeton: Princeton University Press, 2011）.

让－雅克·卢梭（1712—1778）

让－雅克·卢梭赞成启蒙运动的许多原则，并因首开浪漫主义运动之先河而被称为"浪漫主义运动之父"。卢梭于1712年6月8日出生于法语城邦日内瓦。青少年时期的卢梭生活非常艰辛，母亲在他出生后不久就去世了，之后又被做钟表匠的父亲抛弃。虽然卢梭与爱德华·吉本没有太多共性，但两人都是在非常年轻的时候就皈依了天主教。在弗朗索瓦－路易丝·德·华伦夫人（Francoise-Louise de Warens，1699—1762）的帮助下，卢梭摆脱了贫穷。华伦夫人是一位天主教徒，她在卢梭的生命中扮演了母亲的角色，资助卢梭接受教育并且后来成为了他的情人。

卢梭最早的出版物都是以音乐为题材的著作，他也为狄德罗的《百科全书》撰写过几篇和音乐相关的文章（卢梭创作过歌剧）。1750年，卢梭凭借一篇名为《论艺术与科学》的获奖征文声名鹊起，正式进入了法国主流启蒙思想学术圈。在这篇文章中，卢梭认为艺术和科学的复兴打破了人类社会最初的平等状态，使人类德行败坏。卢梭在1755年出版的《论人类不平等的起源和基础》（*Discourse on Inequality*）一书中继续批判这种不平等性，并提出财产打破了人类最初的平等。他支持回归自然，伏尔泰曾说过，卢梭的著作让其想重新变回动物。不过，卢梭也承认回归到自然的平等状态是不可能的。

卢梭于1762年出版的政治著作《社会契约论》使其事业达到了巅峰，书中有一句人们耳熟能详的名句："人生而自由，却无往不在枷锁之中。"《社会契约论》旨在解决人如何以平等的方式在社会中生存的问题。卢梭认为社会并不是建立在早期契约理论家提出的公民与统治者之间的契约关系之上，而是建立在平等个体之间的契约关系之上的。卢梭提出的理想社会是建立在公民间权利平等的基础上的（不过卢梭明确区分了男女不同的权利和职能），该社会要服从于他所提出的"普遍意志"，而这种意志不总是符合大多数人的意愿。至今为止，政治哲学家们仍然就卢梭究竟是一位民主政治先驱者还是一位极权主义者的问题争论不休，毕竟他既强调人人平等、政府对民众负责，又强调个人要服从于普遍意志。《社会契约论》一书使共和主义思想在欧洲重新复苏，并对法国大革命的一些领导人产生了巨大的影响，包括雅各宾恐怖专制领导人马克西米连·罗伯斯庇尔。日内瓦是一个独立且实行共和制的城邦，卢梭本人以身为日内瓦公民而倍感荣耀。

在宗教方面，卢梭支持自然神论，但与许多自然神论者不同，他对"理性宗教"毫无兴趣。卢梭的思想与之后发生的浪漫主义运动不谋而合，他认为"心脏"（激情和情感）要比"头脑"（理性）更重要。他认为对于一个国家来说，自然神论是一种最适合的宗教，因为它和很多其他宗教一样都强调道德及个体和社群对国家的贡献。

卢梭也是一位成功的小说家。他的多卷小说《新爱洛伊丝》(*The New Heloise*, 1761) 描绘了一幅"理想的家庭主妇"的画面，展现了三个人之间的三角恋情，他们都怀有激情，但并不愿沉迷于此。这部小说非常出名，很多读者都认为他们与作者建立了一种共鸣。在《社会契约论》问世的同年，他的第二部小说《爱弥儿：论教育》(*Émile, or On Education*) 也正式出版了。教育是卢梭关注的几个主要问题之一。《爱弥儿》这部小说中的主人公所受的教育就是《社会契约论》提及的理想教育状态，而其中的家庭教师角色就是《新爱洛依丝》中善良的女人公朱莉（Julie）的爱人圣普乐的形象。《爱弥儿》是一本极具争议的著作，因而被法国政府设为禁书，卢梭也因此被迫逃亡国外长达数年之久。卢梭在私人生活中的所作所为与其书中所提倡的道德观极不相符，他与伴侣勒特蕾莎·勒瓦瑟（Thérèse Levasseur, 1721—1801）生的五个孩子都被他送到了孤儿院，而这些孩子后来的命运就不为人知了。

卢梭死后，他的上下两部自传《忏悔录》(*Confessions*) 分别于 1782 年和 1789 年正式出版，该书经常被视为第一部现代自传。卢梭在《忏悔录》中异常坦诚且详细地描述了自己的一生，包括所犯的错误及过失。与 18 世纪的许多自传不同，《忏悔录》描述了作者内心的情感以及他所参与的所有重大事件。《忏悔录》毫无保留地公开了卢梭的私生活，包括他痴迷被女人打臀部的性嗜好以及对五个子女的抛弃。对于孩子的问题，他试图证明孤儿院会给孩子们提供更好的照顾。这是第一批将童年经历视作成人性格塑造核心原因的著作之一。卢梭于 18 世纪 50 年代末开始撰写《忏悔录》并于 1770 年完成，但他希望在自己死后才正式出版该书。

卢梭性格怪异，属于典型的怀疑型人格。他经常与朋友发生争执，其中包括达朗贝尔、休谟和霍尔巴赫等启蒙运动领袖。他相信霍尔巴赫是反对他的阴谋论的领导者，认为许多启蒙运动的主要人物以及特蕾莎·勒瓦瑟的母亲都是他的反对者。卢梭非常喜欢自己的狗，声称狗在品格上比大多数人都要优秀。伏尔泰是卢梭的朋友，同时也是他的竞争对手。在伏尔泰去世的两个月后，卢梭也于 1778 年 7 月 2 日在法国的埃雷蒙维尔（Eremenonville）逝世。

参见：法国启蒙运动；法国大革命；文学；自然；剧院

拓展阅读：

Cranston, Maurice, *Jean-Jacques: The Early Life and Work of Jean-Jacques Rousseau, 1712–1754*（New York: Norton, 1983）.

Cranston, Maurice, *The Noble Savage: Jean-Jacques Rousseau 1754–1762*（Chicago: University of Chicago Press, 1991）.

Cranston, Maurice, *The Solitary Self: Jean-Jacques Rousseau in Exile and Adversity*（Chicago: University of Chicago Press, 1997）.

Riley, Patrick（ed.）, *The Cambridge Companion to Rousseau*（Cambridge and New York: Cambridge University Press, 2001）.

沙龙

沙龙是一种知识分子（及其他人）定期举行的私人家庭式聚会，它是法国启蒙运动的特色机构。沙龙起源于17世纪早期意大利文艺复兴时期的宫廷。沙龙最初的功能是将意大利精英们的优雅宫廷礼仪引入到相对粗鄙的法国宫廷。沙龙每周或每两周定期在某个固定场所举行。17世纪的沙龙装饰华丽考究，里面有镜子、舒适的扶手椅以及各种瓷器作为装饰物。沙龙聚会以交谈为目的，而且要遵循一定的词汇要求和表达方式。净化法语是早期沙龙的使命之一。

由女性尤其是上流社会女性赞助并管理的沙龙为女性知识分子提供了活动的空间和场所。虽然17世纪法国沙龙女主人本身很少是作家，但她们却培养了一些女性天才，如小说家玛德琳娜·德·斯居代里（Madeline de Scudery，1607—1701）在成为沙龙女主人前也是朗布依埃侯爵夫人（Rambouillet）沙龙的成员。随着女性学术活动不断增多，男性对此表达出强烈的反感，法国剧作家莫里哀（Molière，1622—1673）曾撰写过两部戏剧来嘲笑受过教育的女性，分别是《可笑的女才子》（*Les Précieuses Ridicules*，1659）和《女学究》（*Les Femmes Savantes*，1672）。这两部戏剧都颇为成功，被视为法国戏剧的经典作品，但这些都并未能阻止沙龙或女性学术文化的发展。

18世纪的学术沙龙是巴黎特有的一种文化现象，与17世纪初的沙龙相比，这时候的沙龙减少了贵族气息，也不再过多关注礼仪和语言的文雅。在这里，男性中产阶级和贵族知识分子都享有平等的社会地位。女主人是沙龙的主持人，也是决定入会成员人选、进行会员介绍以及控制谈话节奏的权威人士。（男性经营的沙龙寥寥无几，其中最为著名的是霍尔巴赫主持的沙龙。）经营沙龙需要花费大量时间、精力和金钱。沙龙女主人多是来自社会和经济层面的精英。如果要开办自己的沙龙，她们需要经常出席其他沙龙，有时长达几十年才能够开办自己的沙龙。巴黎沙龙对启蒙运动文化做出了重要贡献，进入沙龙是年轻巴黎知识分子职业生涯中的重要一步。

除了可以拥有沙龙会员的声望之外，沙龙也是一个可以阅读著作、传阅手稿、促进交流的好去处。有些沙龙女主人还有能力为成员争取到进入一些巴黎学院（如法兰西学术院和皇家科学院）的资格。另外，沙龙女主人们会因争取学术名人加入沙龙、提高沙龙的学术魅力而相互竞争。1764年，当莱斯皮纳斯小姐离开她的姑妈德芳侯爵夫人成立自己的沙龙时，她带走了德芳侯爵夫人沙龙中的学术明星达朗贝尔，这导致她与姑妈关系决裂，迫使德芳夫人只能重新寻觅新的沙龙核心学术之星。

许多巴黎的男性访客，如大卫·休谟和本杰明·富兰克林都特别欣赏沙龙的谈话内容及女主人对主要知识分子的密切关注，因为这种现象在英语国家并不常见。当然，人们对沙龙女主人的评价并不都是积极的，让-雅克·卢梭就非常鄙视沙龙女主人，认为她们放弃了家庭生活中的女性责任，并以矫揉造作的方式破坏了男性的美德。

沙龙是法国旧制度中为数不多的几个能够享受言论自由的场所之一。沙龙文化一般被认为是启蒙运动中反对保守主义的象征。在这种共识下，沙龙经常举行的是学术或政治性的聚会。苏珊·内克尔（Suzanne Necker，1737—1794）也曾利用沙龙帮助丈夫日内瓦银行家雅克·内克尔（Jacques Necker，1732—1804）推进事业的发展。因此，尽管雅克信奉新教，他还是成功出任了法国财政总监。莱斯皮纳斯小姐的沙龙以吸引众多主要的《百科全书》撰稿人而闻名于世，其中包括达朗贝尔和孔多塞；而霍尔巴赫的沙龙以倡导无神论而臭名昭著。没有多少证据可以证明人们在沙龙里到底谈论了什么。与17世纪的沙龙相比，18世纪对女性学术贡献的重视程度有所下降。书信是18世纪沙龙女主人所追求的主要文学艺术形式，其中许多人因书信名声大噪，收信人收到书信后往往就开始立即传阅这些信件了。德芳侯爵夫人与英国作家霍勒斯·沃波尔（Horace Walpole，1717—1797）的通信就是一个典型例子，而另一个截然不同的例子是莱斯皮纳斯小姐与法国将军、军事作家雅克·安托万·依波利特吉伯特伯爵（Jacques

Antoine Hippolyte，1743—1790）的激情情书。

尽管法国是沙龙文化的中心，但其他国家也有沙龙。凯特丽娜·维格娜提·圣吉莉奥伯爵夫人（Countess Caterina Vignati di San Gillio，1714—1800）在意大利西北部的皮埃蒙特王国（Kingdom of Piedmont）的首府都灵（Turin）经营着一家颇受欢迎的沙龙，这对经由意大利的英国人来说尤其具有吸引力。18世纪末，柏林也开始出现了各种沙龙。犹太女性，如拉赫尔·瓦恩哈根（Rahel Varnhagen，1771—1833）也成为沙龙的女主人，这种沙龙是犹太人和德国基督徒经常出入的地方。相比之下，英国的沙龙文化从来没有起到过如此重要的作用，大部分启蒙运动的交流都是在苏格兰和英格兰的男性学术团体中进行的。

参见：法国启蒙运动；性别
拓展阅读：

Craveri, Benedetta, *Madame du Deffand and Her World,* translated by Theresa Waugh （Boston: Godine, 1994）.

Goodman, Dena, *The Republic of Letters: A Cultural History of the French Enlightenment* （Ithaca: Cornell University Press, 1994）.

Sutton, Geoffrey V., *Science for a Polite Society: Gender, Culture, and the Demonstration of Enlightenment*（Boulder, CO: Westview Press, 1995）.

科学

17世纪末，以艾萨克·牛顿全新物理学（基于数学方法的）为巅峰的"科学革命"为启蒙运动奠定了基础。启蒙思想是科学和科学成就的结晶，启蒙思想家对各种新发现赞叹不已，认为现代社会已经远远超过了古代社会。即使有些启蒙运动思想家和作家并不经常关注科学发展的动态，但是他们中的很多人都具有科学背景。有些启蒙思想家对科学做出了重大贡献，如数学家达朗贝尔，电气理论家本杰明·富兰克林以及化学家、物理学家和氧气的发现者约瑟夫·普里斯特利。

启蒙思想家的共同职业模式是在从事社会或政治问题研究之前首先在科学界树立声望。达朗贝尔、康德以及德国哲学家格奥尔格·克里斯托弗·利希滕贝格（Georg Christoph Lichtenberg，1742—1799）等人都遵循的是这种职业发展之路。本杰明·富兰克林虽然在进行电气实验之前在费城从事记者工作，但他还是作为科学实验者而被欧洲人熟知的。（富兰克林拥有电学研究天赋，电学是一个吸引众多公众兴趣的尖端领域，有部分原因是电气实验者所创造的戏剧性效果。）更重要的是，科学的进步为启蒙运动本身提供了一个新的模式。许多启蒙思想家认为，通过摆脱古希腊哲学家亚里士多德和天主教会这两大传统权威的束缚，科学取得了巨大的进步，从而人们才能够大胆提出思想自由和言论自由的设想。首先在现代科学变革中使用"革命"一词的不是科学家，而是启蒙思想家。即便有些科学想法变得过时或被证明是错误的，但启蒙思想家认为现代科学的实验及数学方法可以应用到其他问题上，并且会引发类似的文化进步。

　　启蒙运动中涌现出很多英雄人物般的科学家。在现代社会中，牛顿几乎被认为是有史以来最伟大的物理学家。启蒙运动中创立的牛顿数学物理学在其死后仍然继续发展，并被认为是目前人类思想所达到的最高成就。然而，许多启蒙运动思想家攻击牛顿提出的系统的核心特征——法则统治下的自然与上帝启示的宗教真理相结合。一些激进的哲学家并不将科学视为一种支持手段，而是将其作为验证宗教和传统的另一种系统。许多启蒙思想家（包括伏尔泰）将只追求真理的理想化科学社群与恶魔化的神学家以及被仇恨、愤怒和嫉妒驱使的系统、抽象化哲学家进行对比。在18世纪初期的法国，尽管笛卡尔物理学支持者与牛顿支持者之间的斗争异常激烈，但是在此过程中并没有发生任何流血事件，这与前两个世纪天主教徒与新教徒之间的斗争形成了鲜明的对比。无论科学发展的实际情况如何，理想化的科学就如理想化的贸易一样，都可以为不同宗教信仰的人提供一种能够一起合作的国际化模式。18世纪，虽然大多数穷人和女性被排除在外，但人与人之间的关系在科学界还是要比社会上其他领域更加平等。很多著名的科学家都是贵族出身（如法国伟大的化学家安托万-洛朗·拉瓦锡），但在评价科学家观点上贵族特权就没有任何意义了。

　　社会和学术改革不仅需要科学家的努力，还需要真正做到传播科学。真正的科学知识必须要传播开来，但不是传播给全体民众，而是应该传播给那些受过教育的公民。贝尔纳·德·丰特奈尔（Bernard de Fontenelle）是现代初期最伟大的科普科学家之一，他的《关于宇宙多样化的对话》（*Discourse on the Plurality of Worlds*，1686）一书在18世纪被数次重印并被译成多种语言，该书为今后的科普工作提供了一种模式。科学知识传播非常重要，因此，尽管伏尔泰在数学方面并不是特别有天赋，但是在数学物理学家夏特莱夫人的帮助下，他将反对当时仍占统治地位的笛卡尔学派、传播真正的牛顿思想视为己任。对科学充满激情可能会阻碍人们对文学和艺术的追求，伏尔泰和其他启蒙运动思想家有时也对此感到遗憾。然而，这被认为是一种令人遗憾的必要性，绝不会是拒绝科学的理由。

比起英国和德国，法国的科学发展要激进得多。法国早期启蒙思想宣传者（如伏尔泰）经常认为，之所以牛顿和其他杰出的英国科学家能够有那么多发现，与英国人享有更大程度的人身自由有很大关系。为了取代教会和保守主义学者在法国学术圈中的统治地位，法国哲学家们一直不懈努力。在此过程中，他们对罗马天主教和贵族统治开展了更加极端的批判。科学在法国启蒙运动中变得更激进，以至于有一部分开始向唯物主义方向发展。（笛卡尔主义也促进了唯物主义的发展。）在启蒙运动中，科学把人类视为物质生物，而不是精神生物，这种观点显然与传统宗教格格不入。此外，在 18 世纪末，一些法国哲学家开始公开称自己为无神论者，如克劳德－阿德里安·爱尔维修（Claude-Adrien Helvetius，1715—1771）。当然，也有一些哲学家反对这种倾向，如德尼·狄德罗就曾抱怨说，对浩瀚宇宙的强调不应超越人性和道德的核心地位。

让－雅克·卢梭对科学的文化角色展开了更为激进的批判。卢梭批判启蒙运动并提倡浪漫主义，他在《论科学与艺术》（1750）一文中指出，科学进步并没有使人类变得更加快乐，反而使他们更加堕落、更加远离自然。然而，即便是卢梭也不想回到最初的原始状态，也不想放弃科学和科学探索有可能会给人类社会带来的实际益处。

即便亚里士多德哲学理论仍然对欧洲，尤其是天主教世界具有很大影响力，启蒙运动哲学家仍希望实现哲学科学化，从而可以避免走向亚里士多德形而上学理论的空洞结局。大卫·休谟的《人性论》一书被称为"努力将推理实验方法引入道德范畴的尝试"。休谟认为应该将神学院统统烧掉。伊曼努尔·康德的哲学试图为自然科学提供坚实的形而上学基础。

希望民众无论是作为个体还是社会中的人都能够懂科学，这是启蒙运动的一个特征。作为 18 世纪的重要成就之一，启蒙社会科学开始运用科学的标准来衡量人类社会。"人类科学"以科学和实验为基础，通过研究时间和空间来研究各种人类社会。即便是由来已久的历史学科也可以通过自然科学的方法加以改进。启蒙运动的社会科学在道德上并不中立，启蒙哲学家希望在科学而非宗教的基础上建立道德哲学，进而建立道德体系。

参见：学院及学会；艾米丽·夏特莱侯爵夫人；本杰明·富兰克林；戈特弗里德·威廉·莱布尼茨；艾萨克·牛顿；约瑟夫·普利斯特利

拓展阅读：

Hankins, Thomas L., *Science and the Enlightenment*（Cambridge: Cambridge University Press, 1985）.

Jacob, Margaret, *Scientific Culture and the Making of the Industrial West*（New York and Oxford: Oxford University Press, 1997）.

McClellan, James E., III, *Science Reorganized: Scientific Societies in the Eighteenth Century*（New York: Columbia University Press, 1985）.

Paul, Charles B., *Science and Immortality: The Éloges of the ParisAcademy of Sciences (1699–1791)*（Berkeley and Los Angeles: University of California Press, 1980）.

苏格兰启蒙运动

在启蒙运动中，苏格兰取得的辉煌成就可以与法国所达到的高度相媲美，但是两国的文化和习俗却大相径庭。在法国和英格兰的启蒙文化中，大学处于边缘化的位置，但大学却在苏格兰启蒙运动中处于核心地位。在苏格兰，处于学术话语核心地位的沙龙并没有发挥太大的作用，取而代之的则是男性俱乐部和酒肆。法国启蒙运动的中心在巴黎，而苏格兰首府，同时也是当时著名大学的所在地爱丁堡则成为苏格兰启蒙运动的中心。

与知道自己处于欧洲文明中心的法国人不同，苏格兰人明确知道自己在欧洲处于边缘化的地位，即便是在大不列颠群岛上也处于比较弱势的地位。1603 年，詹姆士六世成为英格兰詹姆斯一世，苏格兰和英格兰开始走向合并。1707 年，英国和苏格兰议会共同通过《联合法案》（*Act of Union*）正式合并为一个国家，即大不列颠王国。《联合法案》废除了苏格兰议会，承认伦敦英格兰议会的主导地位，然而苏格兰依然拥有独立的法律体系和历史悠久的教会。另外，并不是所有苏格兰人都对英格兰和苏格兰的结盟感到满意。1745 年，在众多支持者的拥护下，查理·斯图亚特王子（Charles Stuart）入侵苏格兰，试图为其家族夺回王位。查理带领苏格兰高地军成功占领了苏格兰低地，包括苏格兰首府和苏格兰启蒙运动中心爱丁堡等地区。

1746年4月16日,英军在库勒登战役(Culloden)中击败了斯图亚特军队,这让大多数苏格兰人明白除了同英格兰联盟之外他们别无选择。尽管许多英格兰人在18世纪一直对苏格兰人怀有敌意,但很多苏格兰启蒙运动的领导人也是联盟的支持者。然而,爱丁堡在面对斯图亚特军队时毫无抵抗、直接投降——即便当时守城的是斯图亚特家族的反对者辉格党,这无疑是一种奇耻大辱,因此启蒙运动领导人开始努力向苏格兰低地民众灌输公民美德和勇气等价值观。许多启蒙人士支持组建苏格兰民兵,希望以此给苏格兰青年灌输爱国主义和军事美德,不过伦敦的英国政府一直对此表示怀疑并不断阻挠该项目的推进。

像其他英国人一样,苏格兰人也有不受审查制度约束的优势。然而,苏格兰教会仍然是控制苏格兰人生活的强大力量。1697年,一位年轻的苏格兰男子托马斯·埃肯海德(Thomas Aikenhead)在教会的监督下被判处为亵渎神明罪。幸运的是,18世纪中叶的启蒙运动人士与教会中一个强大的派系"温和派"结盟,而启蒙运动历史学家威廉·罗伯逊牧师多年以来一直担任该派系的领导人。"福音派"是温和派的反对派,它在苏格兰民众中更受欢迎,该教派强烈质疑与大卫·休谟等宗教怀疑论者交往过多的温和派。在18世纪,"圣职授予权"——教区牧师究竟应该由拥有合法委任权的圣职授予人任命,还是应该由天主教圣会进行挑选,是分裂苏格兰教会的一大问题。温和派和启蒙运动人士坚定地支持前者,希望通过圣职授予权把受过良好教育的公民和神职人员引入苏格兰社区。

苏格兰启蒙思想家认为,国家的未来取决于发展一种更为现代化,且不受传统和宗教约束的文明,如英格兰和法国的文明。不过,有时这会让苏格兰陷入麻烦当中。1756年,为支持苏格兰本土剧院的发展,一些温和派领袖和休谟大力支持由苏格兰教会神职人员约翰·霍姆(John Home,1722—1808)写的一部诗体悲剧《道格拉斯》(Douglas)。该剧在爱丁堡的坎农格特剧院(Canongate Theater)上演并因剧作者是牧师且其倡导的价值观而备受谴责。对苏格兰民俗文化愈发感兴趣也是18世纪苏格兰精英文化的一个显著特征。《道格拉斯》是以苏格兰民谣为基础创作的,该剧在英格兰获得了巨大的成功。剧中女主人公伦道夫(Randolph)在丈夫杀死她的儿子后自杀。该剧的反对者认为她应该表现出基督徒的忍耐,而不是异教的绝望。这场争论激起教会对戏剧、剧院和戏剧赞助者的谴责。霍姆被迫辞去了牧师的职位,但由于温和派控制了最高宗教会议(教会的最高会议),因此尚且能够抵制各种责难。

苏格兰人对现代化的兴趣推动了人们对社会历史发展的关注,这是苏格兰启蒙运动中经常出现的题材,包括从休谟和罗伯逊的历史著作到亚当·弗格森的《文明社会史论》(An Essay on the History of Civil Society,1767)以及亚当·斯密的《国富论》。威廉·罗伯逊撰写了很多历史著作,如《苏格兰史》(The History of Scotland,1759)、《查理五世在位时期史》(The History of the Reign of the Emperor Charles V,1769)、《美洲历史》(The History of America,1777)和《古印度史》(Historical Disquisition Concerning the Knowledge the Ancients Had of India,1791)。罗伯逊的史学著作和休谟的英格兰史为苏格兰赢得了"历史国家"的美誉。这个地区毗邻高地,是一个以游牧为基础、高度乡村化的社会,18世纪的大部分时间该地区都处于战乱当中。苏格兰的爱丁堡和格拉斯哥(Glasgow)这两个商业城市和其他类型的社区形成了鲜明的对比。苏格兰思想家亚当·弗格森(1723—1816)和亚当·斯密提出的人类历史发展的社会理论尤为著名,他们根据人类与土地的关系提出了人类历史发展的四个阶段:狩猎-采集社会、游牧社会、农业社会和商业社会。

苏格兰在18世纪尚未形成学院或学会的文化氛围,不过也存在一些非正式的团体,如为组建苏格兰民兵而成立的"拨火棍俱乐部"(Poker Club)。该名字象征拨火棍在壁炉里激起火焰,俱乐部希望能够"激起"人们组建民兵的热情。苏格兰启蒙运动的几位领导人也是拨火棍俱乐部的成员,包括休谟、斯密、弗格森和罗伯逊。

第一个给人留下深刻印象的正式学会是成立于1737年、以提高艺术与科学为宗旨的爱丁堡哲学学会(Edinburgh Philosophical Society)。该学会在1745年苏格兰高地叛乱中曾一度中断,但并未彻底解散并于1783年被爱丁堡皇家学会(Royal Society of Edinburgh)吸纳。休谟是爱丁堡哲学学会的成员。爱丁堡皇家学会是一个以伦敦皇家学会模式为基础的特许机构,该学会并不像伦敦皇家学会那样是一个专门的科学学会,它最初是由科学和文学两个分支组成的。爱丁堡皇家学会汇集了许多苏格兰最重要的启蒙知识分子,包括罗伯逊、弗格森、化学家约瑟夫·布莱克(Joseph Black,1728—1799)和修辞学家休·布莱尔(Hugh Blair,1718—1800)。爱丁堡皇家学会至今仍然存在。

法国大革命之后，苏格兰采取的保守文化和政治态度对苏格兰启蒙运动的开放性是一个沉重的打击。除了文化生活遭到不断的打压和控制外，休谟的怀疑主义哲学也遭到托马斯·里德（Thomas Reid，1710—1796）"常识"哲学的成功挑战。里德是格拉斯哥大学道德哲学教授、亚当·斯密的追随者。他坚持认为人类语言结构体现出一定的智力结构，这是全人类的共同特征。常识的普遍性表明人类可以明确地认知事物。

参见：英国启蒙运动；大卫·休谟；亚当·斯密

拓展阅读：

Buchan, James, *Crowded with Genius: The Scottish Enlightenment: Edinburgh's Moment of the Mind* (New York: Harper Collins, 2003).

Porter, Roy, *The Creation of the Modern World: The Untold Story of the British Enlightenment* (New York and London: W. W. Norton, 2000).

Sakamoto, Tatsuya, and Hideo Tanaka (eds.), *The Rise of Political Economy in the Scottish Enlightenment* (London and New York: Routledge, 2003).

Sher, Richard, *Church and University in the Scottish Enlightenment: The Moderate Literati of Edinburgh* (Princeton: Princeton University Press, 1985).

性

启蒙思想对欧洲基督教盛行的性秩序提出了挑战，并对性和性快感持积极态度。然而，启蒙思想对男性主导的习俗以及性的生殖目的并没有提出任何质疑。

对于许多启蒙思想家来说，性欲并不是一种罪恶，而是人类天生并值得称颂的欲望。启蒙思想家反对传统基督教对性的质疑，尤其是天主教徒认为独身在精神上比性活跃更高级。（新教允许神职人员结婚，不像天主教那样反对性。）然而，大多数人并不相信性应该是无拘无束的，他们认为性应该受到规约，但不应被《圣经》或教会控制，具有最高权威的应该自然法则。尽管许多人对不同的性行为采取宽容态度，但相信自然法则往往意味着不仅要拒绝独身，而且还要拒绝其他一些不以繁衍为目的的不正常性行为。许多18世纪的欧洲启蒙思想家，如伏尔泰、卢梭和康德都认为手淫是一种暴力的罪恶行为，而且从医学上来讲是有害健康的。启蒙运动的领导者们还以同性恋这个话题来攻击他们的对手，尤其是针对一些出任校长的耶稣会士，这些人往往因虐待男童而臭名昭著。伏尔泰指控在年幼时自己曾遭到其耶稣会教师的强奸，并在小说《老实人》中把耶稣会士描绘成恋童癖者。独身会受到谴责的另一个原因是因为它可能促进男女之间的同性关系，如德尼·狄德罗在其小说《修女》一书中就描绘了这种同性恋关系。该作品在当时遭到极大的抵制，直到狄德罗去世很久以后才于1796年正式出版。

对性行为采取积极的态度是启蒙运动社会改革计划的一部分。许多启蒙思想家（尤其在法国）认为人口不断增长是社会健康发展的标志之一，但欧洲社会明显处于人口不足的状态。大卫·休谟曾写过一篇文章专门驳斥当时人们普遍认同的观点：古代欧洲人口密度更大。性压抑是导致人口密度较低的原因之一，尤其是在一些天主教国家中，成千上万的牧师及神职人员都遵行的是独身主义。独身主义者被认为是拒绝参与繁衍的社会寄生虫。废除独身制度以及接受性是一种有助于人口增长的自然现象，这样国家才会变得更强大。出于同样的考虑，一些包括本杰明·富兰克林在内的启蒙思想家主张废除对未婚母亲的歧视。然而，怀孕和分娩都会给妇女的健康带来很大的威胁。匿名出版的《哲学家泰利兹》是一部经典的启蒙色情文学著作，该书的作者可能是让-巴蒂斯特·布瓦耶（Jean-Baptiste de Boyer, Marquis d'Argens, 1704—1771）。尽管身为男性，他在书中提倡手淫和体外射精等对女性危险性较小的性行为。

启蒙哲学家强调性以及男女关系在创造和维持人类社会过程中所发挥的积极作用。他们认为社会交往具有重要价值。他们拒绝手淫的另一个原因是要提倡人与人之间的社会交往，因为手淫行为不仅是不自然的，而且是反社会的。在他们看来，男女之间的社会互动可以促进社会的"文明化"进程，因此将男性和女性隔离开来的社会是不够文明或根本不文明的。

在18世纪，狄德罗是最激进的性秩序反对者之一。他在《布干维尔游记补遗》（Supplement to the Voyage of Bougainville，1772）一书中设想出一处刚被欧洲人发现的世外桃源，塔西提岛（Tahiti）。主人公路易-安托万·布干维尔（Louis-Antoine de Bougainville，1729—1811）是一名法国南太平洋探险舰队的船长，也是本次旅程的叙述者。塔西提岛被描绘成一个享有性自由的乌托邦。该书将塔西提岛人对性的坦然接受与欧洲游客的压制和虚伪进行了对比，后者不但带来了对性的羞耻心，还带来了一些性传播疾病。

狄德罗甚至赞同两代人之间的乱伦关系，尤其是当一个父亲生下丑陋、对男性毫无吸引力的女儿时。但是，狄德罗的伦理标准并不是无拘无束的，像欧洲传统社会一样，他为不同性别的人设定了不同的标准。对于狄德罗以及他虚构的塔西提岛人来说，性是非常有价值的，因为有了它才能实现繁衍后代。书中的塔西提岛人不赞成男人与不能怀孕的女人发生性关系。不育或经期的妇女穿着特定的衣服来表明她们不能发生性关系，并且会严厉惩罚那些有性行为的不育妇女。

狄德罗等启蒙思想家通常不挑战男性在社会、婚姻和法律等方面的统治地位。与传统的基督教徒不同，他们的男性主导地位思想并不是源自神的诫命，而是源自性的不同"自然"功能。女人的自然功能就是以家庭为中心，扮演的是妻子和母亲的角色，而男人则扮演的是社会性的角色，法国大革命期间尤其支持男性的这种社会性功能。一些启蒙思想家认为无论对于女性还是男性来说，性欲都是一种自然且值得称赞的欲望，尤其是因为普通的异性性行为可以引发女人的母性。

尽管许多男性启蒙思想家都与已婚妇女有过风流韵事，并对困在不幸婚姻中的女性表示了同情，但是很少有男性会质疑这个双重标准——信守婚姻忠诚对妻子比对丈夫的约束力更强。很多启蒙人士也坚持贞洁女性不应该有太强性欲的观念。卢梭在《忏悔录》中描述了他与理想化的母亲形象华伦夫人之间的性关系，并强调华伦夫人并未受到性快感驱使，也没有感受到性的快感。

参见：性别；自然

拓展阅读：

Darnton, Robert, *The Forbidden Best-Sellers of Pre-Revolutionary France*（New York and London: Norton, 1996）.

Goodden, Angelica, *Diderot and the Body*（Oxford: Legenda, 2001）.

Stengers, Jean, and Anne van Neck, *Masturbation: The History of a Great Terror*, translated by Kathryn A. Hoffman（New York: Palgrave, 2001）.

奴隶制

在启蒙运动中，"奴隶制"一词的外延比今天的意思更广泛。一般来讲，专制政权以及轻度专制的对象被称为"奴隶"。然而，启蒙思想家也意识到奴隶制是一种视他人为财产，剥夺其自由并迫使其进行劳动的制度。18世纪，在许多欧洲国家的美洲殖民地——从巴西到弗吉尼亚，奴隶种植园经济开始蓬勃发展。18世纪中叶兴起了旨在废除奴隶制的"废奴"运动。事实上，除了种植园经济之外，奴隶制也存在于其他领域。英国和法国是启蒙运动的领袖，但同时在奴隶贸易和殖民地奴隶剥削方面也处于领先地位。英国进口的奴隶数量比其他任何国家都要多，而法国的圣多明各（St. Domingue）是18世纪末加勒比地区最获利的糖业殖民地。

随着奴隶制的发展，对其制度及行为的批判也随之而来。越来越多的欧洲人、非洲人和美洲人参与到了关于奴隶制的辩论当中，其中许多人都反对奴隶制和启蒙运动，如卫理公会的创始人约翰·卫斯理。启蒙运动对奴隶制和废除奴隶制争议的主要影响就是它促进了人道主义废奴言论的产生。另外，无论支持还是反对奴隶制，人们开始使用一种世俗、而非《圣经》的角度来评判此事。

许多启蒙思想家至少在口头上表达了对奴隶制的反对。启蒙运动经常谴责奴隶遭受的苦难以及剥削奴隶、捍卫奴隶制的奴隶主的虚伪和残酷。启蒙运动哲学家谴责奴隶制的残忍以及对奴隶权利的侵犯，他们认为奴隶也像其他人一样拥有自然和不可剥夺的权利。受启蒙运动影响的经典政治文件也宣称奴隶也应拥有平等的权利，如《美国独立宣言》和《法国人权宣言》；然而，这两个政治文件都没能废除奴隶制。孟德斯鸠指出道德沦丧的奴隶主必然会导致跨大西洋残酷奴隶贸易的繁荣。

然而，欧洲的开明人士却从来没有像反对宗教不宽容及司法酷刑那样反对奴隶制。直到大革命时期，美国启蒙思想家才开始紧密关注奴隶制的问题。18世纪的反奴隶制斗争并不是由启蒙知识分子领导的，如本杰明·富兰克林，而以费城人安东尼·贝尼泽特（Anthony Benezet，1713—1784）为首的贵格会①（Quakers）、以卫斯理为首的宗教保守思想家、英国福音派基督教徒威廉·威伯福斯（William Wilberforce，1759—1833）以及奴隶出身的反抗者，如奥拉达·艾奎亚诺（Olaudah Equiano，1745？—1797）才是反对奴隶制的主要的群体。

虽然启蒙运动作家经常攻击跨大西洋奴隶贸易对非洲人的奴役，但对

---

① 贵格会（Quakers），又名教友派、公谊会，兴起于17世纪中期的英国及其美洲殖民地，创立者为乔治·福克斯。——译者注

奴隶制的谴责并不总是以种族平等观为依据。大卫·休谟强烈反对奴隶制，但却极端地认为黑人智力低下，他将那些已经熟练掌握欧洲学术知识的黑人比喻成被训练过的鹦鹉。休谟和 18 世纪后期的思想家（尤其是苏格兰学者）强调反对奴隶制的实用主义观点，认为奴隶制对经济发展是有害的，因为使用奴隶的社会并不像雇佣自由劳动者的社会那样富有或拥有较高的生产力水平。亚当·斯密在《国富论》（1776）一书中认为，自由劳动者最终肯定要比奴隶更有工作效率，因为他们不需要那么多的监管。

1788 年初成立于法国的"黑人之友协会"是法国大革命期间最活跃的反奴隶制组织。该协会的领导者雅克-皮埃尔·布里索①（Jacques-Pierre Brissot, 1754—1793）是一位启蒙运动小册子作家和革命政治家。由于深受英、美反奴隶制运动的影响，他非常支持各种启蒙运动项目。孔多塞侯爵和其他开明人士也是该组织的成员。然而，这只是由少数精英人士组成的集团，人数最多的时候也只有不到 150 位成员，因此它并不具备英语国家中废奴组织的特征。"黑人之友协会"致力于奴隶解放事业以及为非洲裔自由人的后裔赢得平等的政治权利而斗争，该组织于 1793 年解散（布里索于同年被政敌杀害）。1794 年，国民公会终于在法属加勒比殖民地取消了奴隶制，不过这不是黑人之友协会的功劳，而是由于海地革命②（Haitian Revolution）中圣多明各奴隶起义的原因。直到 18 世纪末，废奴运动的重点是还只是停留在废除非洲和美洲之间的奴隶贸易，而不是要废除奴隶制本身。虽然包括孔多塞和富兰克林在内的一些开明领导人攻击奴隶制，但奴隶制的捍卫者也利用一些启蒙术语来粉饰自己的观点，他们声称非洲人种低人一等，最适合当奴隶——实际上是使用了 18 世纪的科学词汇，而不是 19 世纪流行的《圣经》和宗教理据。美国奴隶主和启蒙哲学家托马斯·杰斐逊在其著作《弗吉尼亚州笔记》（Notes on the State of Virginia, 1785）中显示了他对奴隶制模棱两可的态度，该书针对的是欧洲读者并在巴黎出版。一些奴隶种植园关心的是如何使每个奴隶的劳动价值最大化，而不考虑传统或宗教问题，这从广义上来说也是一种"开明"思想。

---

① 雅克-皮埃尔·布里索，法国政治家，记者，法国大革命期间吉伦特派领袖。——译者注
② 海地革命，是自 1790 年至 1804 年发生在海地的黑奴和黑白混血人反对法国、西班牙殖民统治和奴隶制度的革命。——译者注

参见：美国大革命和建国；殖民主义；启蒙运动中对非洲和非洲人的认识；法国大革命

拓展阅读：

Davis, David Brion, *The Problem of Slavery in the Age of Revolution, 1770–1823*（New York: Oxford University Press, 1999）.

Manning, Susan, and Peter France（eds.）, *Enlightenment and Emancipation*（Lewisburg, PA: Bucknell University Press, 2006）.

Roberts, Justin, *Slavery and the Enlightenment in the British Atlantic*（Cambridge and New York: Cambridge University Press, 2013）.

亚当·斯密（1723—1790）

虽然亚当·斯密以苏格兰哲学家、教授以及自由市场经济学思想创始人著称，但他实际上兴趣广泛，研究涉猎修辞学、法理学和道德哲学等。斯密出生于苏格兰法夫郡（County Fife）的寇克卡迪（Kircaldy），曾就读于格拉斯哥大学（University of Glasgow）和牛津大学。他先后担任过格拉斯哥大学逻辑学和道德哲学的教授，并在爱丁堡开展了和道德哲学相关的系列公开讲座活动。斯密是格拉斯哥大学最受欢迎的教授之一。1750年，他与休谟在格拉斯哥大学建立了密切的友谊关系，这段友谊一直持续到休谟去世。

在他的第一本著作《道德情操论》（*The Theory of Moral Sentiments*，1759）一书中，斯密主要关注的是道德感的由来，而不是试图建立一种道德标准。他的立场与休谟颇为相似，认为道德感不是天生的，而是建立在同情之上的，即是一种将自己置于他人立场的能力。该书获得了巨大成功，后来被译成法语，斯密也因此辞去了学术职务前往法国出任年轻的苏格兰贵族巴克卢公爵（Duke of Buccleuch）的家庭教师。

在法国，斯密见到了许多启蒙运动领袖，如伏尔泰、让-雅克·卢梭和让·勒朗·达朗贝尔。他还见到了一些著名的法国"重农主义"运动经济学家。经济学是他第二本书《国富论》的主题。斯密认为追求个人利益有利于社会的整体利益。他认为劳动分工会提高生产力，是欧洲各国财富增长的原因。斯密反对"重商主义"提出的以下观点，即政府应该限制国际贸易来促进国内产业并抵制国外产品的入侵。他声称无论在哪里，以最优惠的价格购买商品都可以促进整体的经济繁荣。出于以上原因，他认为英国保留北美殖民地是不值得的行为，倘若英国不试图控制美国市场，英国和北美殖民地都会繁荣发展。《国富论》的出版日期往往被视为是"古典经济学"的奠基日。然而，斯密几乎没有意识到工业革命导致的巨大经济转型会影响英国乃至整个世界。

《国富论》获得成功后，斯密获得了苏格兰海关专员的职位，这项工作不需要付出太多努力就可以维持生计。除了在 1776 年休谟逝世后介入一场争论外，他的一生可谓平淡无奇。（休谟在有生之年见证了《国富论》的出版并对此书赞誉有加。）斯密写了一封信，公开赞扬休谟的品格，认为他在道德上比斯密所认识的任何其他人都更接近完美。众所周知，休谟反对基督教，许多人因斯密对其品格的认可感到震惊。

斯密对自己的作品有很高的要求，一生中只出版过两部著作，并在他死前让人烧毁了大部分书稿。斯密于 1790 年 7 月 17 日在爱丁堡去世。

参见：美国大革命和建国；经济学；大卫·休谟；苏格兰启蒙运动
拓展阅读：

Griswold, Charles L., *Adam Smith and the Virtues of Enlightenment*（Cambridge and New York: Cambridge University Press, 1999）.

Minowitz, Peter, *Profits, Priests, and Princes: Adam Smith's Emancipation of Economics from Politics and Religion*（Stanford: Stanford University Press, 1993）.

Phillipson, N. T., *Adam Smith: An Enlightened Life*（New Haven: Yale University Press, 2010）.

Rothschild, Emma, *Economic Sentiments: Adam Smith, Condorcet, and the Enlightenment*（Cambridge, MA: Harvard University Press, 2001）.

巴鲁赫·斯宾诺莎（1632—1677）

巴鲁赫·斯宾诺莎是一位犹太人，他于 1632 年 11 月 24 日出生在当时世界的贸易中心阿姆斯特丹。斯宾诺莎来自一个遭流放的葡萄牙裔犹太人家庭，他在荷兰共和国一个相对宽容的社区度过了一生，全家靠进口干果为生。斯宾诺莎曾就读于阿姆斯特丹著名的葡萄牙犹太人学校，但在 1656 年被驱逐出当地的葡萄牙犹太人社区。虽然具体原因不详，但他所持的宗教观点（当时尚未出版）有可能是他遭到驱逐的主要原因。斯宾诺莎信奉决定论哲学，拒绝自由意志和一元论，认为物质和精神现实没有区别。精神和身体并非是不同的物质。上帝属于宇宙之内，而不是超越宇宙之外的，这种观点也被称为"泛神论"。

泛神论教义强调上帝不具有任何人格特征，但基督教和犹太教传统上赋予上帝正义和仁慈等人格特征，基督教徒和犹太教徒倾向于将上帝"人格化"，赋予上帝以人类的身体或性格特征。不过，斯宾诺莎反对这种观点，认为上帝并没有"选择"犹太人，犹太人的宗教律法也不享有神之委任权；《希伯来圣经》也不是神启之书，可能实际上就是一个带有重重讹误的文本而已。另外，斯宾诺莎也否认灵魂不朽的观点——这是犹太教内部一个悬而未决的问题，但该观点得到葡萄牙裔犹太社群领袖的支持，同时也是基督教的基本教义。同时，斯宾诺莎还否认自由意志，他的哲学观点与宿命论同出一辙，认为包括人类"选择"在内的种种事态发展都是事先已经决定了的。

斯宾诺莎在自然哲学上是法国哲学家笛卡尔的追随者，他出版了《笛卡尔哲学原理》(*Principles of the Philosophy of René Descartes*，1663)一书。尽管斯宾诺莎在许多其他问题上与笛卡尔的观点相悖，尤其是笛卡尔对两种实体（物质和精神）的划分，但斯宾诺莎的哲学逻辑论证及推理都深受笛卡尔主义的影响。

斯宾诺莎一生中撰写的最具影响力的著作是1670年匿名出版的《神学政治论》(*Tractatus Theologico-Politicus*)。该书提倡宗教宽容，反对政治权威源于上帝的观点。在政治上，斯宾诺莎支持民主。

斯宾诺莎在被驱逐出犹太社区后以磨镜片维持生计。虽然他的学术知名度越来越高，但仍然无法维持自己作为作家的生活。因为工作中吸入大量玻璃粉末，斯宾诺莎因肺痨于1677年2月21日在海牙去世。他在《伦理学》(*Ethics*)一书中提出了自己完整的哲学体系，该书在他去世后和其他遗作一起正式出版。在斯宾诺莎的伦理思想体系中，对理性的强调要远远超越激情的重要性。

斯宾诺莎在死后被视为启蒙运动中最激进的思想家，他是唯物主义者、无神论者以及共和党人，而"斯宾诺莎主义学家"成为一个带有辱骂性质的词条。尽管启蒙运动的许多领导人认为斯宾诺莎是一位过于强调逻辑的哲学"体系构建者"，但他所提倡的宗教宽容和民主思想影响了启蒙运动中很多伟大的思想家，如德尼·狄德罗对斯宾诺莎立场从敌对转变为欣赏。人们在启蒙运动晚期仍然对斯宾诺莎持各种争议，当时戈特霍尔德·埃夫莱姆·莱辛在死后被指控为"斯宾诺莎主义学家"，并在德国引发了一场重大的争议。

参见：《圣经》；戈特霍尔德·埃夫莱姆·莱辛；宗教
拓展阅读：

Garrett, Don（ed.）, *The Cambridge Companion to Spinoza*（Cambridge and New York: Cambridge University Press, 1996）.

Israel, Jonathan I., *Radical Enlightenment: Philosophy and the Making of Modernity, 1650–1750*（Oxford and New York: Oxford University Press, 2001）.

Schwartz, Daniel B., *The First Modern Jew: Spinoza and the History of an Image*（Princeton: Princeton University Press, 2012）.

戏剧

表演形式的戏剧代替了书面形式的剧本成为18世纪最富有争议，但也是最受欢迎的艺术形式之一。许多启蒙运动的著名作家同时也是成功的剧作家，如伏尔泰和戈特霍尔德·埃夫莱姆·莱辛。18世纪初，法国新古典主义艺术风格在欧洲大陆的大部分地区仍然占据主导地位。17世纪的法国悲剧家让·拉辛（Jean Racine, 1639—1699）和皮埃尔·高乃依（Pierre Corneille, 1606—1684）及其同胞喜剧剧作家莫里哀（Molière, 1622—1673）被视为戏剧剧作家的典范，他们的作品接二连三地在剧院上演。悲剧创作需要严格遵循一定规则。亚里士多德总结了五条悲剧创作必须要遵循的规则：故事必须要有情绪净化效果、悲剧式人物、人物的运气会发生变化（"统一性"）；必须是诗意的；情节必须发生在同一个场景；发生的时间长度不能超过二十四小时；以上规则都是密切相关的。此外，悲剧主要讲述的是上等阶层的故事，最好是古代人物。

英格兰新古典主义学术团体从发展上来讲是最弱的。在18世纪的英国，威廉·莎士比亚堪称当时的灵魂人物，虽然他并不遵循新古典主义戏剧规则，但仍被视作是戏剧乃至所有艺术形式中造诣最高的剧作家和最伟大的作家。伏尔泰是17世纪法国戏剧的爱好者，也是最早向法国观众介绍莎士比亚的作家之一。他崇拜莎士比亚的才华，但对英国人忽视新古典主义原则表示遗憾。他还抨击莎士比亚把喜剧和悲剧混合在一起的处理方式，如《麦克白》中的门房和《哈姆雷特》中的掘墓人等人物形象。

莎士比亚除了在英国具有影响力外，还对欧洲大陆产生了深远的影响，欧洲大陆的莱辛等作家把他看作是替代法国古典主义传统的不二之选。约瑟夫·艾迪生[①]（Joseph Addison）的《加图：一部悲剧》（Cato，1713）是英国一部讲述古罗马时代人物的新古典主义著名戏剧。该戏剧在创作上遵循的是古典戏剧的原则，但该剧的流行并没有重塑英国戏剧的传统。

在欧洲许多地区，新教教徒和天主教教徒大都对戏剧持有根深蒂固的偏见，他们认为演员是一群为了谋生而伪装成他人的乌合之众。另外，戏剧经常使人联想到性滥交，这更加剧了人们对戏剧的偏见。在包括法国在内的天主教国家中，戏剧表演者死后不可以安葬在神圣之地，这让许多启蒙人士感到震惊。伏尔泰对比了法国与英国戏剧演员的生活，如法国伟大的悲剧女演员（伏尔泰的朋友）阿德里安娜·莱科夫勒尔（Adrienne Lecouvreur，1692—1730）死后被埋在塞纳河畔的一块不洁之地；而英国女演员安妮·奥德菲尔德（Anne Oldfield，1683—1730）则被安葬在威斯敏斯特大教堂中。直到法国大革命时期，法国演员才获得了法律上的平等地位。伏尔泰曾写过几部非常成功的戏剧作品；然而，他在城外自己家中进行戏剧演出仍引起日内瓦当局的不满。在一场关于是否应该在日内瓦市修建剧院的争议中，伏尔泰持支持态度，而日内瓦本地人让-雅克·卢梭则持相反意见并且在《致达朗贝尔的信》（*A Letter to d'Alembert on Spectacles*）中指出当代戏剧腐蚀了社区的道德，甚至借用伏尔泰敬重的莫里哀在《恨世者》（*The Misanthrope*）中对品德的讽刺之语对其展开攻击。

在英国，人们对莎士比亚的狂热崇拜确立了戏剧受人尊敬的地位。17世纪末复辟时期的喜剧——以恶毒角色及对流行道德标准的攻击著称——在18世纪逐渐被道德情感剧取代。在苏格兰，启蒙人士支持苏格兰戏剧，而苏格兰长老会反启蒙运动的福音派则强烈抵制戏剧的发展。

在德国，人们为促进本土戏剧的创作展开长期的斗争。在许多德国人看来，德国戏剧创作的最大障碍并不是反戏剧的偏见，而在于法国新古典主义的主导地位及德国人对戏剧普遍缺乏兴趣。最先尝试创作德国新戏剧

[①] 英国散文家、诗人、辉格党政治家。

的剧作家是崇拜莎士比亚的莱辛。他撰写的以英国为背景的"资产阶级悲剧"《萨拉·萨姆逊小姐》在1755年公演中取得了巨大成功，后来甚至被翻译成法语，该剧被认为开启了德国戏剧的新篇章。

戏剧成为传播启蒙价值观的媒介，如伏尔泰在戏剧中谴责宗教不宽容、皮埃尔－奥古斯丁·加隆·德·博马舍①（Pierre-Augustin Caron de Beaumarchais，1732—1799）在作品中对社会不平等现象展开抨击。博马舍在《塞维勒的理发师》（*The Barber of Seville*）及其续集《费加罗的婚礼》（*The Marriage of Figaro*）中描述了贵族们拥有无上的特权以及仆人们被迫运用高超的智慧来反击主人的故事，从而对贵族社会秩序展开了抨击。《费加罗的婚礼》引发了巨大争议，法国政府虽并没有禁止它出版，但是禁止此剧进行公开表演。俄国凯瑟琳大帝自己也从事戏剧创作，并推动了俄国戏剧的发展以及启蒙运动的进程。

除了传统戏剧外，沃尔夫冈·阿玛多伊斯·莫扎特等人创作的歌剧在18世纪也成为一种流行的艺术形式。莫扎特把《费加罗的婚礼》改编成为一部非常受欢迎的歌剧。1752年，《丑角之争》（*War of the Buffoons*）在巴黎正式公演。从此，传统、正式且高度风格化的法国歌剧开始逐渐摆脱意大利非正式、旋律优美歌剧的束缚。以卢梭为首的大多数法国启蒙运动作家本身也是歌剧作家，他们更支持意大利的歌剧形式。卢梭在撰写《百科全书》音乐板块词条时表达了这种态度，甚至宣称法语是不适合用来唱歌剧的。

参见： 戈特霍尔德·埃夫莱姆·莱辛；文学；让－雅克·卢梭；苏格兰启蒙运动；伏尔泰

拓展阅读：

Caines, Michael, *Shakespeare and the Eighteenth Century*（Oxford: Oxford University Press, 2013）.

Carlson, Marvin, *Voltaire and the Theater of the Eighteenth Century*（Westport, CN: Greenwood, 1998）.

Howarth, William D., *Beaumarchais and the Theatre*（London and New York: Routledge, 1995）.

---

① 博马舍（1732—1799），法国喜剧作家，法国最后一位著名启蒙作家，深受启蒙主义思想家狄德罗的影响。他出生于一个钟表匠家庭，曾在王宫任职。——译者注

伏尔泰（1694—1778）

如果要挑选出一位启蒙运动的领导者，那么博学多才的法国哲学家弗朗索瓦-马利·阿鲁埃（Francois-Marie Arouet）肯定是当之无愧的了。不过，人们更熟知的是他的笔名"伏尔泰"。伏尔泰于1694年11月21日出生在巴黎一个富有的平民家庭中。伏尔泰始终保持着"资产阶级"的强烈意识，终身反对贵族阶级。其父曾希望他能子承父业成为一名法律公证人，这在当时是一个极有声望的职业。伏尔泰在巴黎的路易大帝高中（College of Louis the Great）接受了教育，但他后来指控自己的耶稣会老师曾在他幼年时期对其进行了性侵，所以伏尔泰一生都对耶稣会士怀恨在心。

在成为诗人和剧作家之后，伏尔泰与法国贵族德·罗昂（Chevalier de Rohan）发生了争执，罗昂认为从社会地位上看伏尔泰根本没有资格同他决斗，并让仆人殴打了伏尔泰，之后，伏尔泰被迫离开了法国。伏尔泰于1726年至1729年间旅居英国，他痴迷于牛顿和洛克的思想并非常崇尚英国相对自由平等的政治、宗教及社会氛围。返回法国后，伏尔泰成为英国思想的传播者，尤其是推进牛顿科学，反对当时在法国占主导地位的笛卡尔思想。（伏尔泰的女友夏特莱侯爵夫人是他的合作伙伴，为其提供他不擅长的数学知识。）伏尔泰在《英国书信集》（Letters on England，1732）一书中向法国读者传播英国的思想、政治制度和文化，从而掀起了法国早期启蒙运动的一股"崇英"浪潮。虽然该书在法国被禁，但仍旧得以广为传阅。在国王情妇德·蓬帕杜夫人的资助下，伏尔泰陆续出版了多部故事、诗歌和戏剧，并由此开始拥有较高的社会地位。伏尔泰与普鲁士腓特烈大帝保持了长时间的通信，但当伏尔泰真正去到柏林时，两个人却吵得不可开交。

伏尔泰燃起了抵制宗教压迫的战火。他使用强有力的笔杆把卡拉斯案（一名新教徒被误判谋杀了自己的儿子）从一则当地的丑闻变成了一个举国关注的案件。伏尔泰有时在书信上标注"ecrasez l'infame"一词，意思是"彻底铲除邪恶"。这里的"邪恶"一词指的是宗教组织。伏尔泰信仰自然神论，相信存在一位创造和监管整个世界的全能之神，但他不信奉任何宗教。在后来的法国启蒙运动中，伏尔泰因唯物主义和无神论的兴起而困扰。伏尔泰认为整个宇宙设计得万分精妙，这恰恰证明了上帝的存在。人们对上帝的信仰为崇尚道德提供了必要的基础，这不仅适用于普通百姓，也适用于达官显贵阶层。伏尔泰正是在道德的名义下提出了他的名言："如果上帝不存在，就应该创造出一个。"

在政治上，伏尔泰提倡建立强大的法国君主政体以实现国家现代化并扫除几个世纪以来累积起来的不合理问题。他不相信最高法院，认为它代表的是少数皇权和贵族的利益和特权。法国政府授予伏尔泰几项殊荣，如在 1745 年任命他为宫廷史官，成为一名在凡尔赛宫拥有自己房间的国王侍臣，并且还获得了法兰西学术院院士的提名。伏尔泰未能实现他和其他法国哲学家所希望的改革政府的夙愿，而且他不信任广大民众，认为他们被基督教腐蚀并且是潜在的罪犯。

伏尔泰把对基督徒的厌恶延伸到了犹太人身上。他认为在《旧约》中几乎找不到犹太人可以令人敬佩的地方，并相信当时的犹太人深受这个"野蛮文本"的影响并认为古希腊人和罗马人的著作要更优秀。他批评欧洲传统的欧洲史学对犹太人这个为数不多的野蛮民族过于关注。伏尔泰认为当时的犹太人信奉金钱至上、不诚实守信且腐化堕落，但他相信如果犹太人向基督教社区学习，他们可能会改正这些缺点。不过，这并不意味着他让们信奉基督教，而是让他们放弃某些犹太人的习俗，如饮食限制等。然而，他对一些犹太人是友好的，并且认为犹太人应该和其他人一样享有宗教自由的权利。伏尔泰甚至对犹太人和犹太教与基督教产生分歧的地方大加赞扬，例如犹太人坚持自己的信仰，对改信其他宗教不感兴趣。

伏尔泰是一位法国文学大师。他最重要的著作包括短篇小说《老实人》，该书描述了一个年轻人历经各种令人毛骨悚然的冒险的故事。伏尔泰撰写该书的目的是要打击戈特弗里德·威廉·莱布尼茨提倡的哲学乐观主义。书中结尾处有一句名言："让我们照料我们的花园吧。"这表达伏尔泰支持具体的行动，而不是无用的投机。《哲学词典》（1764）是伏尔泰另一部颇受欢迎的著作。和多卷本的《百科全书》（伏尔泰也曾是其中的一名撰稿人）相比，这是一本可以随身携带的启蒙运动哲学参考书。无论是合法的，还是秘密出版的，伏尔泰的许多作品在法国各地都长期畅销。

伏尔泰还是一位"哲学历史学家"。他研究历史的目的是从更宽泛的角度来论述人性和人类文明，因而他并不是一位仅把复原历史真相和推算精确时间作为首要任务的"古物学家"。伏尔泰的《路易十四时代》（1751）是最早将文化史、社会史与政治史结合在一起的书籍之一。伏尔泰认为该段历史是人类文化发展的一个高峰，因而他并没有简单地罗列国王的战斗和成就，而是重点研究国王路易十四在位时期（1643—1715 年在位）法国发生的种种变化。伏尔泰的《风俗论》(*Essay on Customs and the Spirit of the Nations*，1756年）是一部不涉及政治的历史书籍。该书打破了以欧洲和基督教为中心的欧洲史学传统，并未从《圣经》故事或古希腊人开篇，而是从中国开始叙述的（伏尔泰将其视为最古老的文明）。

然而，在那些和伏尔泰同时代的人看来，伏尔泰也许是作为戏剧家而名声大噪。他的许多作品都是在法国著名戏剧公司法兰西喜剧院（Comédie Francaise）上演的。他的第一部戏剧《俄狄浦斯王》(*Oedipe*）是一部基于俄狄浦斯希腊神话创作而成的。该剧于1718年首次公演，是第一部以"伏尔泰"为笔名的作品。该剧在首映时得到法国摄政王奥尔良公爵（Duke of Orléans，1674—1723）的称赞。有些人认为该剧以乱伦为主题，暗示了奥尔良与他的女儿贝里公爵夫人（Duchess of Berry，1695—1719）有不伦的关系，但是这出戏仍旧非常受欢迎，经常上演。

悲剧《扎伊尔》(*Zaire*）是伏尔泰最为成功的戏剧之一，该剧以十字军东征为背景展示了因基督教徒与穆斯林之间宗教上的不宽容所造成的种种悲剧。该剧于1732年8月13日在法兰西喜剧院首次公演，并随后多次表演，在英国也很受欢迎，其英文版（*Zara*）于1736年正式公演。《扎伊尔》是法国第一批具有法国人物角色的悲剧之一，因为法国悲剧通常都是取材于古希腊、罗马或《圣经》。《默罕默德》(*Mahomet*，1736）是伏尔泰的另一部著名戏剧，虽然伏尔泰声称该剧的真正目的是要抨击不宽容的基督徒，但他在剧中将伊斯兰教的创始人描绘成一个不择手段的人物。在职业生涯初期，伏尔泰还创作了历史题材的史诗《亨利亚特》(*Henriade*，1723），该诗将法国国王亨利四世（1553—1610）视作是宗教宽容政策的拥护者。尽管该诗在当时颇受欢迎，经常被重印，但现在并没有很多读者阅读它了。另外一首是以圣女贞德为题材的讽刺诗《奥尔良少女》(*The Maid*），该诗表达了太多自由的思想，以至于成为法国国家的象征，因而不能在伏尔泰有生之年全部出版。像许多启蒙思想家一样，伏尔泰也是一位高产的书信作家，留下了大约两万封信件。

伏尔泰于1778年5月30日在巴黎去世。他似乎死得很平静，但却引发了诸多争议。在他去世的两百多年间，虔诚的基督徒或谣传他死前与教会达成了和解，或说他在等待永久的咒诅时受尽折磨而死。对许多基督徒来说，伏尔泰就是一个典型的"异教徒"，但他却成了怀疑论者、反教会人士和无神论者心目中的英雄，甚至他的遗体也成为文化斗争的对象。教会不希望伏尔泰被埋葬在神圣的地方,所以他被一名教士的亲戚秘密运出巴黎并葬在香槟省(Champagne)一个偏僻的修道院里。法国大革命之后,伏尔泰作为法国的伟人被重新埋葬在巴黎的先贤祠(Pantheon),该祠堂由革命者建造以纪念一些法国杰出的伟人。在骚乱中,伏尔泰身体的某些部分,如牙齿被取下来当作文物被崇敬。尽管后来有传言称他的尸体被挖出并被保守的保皇党人亵渎,但1897年进行的发掘工作显示伏尔泰的遗体大部分完好无损。

参见:卡拉斯案;艾米丽·夏特莱侯爵夫人;启蒙运动中对亚洲文明的认识;启蒙运动中对犹太人及犹太教的认识;启蒙运动中对北美原住民的认识;法国启蒙运动;文学;政治哲学;宗教;科学;戏剧

拓展阅读:

Carlson, Marvin, *Voltaire and the Theater of the Eighteenth Century* (Westport, CN: Greenwood, 1998).

Cronk, Nicholas (ed.), *The Cambridge Companion to Voltaire* (Cambridge and New York: University Press, 2009).

Davidson, Ian, *Voltaire: A Life* (London: Profile, 2010).

Gay, Peter, *Voltaire's Politics: The Poet as Realist* (Princeton: Princeton University Press, 1959).

二、主要文献

1. 巴鲁赫·斯宾诺莎：《论情感的起源和性质》，选自《伦理学》（1677）

犹太裔荷兰哲学家巴鲁赫·斯宾诺莎在许多著作中都大量运用了科学和数学的思维方法，这些方法非常有助于就上帝和人类等本质性问题开展深入的探讨。以下这篇文章是斯宾诺莎死后出版的《伦理学》一书的部分节选。在该著作中，斯宾诺莎呼吁要在理解的基础上展开情感科学研究，而不能仅凭借赞扬或指责的方式进行盲目的主观臆断。

大多数探讨人类情感和行为方式的学者似乎仅把这些问题当作自然以外的现象来看待，而不是将其视作自然法则规约下的种种自然现象。他们认为人类生活在自然界的一个"国中国"里，人类可以破坏自然秩序，但并不受自然秩序的束缚；人类对自己的行为有绝对的控制力，并且具有完全、不受外力控制的决定权。另外，他们认为人类具有的软弱和善变并不是由于自然的力量使然，而是由于人性本身存在一些固有的缺陷。于是，他们对这些不足表示悲哀、嘲笑、蔑视甚至加以诅咒。然而，一旦有人能够以雄辩或犀利的话语一语中的地直击人性弱点时，这个人便脱颖而出，被其他人尊为圣人。诚然，世界上的确不乏优秀的人类（他们辛劳、勤奋，对此我心存感激），他们写过很多优秀的著作来引导世人采取正当的生活方式，并给予人类很多智慧箴言。不过据我所知，到目前为止还没有人对情感的性质和力量，以及理智对情感的克制能力给出明确的界定。

尽管鼎鼎大名的笛卡尔相信人类理智可以完全控制其行为，但是他曾试图从自然的第一因来解释人类的情感，并同时指出利用理智控制情感的方法。不过据我看来，这些除了可以展示他伟大的智慧外别无它用,关于这点我将在本书的其他部分加以说明。在这里,我想要评价一下那些只会一味嘲笑或诅咒而不求理解人类情感和行为的人。这些人无疑会惊讶于我使用几何学来解释人类的罪恶和愚昧,并用理性的方式来证明一些他们所指斥为违反理性、肤浅、荒谬、妄诞的事物。然而,我坚持这样做的理由如下:在自然界中,没有任何东西是源自于自然的缺陷,因为无论何时、无论何地自然都是相同的,且具有同等的力量和作用,也就是世上万物无论身处何地或以何种形式存在都要遵循大自然的规律和法则。总而言之,我们应该用相同的标准,即普遍的自然规律和法则去理解一切事物的性质。因此,仇恨、愤怒、嫉妒等情感皆出于人类本身的需要及大自然的力量。这些情感都是由一些特定的原因引发的,而通过这些原因人们可以对这些情感有所了解。人类情感和其他事物一样,也具有某些特性,非常值得我们去认识和了解,而思考人类情感性质的问题本身也会使我们感到快乐。因此,我将使用考察上帝和理性时采取的同样方法来探究人类情感的性质和力量。另外,我也会用考察线、面和体积时使用的方法来考察人类的行为和欲望。

节选自:

Benedictus de Spinoza, *Improvement of the Understanding, Ethics and Correspondence*. Translated from the Latin by R. H. M. Elwes. New York: Willey Book Co., 1901, 127–128.

2. 约翰·洛克:《论政治社会的起源》,选自《政府论》(1689)

17世纪的英国政治上动荡不安,民众对权威的质疑催生了许多政治理论。约翰·洛克的《政府论》下篇提出遵守达成共识的规则具有非常重要的作用。之所以这样说部分原因在于洛克认为公民社会是建立在统治者与被统治者之间的契约关系之上的。洛克不是唯一的契约论理论家,但他的契约理论在启蒙运动中是最有影响力的,而他本人也被视为启蒙运动的思想领袖之一。

95. 如上所述,人类天生都是自由、平等和独立的个体,不经本人同意,不能把任何人置于这种状态之外,使之受制于某人政治权力的束缚。因此，使个体甘愿放弃自然赋予的自由，并自愿受制于公民社会的种种规约的唯一的方法就是：通过同其他人协商组成一个共同体，从而彼此间可以共享舒适、安全且和平的生活，安稳地享受自己的财产并拥有更大的保障力来防御共同体以外的人的入侵。组成这样的共同体不受人数多少的制约，因为其余人的自由并不会因此而受损，他们仍跟以前一样保有自然状态中的自由。当某些人达成一致，同意建立一个共同体或政府时，他们就结合在一起，并形成一个政治实体，在这种共同体中，大多数人都权替其他人做出决定。

96.当全体成员达成一致同意建立一个共同体时，该共同体就成为一个能够代表全体成员行使权力的整体，该组织代表的是大多数成员的意愿和决定。因此，某一共同体得以运作的前提是必须要获得所有成员的同意和认可，由此才能行使由大多数成员共同赋予的强大权力。否则，这个基于每个个体认同的共同体就不可能正常地运作和维持下去。因此，共同体里的所有个体都应受到大多数成员认同规则的约束。正因为如此，人们往往成立根据成文法律条文运作的议会，在法律条文中往往并没有规定议会执行权力的具体人员数目，在这种情况下，大多数成员可以根据自然法则和人类理性代替全体成员制定法案并行使决定权。

97.因此，当每个个体和其他成员达成一致，同意建立一个由政府统辖的政治实体时，所有个体就将自己置于一种义务之下，要对社会的每个成员负责，要服从大多成员的决定；如果个体不受任何约束，仍然像以前在自然状态中那样享有无上的自由，那么个体与其他成员为共同组成一个社会而订立的契约就变得毫无意义了。假如真是这种情况，那将是怎样的一种契约呢？如果个体不受社会法令的束缚，只认同自己认为适当的法律条文，这样怎么能算是真正地和他人达成共识呢？如此一来，个体仍然能够像在签订契约以前或在自然状态下那样享有自由，那么该个体会只遵从自己的决定，或只认同他认为适合的契约条文。

98.如果大多数成员达成的协议并不能被全体成员理性地认同，或并不能对每个个体起到约束作用的话，就要签署一个所有成员都同意并能够代表全体成员行为的协议，但一旦考虑到或许有人会因病、因事不能出席公共集会（尽管是少数成员）时，签署这样的一种协议几乎是不可能的。此外，由各种人组成的共同体难免会存在意见分歧和利益冲突。基于这样的法律条款而形成的社会只会像加图（Cato）走进剧院，只能再走出去一样。这种法律就像强大、但生命短暂的利维坦海怪（Leviathan）一样，寿命比最弱小的生物还要短，一出生就面临着夭亡；理性生物绝不会希望组成这样一个注定要解体的社会，因为假如大多数成员不能代替其他人做出决定，他们便不能代表这个共同体采取行动，其结果只能是再次解体。

99. 因此，凡是脱离自然状态，联合成为一个共同体的人们，除非他们明确地规定了一个大于绝大多数成员数目的具体数字，否则就将被视作是为了组成社会而把权力全部交给这个共同体的大多数成员。只要一致同意联合成为一个政治社会，这一切就能实现，而这就是个体之间加入或组成一个国家的契约。所以，组成任何政治社会所需要的条件不是别的，正是自由人的契约协定，这些人能够确保他们其中大多数人可以联合在一起并建立一个社会。唯有这样，世界才会出现合法的政府。

节选自：

John Locke, *Two Treatises of Government*. Edited by A. Millar *et al*. London. 1764.

3. 戈特弗里德·威廉·莱布尼茨：选目《莱布尼茨与克拉克论战书信集》（1717）

《莱布尼茨与克拉克论战书信集》是由戈特弗里德·威廉·莱布尼茨与英国神学家塞缪尔·克拉克之间的往来书信整理成的文集。克拉克是莱布尼茨的死敌艾萨克·牛顿的朋友和支持者。二人都试图把对方逼到一个否定上帝完美性的立场上去，并把对方打上唯物主义和斯宾诺莎主义的标签。在这篇文章中，莱布尼茨攻击了牛顿的观点，即上帝必须积极地干预宇宙才能使之维持正常的运转。

1. 我呈给威尔士王妃一封信件，承蒙王妃殿下愿意同我交流一二。唯物主义原理仅次于行为堕落，亦是一种对宗教的亵渎。但我相信作者（这里指克拉克）没理由否认哲学的数学原理和唯物主义者所持的原理是相悖的。恰恰相反，二者毫无差异，只不过那些模仿德谟克利特（Democritus）、伊壁鸠鲁（Epicurus）和霍布斯（Hobbes）观点的唯物主义者们将自身局限于数学原理当中，仅承认物质实体而已，而信奉基督徒的数学家们还承认有非物质的实体。因此，和唯物主义者所持原理相对立的并不是数学原理，而应该是形而上学原理。从某种意义上来看，毕达哥拉斯（Pythagoras）、柏拉图以及亚里士多德对形而上学哲学原理有一些认知；然而，虽然以一种较为通俗的方式呈现出来，但我认为自己在《神义论》（*Theodicæa*）一书中才正式明确地提出这些原理。矛盾原则或同一原则是数学的坚固基石，这就意味一个命题不能同时是真命题又是假命题，因此 A 就是 A，不能同时又不是 A。该原则完全可以证明包括算术和几何学在内的全部数学原理。然而，正如我在《神义论》中所已指出的那样，当从数学过渡到自然哲学时必须要运用另外一个原则，即充分理由原则（Principle of a suffcient Reason），也就是万事发生皆有因。因此，为了符合充分理由原则，阿基米德在从数学过渡到自然哲学研究时也不得不在他的《论平面图形的平衡》（*De Æquilibrio*）一书中给出具体的例子。阿基米德提出，假如有一架两端完全相同的天平，在天平的两端挂上相等的重物，则整个天平仍然应该维持静止不动。这是因为无法提供证据说明为何天平的一端下降，而另一端不下降的理由。根据该原则，我们就应该有足够的理据来证明事物为何是这样，而不是那样的状态，也可以证明上帝的存在以及形而上学或自然神学，甚至在某种程度上可以证明那些基于数学学科，如动力原则（Dynamick Principles）或力的原则（Principles of Force）等自然哲学原理。

2. 作者进而说根据数学原理，也就是牛顿爵士的哲学原理（因为数学原理无法提供充足理据证明该事例），物质在宇宙间只占微不足道的很小一部分，而宇宙的大部分乃是存在于物质之外的虚空或空无物体的空间。德谟克利特和伊壁鸠鲁也持有同样的观点，但他们在物质数量的问题上和牛顿有所不同，他们认为世界上存在更多物质。在这点上我认为他们的观点是比较可取的，因为物质愈多，上帝行使智慧和能力的机会也愈多。因此，我认为真空是根本不存在的。

3. 我在牛顿爵士《光学》（*Opticks*）一书的附录中找到这样一句话："空间是上帝的感官。"（Space is the Sensorium of God）而感官（sensorium）一词往往指的是感觉器官。如果牛顿爵士和他的朋友认为用词适合的话，他们应该给出解释。否则，我是不能认同的。

4. 作者认为灵魂的存在足以感知到人类大脑思考的事情。但马勒伯朗士（Mallebranche）神父和整个笛卡尔学派都坚决否认此事，并有充分理据驳斥该观点。仅凭存在这个理由就能够感知到经由某事物的东西是远远不够的，还需要其他的必要条件，如适当的沟通或者某些影响力。牛顿认为空间与在其内的实体是紧密相关的，并且与之非常匹配。由此是否就能推断出空间能够感知到经过的实体，在实体离开后仍然能够记住它呢？另外，既然灵魂是不可分割的，它在身体中的短暂停留可能只是出现在身体某个点上；那么，灵魂又怎能感知这点之外发生的事情呢？我想本人是表明灵魂是如何感知经由身体东西的第一人。

5. 上帝能够察觉一切事物并不是单纯因为他的存在，而是因为他有所作为，他以行动来保护万物，从而不断地生产出一切美好而完美的东西。但是，灵魂不会对身体产生直接的影响，身体对灵魂也无直接影响，它们之间的交流并不能用彼此相互影响来解释。

6. 人们推荐一部机器的真正原因是它能带来一定功效，而并非出自机器本身的原因。我们并不关心工匠的能力修为，但却关心他的技术和手艺水平。因此，作者对上帝制造的机器大加赞美就是因其完成了整个创造物，而不需要任何制造该物体的原材料。我认为仅凭这样的理由是远远不够的，因为这只是作者为了自圆其说不得不采用的托辞。上帝之所以比其他工匠高超并不是因为他有所创造，而是和上帝相比，其他工匠必须要运用其他原材料才能进行创造。上帝之所以卓越是因为他具有无上的力量，而上帝卓越的另一个原因便是他的智慧。上帝制造的钟表比其他工匠打造的更持久耐用，更准时。买钟表的人并不关心表的零件是否都是由工匠自己制造，还是从别处获得后再加以组装和调试，他更关心的是钟表是否准时的问题。即便是工匠从上帝那里获得制造钟表齿轮的天赋和才能，要是没有同时具备把零件组装并调节的才能，表的买主仍然不会满意的。同样，除了作者提及的理由，倘若再无其他理由的话，人们也无法对上帝的手艺感到满意。

7. 因此上帝的技艺必定会高于其他匠人。每一件创造出来的东西都是上帝能力的展示，不过这不足以充分证明他的智慧。那些持相反观点的人势必会陷入他们声称自己要远离的唯物主义和斯宾诺莎主义的错误。在这种情况下，基于万物的第一因，他们将承认上帝的能力，但却没有充分认识到他的智慧。

8. 我并不是说物质世界是无需上帝插手而自己运转的机器或钟表，我坚决认为创造物是需要缔造者对其施加影响的；但我认为这是一块能够自己运行而无需修理的表，否则，我们不得不说上帝又改变主意了。这绝对不会发生，因为上帝已经预见到了所有的一切并为一切事情都安排了补救措施。因此，上帝创造的一切都是和谐和完美的。

节选自：

"Mr. Leibnitz's Second Paper. " From Samuel Clarke, *A Collection of Papers, Which Passed Between the Late Learned Mr. Leibnitz, and Dr. Clarke, in the Years 1715 and 1716*. London: James Knapton, 1717.

4. 孟德斯鸠：《论君主制》，选自《论法的精神》（1748）

尽管青年时代的孟德斯鸠便对共和政体非常感兴趣，但是他在《论法的精神》一书里仍然称君主制是一种更好的政体形式。当然，他极力要将君主政体与最糟糕的专制政体区别开来。因此，孟德斯鸠强调在适合的君主制政体下，可以设置一些机构来监督君主的意志。所以，影响美国宪法制宪者的正是孟德斯鸠所强调的对君主的监督和制衡的观点，而不是君主制本身。

第十节 君主政体便捷的施政方式

和共和政体相比，君主政体有一个明显的优势，即国家大事都交由一人统一处理，从而能够非常便捷地处理政务。然而这种便捷也可能会导致轻率的弊病，所以应该利用法律条文使其适当放缓执政速度。法律条文不仅要维护宪法的性质，同时还要防止因滥用法律的强大权力而产生的种种弊端。

红衣主教黎塞留奉劝君主尽量禁止民众集会结社，这样可以避免很多麻烦。黎塞留要不是心存专制主义倾向，就是满脑子专制主义思想。

如果朝廷不熟悉国家法律，其枢密院又仓促行事的话，君主的事务将丝毫不会被审慎地处理。此时，拥有能够稳健而缜密处理事务的司法机构是再好不过的了。

如果官吏们以拖延、申诉或恳求等手段都无法监督朝廷草率执政及君主的德行,而君主只凭一己冲动,慷慨地褒奖那些鲁莽的英勇效忠行为,这样的国家怎么能成为世界上最完美的君主制国家呢?

第十一节 君主政体的优越性

君主政体较专制政体有一个非常突出的优势。因为在该政体下,民众分为不同的阶层,这会使国家更为稳固、宪法更为稳定而其臣民更为安全。

西塞罗(Cicero)认为古罗马设立的护民官制度保全了共和国。他说:"诚然,没有领导人引领的民众在冲动时是异常可怕的。领导人知道事情是由他决断的,因此便会悉心考虑。但是,普通民众在冲动之时全然不知他们正在把自己置身于危险的境地。"这种观点可以适用于没有护民官制度的专制国家,也可适用于设立护民官制度的君主国家。因此,当一个专制国家骚乱四起时,被激情所支配的民众往往会走向极端,从而把社会的混乱推到极至。但在君主制国家里,情况却会很少走向极端。首领们为自己着想也会有所顾忌,他们属于"王权依附的中间势力",惧怕被统治阶级抛弃,因而并不愿平民占据上风。国家各阶层都陷入腐败并不常见,君王则依附于这些阶层。那些谋乱的人既没有意志,也没有意愿去颠覆政府,因此他们也就不能、也不愿意推翻君主的统治。

在这种情况下,明智而有权威的人便脱颖而出,采取温和的手段、商议解决问题的办法以纠正弊端,于是法律得以恢复效力,民众也重新开始遵纪守法。

因此,在我们的历史中充满了内战,却没有爆发革命,但专制国家的历史却往往充斥着革命而非内战。

某些国家撰写内战史的作者,甚至内战的煽动者们都能充分证明君主们极少怀疑他们授权的阶层,即使这些人一时迷途,但仍会遵守法律、承担义务并自我约束,而不会煽动或刺激叛乱者的情绪。

红衣主教黎塞留也许想到他曾大量减少王国中公国的数目,所以他试图借助君主和朝臣的美德来维系国家。但是他的要求过于苛刻,所以实际上除了天使之外,没有人能够像他要求的那样做到审慎、果断并博学。不过,在采用君主政体的历史进程中,人们很难找到符合他要求的那种君主和朝臣!

在优秀政府管理下的臣民往往比那些没有规则和领导人引导的民众更幸福,因为后者就仿佛在丛林里漫无目的地游荡。同样,按照国家基本法律生活的君主要比专制暴君幸福得多,因为后者没有任何手段约束自己和臣民的欲念。

第十二节　续前

专制国家绝不会有宽容存在,而专制国家的君主也毫无荣耀可言。

在君主政体中,臣民簇拥着君王,为其辉煌而欢呼,每个人都享有提升自己品德、净化灵魂的较大空间,从而获得真正的尊严和伟大。

节选自:

Secondat, Charles de, Baron de Montesquieu. *The Spirit of Laws*. Book V. Translated by Thomas Nugent. London: J. Nourse and P. Vaillant, 1750.

5. 大卫·休谟:《道德原则研究》(1751)

启蒙运动哲学家经常跨越几个世纪以来基督教设下的层层障碍与古希腊和古罗马的异教徒进行思想上的碰撞。苏格兰不可知论哲学家大卫·休谟曾暗示,受基督教影响的"现代哲学家"是从古人或"异教徒"中衍生而来的。"神学家"通常无可救药地将伦理学和神学混为一谈。

总而言之,古代人在其道德推理中很少重视自愿和非自愿的区别,他们经常质疑"德性是否可以传授"这个问题[参见柏拉图:《美诺篇》;塞涅卡:《论悠闲》,第31章;贺拉斯亦提出,"德性是教育的产物,还是自然的馈赠?"《书简》,卷1,第18章;苏格拉底和埃斯基涅斯:《对话录1》]。尽管许多品质是不依赖于人的意志的,但古代人仍想当然地认为懦弱、卑贱、轻浮、焦虑、急躁、愚蠢等品质是非常荒唐、丑陋、可鄙和可恶的。我们也无法设想,所有时代的人都既能维系外在美,还能达到心灵美。

在这里,我要提出自己的第四个反思,旨在说明为何现代哲学家与古代哲学家在道德探究中遵循了不同的方法。最近,哲学,尤其是伦理学比以往任何时候都更紧密地与神学结合在一起;由于最新的科学异常严格,将各种分支的知识都按照自己的意愿放置在科学的范畴之下，根本不考虑这些知识究竟是属于自然现象还是人类情感，因而导致推理甚至语言偏离原有的自然轨道，并在一些似乎感觉不出具有差异性的物体之间寻求各种不同。当哲学家，或者更确切地说是披着哲学家伪装的神学家把道德等同于带有奖惩制裁力度的民法时，他们就必然会把自愿或非自愿这个因素当成整个学说的基础。每个人都可以用自己喜欢的词语来表达自己的意思，但是同时也必须承认，人们可能每天都会对各种情感进行赞扬或责备，这些情感中所包含的东西超出人的意志或选择的控制。因此，即使不从伦理学家的角度，至少也应该从哲学家的角度就这些情感给出令人满意的解释和阐释。

　　污点、错误、恶行、罪恶，这些表达似乎意味着不同程度的责难和不满；然而，它们从本质上来讲几乎是一样的。对其中某一个词语的清晰阐释都会有助于对其他词语做出正确的界定。因此，关注这些行为本身要远远比关注其名称更为重要。即使在最庸俗的道德体系中，我们也应对自己负责，同样也应该对社会负责任，明确这两种责任的关系具有十分重要的意义。无论我们以何种词语进行命名，这两种责任可能从本质上来讲都是相同的，并因同样的原则而存在。

节选自：

David Hume, *Essays and Treatises on Several Subjects*. London: T. Cadell, 1772, 382–383.

6. 德尼·狄德罗：《享受/享乐》，选自《百科全书》（1751—1765）

　　德尼·狄德罗不仅仅是《百科全书》的主编，更是众多投稿者中最高产的作家。虽然他的很多文章都是枯燥无味的事实罗列，但有些文章却是以参考书的形式推进了启蒙思想。对禁欲主义的抨击和对享乐的赞美是狄德罗著作的主要主题。法语词"jouissance"（享乐）不仅包含一般意义的愉悦之意，还蕴含性高潮的含义。因此，"享乐"一词在狄德罗整篇文章中具有双重含义。

　　"享受"一词的含义就是去了解、体验及感受占有的快感。经常会有占有但却未能真正享受的情况。谁拥有那些雄伟的宫殿？谁拥有那些广袤的花园？当然是君王们。然而，谁能真正享受它们？反而是我们。

让我们把君王们修建的那些宏伟宫殿，以及那些他们从未踏足其中、令人心醉的花园交给别人，不要再去想被大家尊之为"享受"的快感吧；这种享受竟成了活人终身的囚牢。

万物之灵，请你告诉我：在自然为满足人类欲望提供的一切东西中，有什么能比占有和享受这样的人更值得你去追求，使你感到更幸福呢？她能像你一样思考、与你拥有相同的情感和想法、体验相同的感受与喜乐；将她那柔软而娇嫩的双臂伸向你、拥抱你，而她的爱抚会给你带来一个崭新的生命。这个新生命的相貌会与你们其中的一个人非常相像，其生命中的第一个行为就是寻找你、拥抱你。你将亲手把他（她）抚养成人并真挚地爱着他（她）；当你垂垂老矣，他（她）会赡养你终老，永远尊重你，而他（她）的降生一定会加强你们之间关系的纽带。

我们周围尽是些失去生命活力、粗鄙、迟钝而冷漠之人，在我们的帮助下他们或许能得到幸福，但却不能理解这种幸福，也不会分享我们的幸福。这类人身上充斥的是那种贫乏、破坏性的享受，这令他们最终也无法获得真正的"享受"。

如果有个反常的人，企图攻击我对世间最高尚感情所抒发的赞美之词，我将呼唤大自然，让它来发声。自然将会对他说：听到快感这个词时，你为何要脸红？而在夜幕掩盖下你耽于快感的诱惑时，为什么就不脸红呢？你真的不知道快感的目的何在，而你对之又有何种责任吗？如果你母亲的丈夫给予她的拥抱不具有非凡魅力的话，你认为她会冒着生命危险赋予你生命吗？闭嘴吧，不幸的人！想一想，正是那种快感使你从无到有，来到人间。

物种繁衍是自然的首要目的。一旦两性被赋予了他（她）们应得的力量和美，自然便会不由分说地使他们互相吸引。一种朦胧、焦躁不安的繁殖欲望向他们预示了那一时刻，使他们痛并快乐着。此时，他们放任自己的感官，把注意力引向自身。然而，当把一个个体交给另外一个同种的异性个体时，对于其他一切需求的感觉都会暂时中断，心会剧烈地跳动，四肢颤动，头脑中会浮现激发情欲的幻象，心中的血液会流向身体各部位的神经，使它们亢奋起来，一种新的感觉会进入下体，喷薄欲出并折磨着全身；这时，视线模糊了，癫狂发生了，理性压抑着自己，成为本能的奴隶；于是，自然得到了满足。

在世界初始之时，一切就是这样发生的；而在野蛮人洞穴的深处，情况也同样如此。

女人会从众多男子中挑选令自己心仪的人，当她将含情脉脉的目光投射出去时，只有一个人捕捉到了她的目光；他会因为受到青睐而洋洋得意，相信自己占据了一颗心并认为快感是对他的奖赏。随后，女人在自身的魅力上罩上一层羞怯的薄纱，这赋予男人想肆意揭开这层薄纱的力量。此时，最微妙的幻想将与最大的感官快乐相交融，使短暂的快乐无限放大，灵魂获得了一种近乎神圣的升华；两颗相爱、年轻的心相誓永远长相厮守；上天以此为证。

在一个人献出全部灵魂并与其所爱的人灵魂契合之前，他（她）拥有了多少个幸福的时刻啊！在我们有所希冀之时，"享受"便随之到来了。

尽管如此，信赖、时间、自然和爱抚的自由会导致忘我。一个人往往在体验到那最终的狂喜之后会发誓说，再也没有谁能与他（她）相比。不错，当一个人有着年轻而敏感的器官，有着一颗温柔的心和一个圣洁的灵魂，而这样的灵魂尚未经历过所托非人以及令人后悔莫及的感情时，这一切都是真的。

选自于：

Diderot, Denis（ascribed by Jacques Proust）. "Enjoyment."*The Encyclopedia of Diderot & d'Alembert Collaborative Translation Project.* Translated by Anous Terjianian. Ann Arbor: Michigan Publishing, University of Michigan Library，2005. http://hdl.handle.net/2027/spo.did2222.0000.225. Originally published as "Jouissance", *Encyclopédie ou Dictionnaire raisonné des sciences, des arts et des métiers,* 8: 889. Paris, 1765. Used by permission of Anoush Terjianian.

7. 卢梭：选自《论人类不平等的起源》（1755）

让－雅克·卢梭对公民社会和政治社会之前存在的"自然状态"极为感兴趣。在《论人类不平等的起源》一书里，卢梭为生活在自然状态下的人正名，认为17世纪政治契约理论家托马斯·霍布斯（Thomas Hobbes）的言论纯属诽谤。霍布斯把自然状态下的生活描述为"贫穷、肮脏、残酷和短暂的"。霍布斯深受基督教对自然状态下人的描述的影响，基督教认为人性本恶，绝不能将自然状态当作理想社会；否则，社会必然会（不可逆转地）倒退。

最初看来，生活在自然状态中的人类彼此间并没有任何道德上的关系，也没有明确的义务，更无从说好或坏、善或恶。所以，除非从生理意义上来对这些词加以区分，将那些存在于个人身上且妨害自我生存的特质称作邪恶，而把能够帮助自我生存的特质称为美德。在这种情形下，那些对纯粹的自然冲动最不加以抵抗的人就应称为最有道德的人。但是，如果我们坚持使用这些词的常见意思，便不应急于对这种状态做出判断，而应当首先避免偏见、不偏不倚地衡量一下：文明人身上的美德和邪恶孰多孰少？美德给他们带来的益处是否多于邪恶导致的害处？当文明人已经得知需要与人为善时，科学的进步是否能够足以补偿他们彼此间所施的恶行？此前，人们完全隶属于依附地位，被迫需要从一些根本不想给予其任何回报的人身上有所收获，而当这些文明人既不畏惧任何人对他为恶，也不希求任何人对他为善时，他们会不会感到更幸福呢？

首先，我们切不可像霍布斯那样做出结论说：人类天生是恶的，因为他不知善为何物，亦不知美德为何物；人类经常不肯为他人服务，因为不认为他人有权利对其提出要求；或凭借对所需要的一切拥有真正的权利为借口，人类愚蠢地把自己想象成整个宇宙唯一的主人。霍布斯虽然非常清楚所有关于自然权利的现代界定存在种种缺陷，但是他从自己的定义中推出的结论足以证明他本人对这一定义的理解也是错误的。在根据他所提出的原则进行推理时，霍布斯本应当这样说：当个体在自然状态维持自我保护，且对他人的生存不构成威胁时，这种状态最能保持和平，对于人类也是最为适宜的。可是他所说的恰恰与此相反，因为他错误地承认：满足无休止的欲望是社会的产物，也是野蛮人自我保护的一部分，正是因为人具有这些欲望才使法律的约束成为必要。霍布斯说："恶人就如同是一个强壮的孩童。"不过，我们还需进一步证实自然状态的野蛮人是否是强壮的孩童。如果我们承认这一点会得出什么结论呢？假如一个强壮的人依然像其软弱时一样依赖他人，那么，这个人就可能会做出任何蛮横的事情而毫无愧疚感：他会因母亲未及时哺乳而对其殴打，也会因弟弟的一时讨厌而施以虐待，还会因他人偶尔的碰撞而咬其手臂。但是，一个人非常强壮，但同时又须依赖他人，这本就是自然状态中两个相互矛盾的假设。当一个人依赖于他人时，他是软弱的；而在他变强壮时则变成一个独立自主的人了。霍布斯没有看到：阻止野蛮人运用理性的原因和法学家主张防止自己及同僚滥用理性的原因是一样的。因此，我们不能仅凭野蛮人不知善为何物就判断他们是邪恶的，因为阻止他们作恶的不是智慧的发展，也不是法律的约束，而是平和的情感以及对邪恶的无知："对邪恶无知而得到的益处远远超过因了解美德而得到的益处。"

并且，霍布斯还忽视了另外一条原理：由于人类天生就厌恶看见自己的同类受苦，因此在某些情况下，人类会降低利己主义的冲动或自我保护的欲望，减缓为自己谋福祉的步伐。无论对人类美德展开多么激烈的毁谤，我也认为人类具有一种自然美德，即同情心。对于人类这样软弱并多灾多难的生物来说，同情确实是一种颇为适合的禀性；也是人类最普遍、最有益的一种美德。同情是一种不假思索的自然行为，即使禽兽有时也会有怜悯之心。姑且不谈母兽对幼兽的温柔以及为保护它们甘愿面对种种危险，即便是马也不愿意践踏一个活的生灵。动物从来不在它同类的尸体旁边走动，有些动物甚至还会把已死的同类以某种方式进行埋葬，而牛群走进屠宰场时也会因看到可怕景象而悲痛欲绝地发出哀鸣。我们欣然看到《蜜蜂的寓言》一书的作者也不得不承认人是一种敏感且富有同情心的生物。他改变了一向冷隽而细致的文笔，描述了一个动人的情景：一个被幽禁的人望见外面一只猛兽从母亲怀抱里夺去了她的幼儿，用锋利的牙齿咬碎了孩子脆弱的肢体，并用爪子撕裂了他正在跳动的内脏。虽然事情与他毫不相干，但这个人亲眼目睹这样一个惊心动魄的悲惨场景，而他对昏厥了的母亲和垂死的婴儿都不能施以援手，这是一种怎样的焦急和不安啊！

这就是一种无需思考、自然纯粹的情感，这就是自然慈悲的力量，无论道德怎样堕落也不能将其毁灭。在剧院中，我们经常可以看到人们因剧中不幸者的悲惨遭遇伤心落泪，其实倘若这些人自己成为暴君，便会更加严厉地虐待自己的敌人。嗜血成性的苏拉[①]（Sulla）对不是由他亲手造成的痛苦也会感到悲伤；而亚历山大大帝[②]（Alexander）不敢去看任何悲剧演出，怕人们会看见他为安德罗玛克[③]（Andromache）和普里阿摩斯[④]（Priam）痛哭流涕，但当听到每天因其下令而被处死的人的呼号时，他却丝毫无动于衷。

选自于：

Jean-Jacques Rousseau. *The Social Contract & Discourses*. Translated by G. D. H. Cole. New York: E. P. Dutton & Co., 1920, 195–198.

8. 亚当·斯密：选自《道德情操论》（1759）

  很少有启蒙思想家认为人类是一部没有激情的推理机器。启蒙思想的核心是想象力和情感。尽管如今苏格兰哲学家亚当·斯密被视为经济学的奠基人，但在当时，他更多地被视作是一位道德哲学家。斯密并没有把道德仅当作一种遵循"道德法则"的事情，而是把道德情感根植于人类的移情当中。移情是人类能够间接感受他人情感，尤其是痛苦的感知能力。

  我们对他人的感受没有直接经验，所以除了凭借设身处地的想象外，我们无法得知他人的感受。即使当自己的兄弟正在经历磨难，但只要我们尚且享有自由，就无法感受他所受的痛苦。感官从没、也绝不可能超越人类自身所能感受的范围。因此，人类只有借助想象才能形成对他人感受的概念。借助想象，我们也只能获知在自己身临其境的情况下将会有怎样的感觉。而这只是依靠我们的想象所模拟出来的自身的感官印象，并不是他人的感官印象。通过想象，我们把自己置身于兄弟所处的境地，仿佛进入了他的躯体，从某种程度上和他的身

[①] 全名卢基乌斯·科尔内利乌斯·苏拉（Lucius Cornelius Sulla，公元前138—前78年），古罗马著名的统帅，奴隶主贵族政治家。——译者注
[②] 亚历山大大帝（Alexander the Great，公元前356年7月20日—前323年6月10日），即亚历山大三世，马其顿王国（亚历山大帝国）国王，世界古代史上著名的军事家和政治家。——译者注
[③] 安德罗玛克（Andromaque）是古希腊英雄赫克托耳的妻子。拉辛以此为题材在1667年创作了悲剧《安德罗玛克》。——译者注
[④] 普里阿摩斯（Priams），特洛亚战争时期特洛伊的国王。——译者注

体合二为一，也仿佛正在经受着所有严刑拷打，从而形成关于他兄弟感觉的判断。虽然不能完全体会，但仍有一些不同程度的轻微感觉。这样一来，他所遭受的痛苦就落到我们身上，当我们能够感同身受地体会这种痛苦，就会受到影响，从而在想到他的感受时会不由自主地战栗和发抖。任何痛苦或烦恼都会使人感到悲伤，所以当我们设想或想象自己处于这种情形时，就会在某种程度上形成与想象力大小成比例的类似情绪。

　　通过想象及类似的观察，我们能够以设身处地的方式或多或少地体会受难者的遭遇，想象他此时此刻的感觉，这正是我们感受他人痛苦的渠道。当看到有人准备击打另一个人的腿或手臂时，我们会本能地缩回自己的腿或手臂；而当打到身体上时，我们也在某种程度上会产生和被拷打者同样的疼痛感。当观看一名舞蹈演员在松弛的绳索上行走时，观众会像舞蹈者一样扭动身体以求达到平衡，因为他们感到如果自己处在对方的境况下也必然如此行事。当皮肤娇嫩、体质孱弱的人看到街上乞丐暴露在外的疮肿时，自己身上相应的部位也会产生搔痒或不适之感。人们在看到那些可怜人的痛苦时会感到恐惧，并设想自己就是这些可怜之人，身上患病的部位也使他陷入痛苦，这是导致其产生恐惧的根本原因。这种想象力足以在他们孱弱的躯体中产生让其厌恶的搔痒和不适之感。同样，即使强健之人看到溃烂的眼睛时，自己的眼睛也会产生非常明显的痛感，因为即便在强壮人的身体上，眼睛这一器官也要比其他任何部位更为脆弱。

选自于：

Adam Smith, *The Theory of Moral Sentiments*. Part I, Section I. London: A. Millar. 1790.

9. 伏尔泰：《古人与今人》，选自《哲学辞典》（1764）

　　17世纪末开启了"古人与今人的争论"，也就是关于古希腊、古罗马文明与16和17世纪欧洲现代文明的成就之争，这场争论一直延续到18世纪的启蒙运动。一般来说，不断增长的文化信心使启蒙运动人士坚定不移地站在现代文明这一方。在他的《哲学辞典》中有一篇名为《古人与今人》（*Ancients and Moderns*）的文章，伏尔泰在文中支持现代文明，并同时抨击了古代文明的代表人物英国作家威廉·坦普尔爵士（Sir William Temple，1628—1699）。伏尔泰赞扬现代文明成就，如他钟爱的法国路易十四时代的戏剧以及科学革命的新发现等。在文中，伏尔泰展示了自己对古人的了解。他认为雅典政治家德摩斯梯尼①（Démosthène）之所以那么有雄辩之才，并不是因为他生活在古代，而是因为他生活的城邦施行的是民主统治，而这与红衣主教黎塞留统治的法国形成了鲜明的对比。

继黄金时代②之后的白银时代起，文人墨客们就开启了古人与今人的大论战，而这场争论至今也没有盖棺定论。人们总是认为美好的古代远胜于现代。当《伊利亚特》（Iliad）中的奈斯托尔③（Nestor）想要暗示阿喀琉斯④（Achilles）和阿伽门农⑤（Agamemnon）自己是一个聪明的调解人时，他便跟他们说："从前跟我一起生活过的人都比你们强。不，我从未见过，也永远不会再见到像德里亚斯⑥（Dryas）、塞内⑦（Cenaeus）、埃克撒底俄斯⑧（Exadius）、神明般的波吕斐摩斯⑨（Polyphemus）那样的伟人了。"

后世人因阿喀琉斯受到了奈斯托尔的侮辱而鸣不平。现在没有人知道德里亚斯了，也再听不见有人谈论埃克撒底俄斯或塞内了；至于神明般的波吕斐摩斯，实际上的声名并不太好，称他只靠脑门上长的那只大眼睛而又生吃活人才拥有一些神威。

---

① 德摩斯梯尼（Démosthène，公元前384—前322年）古雅典雄辩家、民主派政治家。全力反对马其顿入侵希腊。后在雅典组织反马其顿运动，失败后自杀身亡。——译者注
② 古代希腊诗人将原始时代划分为四个时期：黄金时代、白银时代、青铜时代、黑铁时代。黄金时代的特征是纯朴、和平、幸福；黑铁时代的特征是不义、强暴和苦难。他们认为在这四个时代中人类的品德每况愈下。——译者注
③ 奈斯托尔（Nestor），荷马史诗中的人物，皮罗斯国王，他以聪明才智见称，是围攻特洛伊城的诸王中最年长者。——译者注
④ 阿喀琉斯（Achilles），希腊神话中的英雄。荷马史诗《伊利亚特》描写他在特洛伊战争中英勇无敌。——译者注
⑤ 阿伽门农（Agamemnon），古希腊传说中的迈锡尼王。因其弟墨涅拉俄斯之妻海伦被特洛伊王子帕里斯劫走，发动特洛伊战争，并被选为希腊联军统帅。——译者注
⑥ 德里亚斯（Dryas），希腊神话中人物，是传说中的斯巴达立法者利居尔格（Ly-curgue）之父，色拉斯国王。——译者注
⑦ 塞内（Cenaeus），希腊神话中人物。——译者注
⑧ 埃克撒底俄斯（Exadius），希腊神话中人物。——译者注
⑨ 波吕斐摩斯（Polyphemus），希腊神话最著名的一个独眼巨怪，海神尼普顿的儿子。——译者注

卢克莱修①（Lucretius）坚决声称自然已经退化了。古人充满了对于更古一代人的颂扬。贺拉斯②（Horace）在他的《致奥古斯都书》（*Epistle to Augustus*）里以一种灵巧但有力的方式抨击了这种偏见，他说："难道说我们的诗篇也要像醇酒一样，愈陈愈受欢迎吗？"聪明博学的丰特奈尔（Fontenelle）就这个问题是这样回答的："关于古人与今人哪一方更占优势的问题，说到底就像是在问以前在乡间种植的树木是否比现今种植的更高大。倘若是往昔的树木更高大，那也就意味着荷马、柏拉图及德摩斯梯尼等在近世就不可能有与之伦比之人；但是如若我们现今的树木跟古代种植的一样高大，现代人就要比古代人强了。

"让我们澄清一下这一奇怪的论调。古人如若比我们更有才气，那就是因为当时人类的脑髓长得更好。但为什么那时的脑髓长得更好呢？可能是因为当时人类的大脑由更坚韧或更纤细的神经纤维构成的，所以充满更多的活力；如果前者成立的话，古时的树也必然应该更高大隽美；因为自然在当时正处于年轻时代，精力更加充沛。因此，人的脑筋和树木一样，都必然会受到自然这种精力充沛和青春焕发状态的影响。"[《漫谈古人与今人》（*Digression on Acients and the Moderns*），第4卷，1742年]

不过，声名远播的科学院院士丰特奈尔先生，请恕我直言。您的回答有些离题万里。事实上，我们并不需要知道自然是否能再次创造像古希腊、古罗马时代的伟大天才以及优秀的作品，而是要知道现如今是否存在这样伟大的人和优秀的作品。毫无疑问，在尚蒂伊③（Chantilli）森林也可能存在着跟多多那④（Dodona）森林中一样高大的橡树。但是，假设多多那森林的橡树曾经口吐人言，那就显然比我们的橡树优秀得多了，我们的橡树可能永远也不能开口说话。

---

① 卢克莱修全名是提图斯·卢克莱修·卡鲁斯（Titus Lucretius Carus，约公元前99—约前55年），罗马共和国末期的诗人和哲学家，以哲理长诗《物性论》（De Rerum Natura）著称于世。——译者注
② 昆图斯·贺拉斯·弗拉库斯（Horace，公元前65—前8年），罗马帝国奥古斯都统治时期著名的诗人、批评家、翻译家，代表作有《诗艺》等。——译者注
③ 尚蒂伊（Chantilly），法国巴黎东北部名胜之地，有中世纪的宫邸和大橡树森林。——译者注
④ 多多那（Dodone），古希腊马其顿南部的城市，附近有传说曾发人言显现灵迹的大橡树林。——译者注

大自然一点也不奇怪，但很可能赐给雅典人的土壤和气候比赐予威斯特伐利亚①（Westphalia）和利穆赞②（Limousin）的更加适宜天才的长成。再或者是雅典政府支持气候影响论，在德摩斯梯尼的头脑中放入了类似克拉马尔③（Clamart）和格尔奴叶（La Grenouillere）的新鲜空气的东西，而红衣主教黎塞留政府没有在奥麦尔·塔隆④（Omer Talon）和热罗姆·比尼翁⑤（Jerome Bignon）两人的头脑里植入这些东西。

所以说这一争论实际上是一个事实问题。在雄伟建筑建造领域，上古时代到普鲁塔克⑥（Plutarch）时代的建筑要比美第奇家族⑦（Medicis）到路易十四统治时期的成果更丰富吗？

中国人在公元前200多年时就修建了抵挡鞑靼人（Tartars）入侵的万里长城。埃及人在3000年前就修建了惊人的、具有90000平方尺地基的金字塔。毫无疑问，倘若现在有人斥巨资修建这些无用的工程还是相对比较容易能实现的。万里长城是一座为了驱除蛮夷而修建的巨大建筑；金字塔是一座基于虚荣和迷信的遗迹。长城和金字塔都证明的是民众的巨大耐心，而并不说明任何先进的建筑技术。无论是中国人还是埃及人，当时的古人都不能成功雕塑一件现今雕塑家所创作的人像。

坦普尔爵士（Temple）倾尽毕生极力贬低所有现代人，认为他们在建筑艺术方面没有什么能比得上希腊罗马建造的庙宇。但是，即便他是英国人，也总应该承认圣彼得大教堂（Church of St. Peter）比罗马卡皮托利尼山上的朱庇特神庙（Capitol）更雄伟吧。

他如此坚决地有此想法简直让人费解。他凭什么说今人在天文学领域毫无新的建树、在人体知识方面除了血液循环外没有建构任何新

---

① 威斯特伐利亚，普鲁士的一个省，1648年欧洲三十年国际战争结束后在该地签订著名《威斯特伐利亚和约》。——译者注
② 利穆赞，法国旧日西南省份之一。——译者注
③ 克拉马尔（Clamart），巴黎西南的市镇，塔隆的故乡。——译者注
④ 奥麦尔·塔隆（Omer Talon，1595—1652），法国司法官。——译者注
⑤ 热罗姆·比尼翁（Jerome Bignon，1589—1656）法国司法官，曾任巴黎最高法院已列门的首席检察官。——译者注
⑥ 普鲁塔克（Plutarch，约46—119），罗马帝国时期希腊传记作家，伦理学家。——译者注
⑦ 美第奇家族是意大利佛罗伦萨著名家族，创立于1434年，1737年因为绝嗣而解体。——译者注

的认知。基于一种极度的自尊且极其热衷于自己的观点,他忘记了今人发现了木星的多个卫星、土星的光环及其五个卫星、太阳绕轴自转、3000 多个星球的准确定位、开普勒与牛顿发现的天体轨道面规律,也忘记了分点岁差以及古人做梦都想不到的成百上千的其他知识。

今人在解剖学方面也有诸多发现。坦普尔爵士对显微镜下的微观世界毫不在意,他闭眼不看今人的种种绝妙发现,却只知睁大双眼欣赏古代的无知。

他甚至抱怨印度人、迦尔底人和埃及人的巫术荡然无存。他把这种巫术理解为一种能使古人创造奇迹的深奥自然知识。可是他连一件奇迹也没有引证出来,因为事实上,这世上根本就没有什么奇迹。他问:"那种能感动人、兽、鱼、鸟和蛇,并能够使之易性迁情的音乐的魔力都哪儿去了呢?"

这位时代的仇人率真地把俄耳甫斯(Orpheus)的神话传说信以为真了,他显然没有聆听过意大利及法国的美妙音乐。这种音乐虽不能驱使蛇类,但却能让听者感到悦耳动听。

更奇怪的是,他一生热爱纯文学,但对我们优秀作家的了解还不如对哲学家的了解。他把拉伯雷①(Rabelais)看作是一位伟人。他把《我们的祖先高卢人》(Amours des Gaules)视作是今人最好的著作之一。诚然,他本是一位博学之人、一位智者,也曾担任过朝臣和大使。他对自己的所见所闻也进行过深刻的思考。然而,偏见却把他的长处全部毁于一旦。

欧里庇得斯②的著作很好,而索福克勒斯③(Sophocles)的著作更美;但是他们仍然都具有更大的缺点。不得不承认,这两位希腊作家胜过泰斯庇斯④(Thespis),但我们敢说高乃依对优美场景的刻画以及拉辛对悲剧触动心灵的掌控都要远远超越这二人。拉辛觉得自己已经

---

① 弗朗索瓦·拉伯雷,文艺复兴时期法国人文主义作家之一。拉伯雷的主要著作是长篇小说《巨人传》。——译者注
② 欧里庇得斯(Euripides,约公元前 480—前 406 年)古希腊三大悲剧家之一。著有《美狄亚》《希波吕托斯》《特洛伊妇人》等。——译者注
③ 索福克勒斯(Sophokles,约公元前 497—约前 406 年)古希腊三大悲剧诗人之一。遗作有悲剧《俄狄浦斯王》《厄勒克特拉》《安提戈涅》等七部。——译者注
④ 泰斯庇斯(Thespis),公元前 6 世纪的希腊诗人及剧作家。他被认为是将表演引入纪念酒神狄俄尼索斯或巴克斯的节日庆典中的第一人。——译者注

远远超越了欧里庇得斯,之所以会颂扬这位希腊诗人是为了让佩罗(Perrault)感到汗颜。

莫里哀撰写了很多非常优秀的剧本,完全超过纯粹但冷漠的泰伦斯①(Terence),而喜剧作家当古尔②(Dancourt)也同样比阿里斯托芬③(Aristophanes)更胜一筹。

因此,现代作家在有些文学体裁方面远远胜过古代作家,而仅在少数文学体裁方面稍逊古人。因此,全部争论的结果完全可以归结于此。

选自于:

Voltaire's Philosophical Dictionary. New York: Carlton House, n.d., 17–20.

10. 切萨雷·贝卡利亚:选自《论犯罪与刑罚》(1764)

尽管并不是所有人,但很多启蒙运动思想家都认为自己所处时代的社会不断发展进步并且越来越人性化。这与英国哲学家弗朗西斯·培根(Francis Bacon)提出的观点息息相关,他认为"现代社会"是以新技术的引进为标志的,其中最重要的技术就是印刷术。印刷术使书籍和期刊市场的发展成为可能,而出版也是许多启蒙运动作家收入的主要来源。不过,印刷术还有许多其他好处。意大利法学家和法律改革家切萨雷·贝卡利亚认为印刷术使民众能拥有更多的知情渠道,并对整个社会的发展起着非常积极的作用。

因此,印刷术带来的好处是显而易见的。在它的帮助下,法律的守护者开始不仅仅只局限于少数人,全体民众都拥有了捍卫法律的机会。正是通过印刷术,文学得以广泛传播,从而驱散了奴役和阴谋的阴郁氛围。也正是由于印刷术的存在,先人那种暴君奴役奴隶的残暴罪行在欧洲大大减少了。那些了解之前两三个世纪历史的人可能会注

---

① 泰伦斯(Publius Terentius Afer,约公元前254—前184年),古罗马喜剧家。遗作有《岳母》《宦官》《兄弟》等六部。——译者注
② 当古尔(Dancourt,1661—1725),法国喜剧作家及演员,莫里哀及其作品的优秀继承者。代表作有《时髦的骑士》《优秀的市民》等。——译者注
③ 阿里斯托芬(Aristophanes,约公元前446—前385年),古希腊早期喜剧代表作家,雅典公民。一生共写四十四部喜剧,现仅存十一部。有《阿卡奈人》《和平》《骑士》等。——译者注

意到，奢侈和柔弱的错误激发了人类最温和的美德、人性、仁爱和宽容。这些人可能会看到祖先们所谓的朴素和诚实是错误的，人类在迷信的束缚下呻吟着。少数人的贪婪和野心使皇帝的宝座染满了人类的鲜血，到处是秘密的叛变和公开的杀戮，每个贵族对于平民来说都是暴君，基督教福音派的牧师一边每天打着上帝仁爱的旗号，一边双手却沾满他人的鲜血。我们可能还会谈论腐败和堕落，但让我们更为欣喜的是再也看不到以往那些可怕的残酷和压迫了。

选自于：

Cesare Beccaria, *An Essay on Crimes and Punishments*. London: F. Newbery, 1769, 19–21.（Anonymous translation, published in Philadelphia in 1809. Via Google books.）

11. 俄国女皇凯瑟琳大帝：选自《圣谕》（1767）

凯瑟琳即位时，俄国施行的还是 1649 年颁布的法典。该法典颁布于沙皇彼得一世（Tsar Peter I "the Great"）改革之前，对于日益西方化的俄国，该法典越发显得陈旧和过时。为缩小与欧洲法典的差距，凯瑟琳大帝计划对俄国法律进行一次重大改革。《圣谕》的阅读群体既包括俄国人，也包括欧洲人，并被译成包括英语、法语、德语和拉丁语在内的多种欧洲语言。《圣谕》让人们开始熟悉这位致力于改革的君主，从而提高了凯瑟琳在欧洲的国际地位。凯瑟琳阅读广泛，熟读了很多启蒙运动作家的著作，特别是孟德斯鸠和贝卡利亚的作品。

1767 年，凯瑟琳二世向立法委员会颁布《圣谕》，即《给委员们编写新法典的指示》：

1. 基督教教义教导我们，要尽己所能帮助他人。
2. 帮助他人是宗教规定的基本准则，全国民众都必须牢记于心；希望社会中的每一个诚实公民都生活在，或渴望生活在一个幸福、荣耀、安全和宁静的国家里。
3. 每个公民都希望受到法律的保护，但同时法律不应打扰人们的生活；相反，法律应该保护公民不受那些损害他人利益的违法行为的伤害。
4. 因此，为了尽快满足民众的普遍愿望，我们在上述第一条规定的基础上修改法律、法规，并开始着手调查帝国的自然情况。

5. 由于这些法律符合自然情况，制定的法规尤其符合当地民众的环境和情况。下面三个章节将详细描述这些自然情况。

第一章

6. 俄国是一个欧洲国家。
7. 以下说明可以清楚地解释第六点：彼得大帝在俄国进行的改革十分顺利，并把当时各国盛行的风俗和习惯引进到了俄国，暴力征服在当时并不适合国际局势。彼得一世将欧洲的风俗习惯引进到自己统治的领域内，但发现并不是那么尽如人意。

第二章

8. 俄国在世界上的领土延伸至经度 165 度，纬度 32 度。
9. 君主专制统治；君主权利至高无上，君主一人统治广袤领土。
10. 领土范围内统治者拥有绝对统治权。由于领土广袤，地处偏远之地需要加急派送信件来弥补因距离皇宫遥远而造成的政务拖沓之缺陷。
11. 任何其他形式的统治方式都会危害俄国，甚至还会导致帝国的瓦解。
13. 君主制的真正终结是什么样的？不剥夺人民的自由，但要改正其行为，从而达到至善的程度。
14. 因此，能达成这一目标的最好政府形式必会放宽对民众自由的约束，这符合理性生物的观点和目的，为实现最终目标，我们必须持续关注国家行政机构出台的法规。
15. 实行君主专制的目的和意义是为了实现全体民众、整个国家及其统治者的荣耀。
16. 但是，一个由君主统治下的民族，其自由感会从其荣耀中油然而生；国家在处理重要事务时就会爆发出能量、让人民感到幸福，甚至实现真正的自由。

第三章

17. 君主制度的保障
18. 作为君主政体的重要组成部分，中间权力隶属于并取决于最高权力。
19. 上文提到过，中间权力隶属于并取决于最高权力，从本质上来说就是君主是帝国和国家权力之源。
20. 法律是国家的基础，尽管执行法律的法院只是一个小的权力机构，却能将政府的权利落到实处。
21. 法院有权对违法、带有偏见、不明确或无法落实的指令进行驳斥；要提前明确告知民众要遵守哪些法律，以及如何做才能实现遵纪守法。法律无疑是每个国家坚实的基础。

选自于：

Documents of Catherine the Great: The Correspondence with Voltaire and the Instruction of 1767 in the English Text of 1768. Translated by W. F. Reddaway. Cambridge: Cambridge University Press, 1931, 215–217. Reprinted with the permission of Cambridge University Press.

12. 爱德华·吉本：选自《罗马帝国衰亡史》（1776）

作为启蒙运动的倡导者，爱德华·吉本鄙视宗教迫害并且也不太尊重基督教。这就意味着当基督徒受到非基督徒迫害时，他的感情通常是复杂的。当他的著作《罗马帝国衰亡史》在讨论罗马人对早期基督徒的迫害时，他对那些异教徒迫害者提出谴责，但同时声称他们比后来的一些基督徒迫害者要好得多，如神圣罗马帝国皇帝查理五世（Charles V）、法国国王路易十四（Louis XIV）等。吉本认为，与后来的基督徒发起的迫害相比，当时迫害基督徒的行为还算是温和的。

历史学的责任在于如实地记录过去的史实以供后世借鉴。如果历史著作曲意为暴君的行为开脱罪责或者为迫害行为寻找借口，那它就是在自取其辱。但我们也必须承认，一些对原始基督教徒毫无善意的帝王，其罪恶程度和动辄使用暴力和恐怖手段镇压不同宗教信仰臣民的近代君主相比起来，仍可说是小巫见大巫。依靠自己的反思或从个人感情来说，查理五世或路易十四之类的君王完全能够理解不悖良心的权利、坚持信仰的责任以及过失不一定是犯罪等道理。但古罗马的帝王和各地政府官员对那些激励基督教徒不屈不挠坚持信仰的原则却一无所知，他们也不可能在内心深处探查到基督徒抵制本国合法宗教机构的动机。事实上，民众获罪如果不是很严重的话，那么受迫害程度也会相对减轻。罗马的皇帝们并不是被偏执的狂热情绪所驱使,而是出于立法者的温和政策,他们在针对身份低微的基督教徒制定法律时,蔑视之心必当收敛,或甚至由于慈悲心肠而免予惩罚。如果全面总结这些罗马帝王的性格及动机,我们自然而然会得出以下结论:首先,他们需要相当长的一段时间才能意识到政府应该对一些新教派多加关注;其次,在给任何被控犯有罕见罪行的臣民定罪时,他们始终都小心谨慎从事;再次,他们从来不滥施重刑。最后,即使备受攻击,基督教也经常可以享受到平静与安宁。

选自于:

Edward Gibbon. *The History of the Decline and Fau of the Roman Empire*, Vol II. London: Oxford University Press, 1907, 93–94.

13. 美国《独立宣言》(1776)

《独立宣言》借鉴了很多传统及各种言论,其中也包括大量启蒙思想。"五人小组"(Committee of Five)起草了独立宣言,并上呈给了大陆会议(Continental Congress)。"五人小组"是由美国当时几个最开明的人士组成,包括主要起草人托马斯·杰斐逊、本杰明·富兰克林和约翰·亚当斯。宣言中蕴含很多启蒙主题,包括信仰"自然之神"和尊重"人类舆论"。当政府开始执行专制统治时,我们有权改变政府而不是一味地屈服于政府,这一点也与启蒙思想相一致。

1776 年 7 月 4 日于大陆会议

美利坚合众国十三州一致通过的宣言。

在人类历史进程中,当一个民族必须要解除其与另一个民族之间一直存在着的政治桎梏,并按照"自然法则"及"自然之神"的圣意,在世界各国面前取得独立与平等的地位时,为表明其尊重人类公意的决心,该民族必须将不得已而独立的原因公布于世。

我们认为这些真理是不言而喻的:人生而平等,"造物主"赋予了人类一些不可剥夺的权利,其中包括生命权、自由权和追求幸福的权利。为保障这些权利,人们建立经被统治者同意的政府。任何形式的政府,一旦破坏了这些终极目标,民众就有权改变或废除这种政府，并建立一个新政府。新政府仍要遵循以上原则，并按照这样的方式来组织其权力机关，因为唯有这样才最有可能保障民众的安全与幸福。诚然，从谨慎的角度出发，人们不应该因为某些微不足道、暂时性的理由就把设立已久的政府推翻；而过去的一切经验也表明，如果罪恶尚可容忍时，人类宁愿默默忍受，也不愿为了拯救自己废除他们久已习惯了的政府形式。但是，当一个政府恶贯满盈、倒行逆施、一贯奉行企图把民众抑压在绝对专制统治的淫威之下时，人民就有权利和义务推翻这样的政府，从而为未来的安全建立新的保障。我们这些过去默默忍辱吞声的殖民地民众现在不得不站起来改变原有政治体制。现今大不列颠国王的历史就是一部残民害理、倒行逆施的历史，他的一切行径都是为了对各州施行绝对的专制统治。为了证明这一点，今特将事实陈诸世界公正人士之前：

他拒绝批准对促进公共福祉最有益、最必要的法律。

他禁止政府官员批准一些紧急而迫切需要的法令，或在其本人同意以前暂缓发生效力；而在暂缓生效期间，他又对那些法律完全置之不理。

他拒绝批准关于民众向广阔地区迁居的法律，除非民众愿意放弃其在立法机关中的代表权资格。此项权利对民众来说具有不可估量的意义，而只有暴君才对此感到畏惧。

他把各州的立法人员召集到一些不方便、远离公文档案库的偏僻之处去开会，其唯一的目的就在于使他们疲于奔命，不得不顺从其旨意。

他屡次解散各州议会，因为这些议会曾坚定不移地反抗他对人民权利的侵犯。

他在解散各州议会以后，长时期不让民众另行选举，唯恐关键的"立法权"又重归广大人民手中；而此时各州仍处于内乱外患的危险之中。他竭力抑制各州人口增长并因此为《外国人归化法》(Laws for Naturalization of Foreigners)的颁布设置重重障碍、拒绝批准其他鼓励外国人移居各州的法律，并提高了重新分配土地的限制条件。他拒绝批准确立司法权力的法案，借此来阻止司法程序的执行。

他完全凭自己的个人意志决定法官的任职年限、薪金数额及支付办法。

他滥设新职、派遣大批官吏来此钳制我们的民众，并且盘食我们的民脂民膏。

他不经立法机关同意，就任意在和平时期把常备军驻扎到各州。

他力图使军队独立于民政机关，并凌驾于民政机关之上。

他与某些人相互勾结、狼狈为奸，要我们屈服于一种与现行体制格格不入且没被法律承认的管辖权之下；他批准一些假冒法案来达到以下目的：

在各州驻扎大量武装部队；用欺骗性审判包庇那些杀害我们各州居民的罪犯，使他们逍遥法外；割断我们与世界各地的贸易往来；未经我们同意即向我们强行征税；在许多案件审判过程中剥夺我们的陪审权；以"莫须有"的罪名押送我们去海外受审；在邻近地区废除保障自由的英国法律体系，建立专制政府并扩大其疆界，企图使其成为将专制统治引入殖民地的范本和工具；取消我们的宪章，废除我们那些最宝贵的法令，并从根本上改变我们的政府形式；关闭我们自己的立法机关，声称有权就一切事宜为我们制定法律。

他宣布我们不在其保护范围之内并对我们开战，这表明他已经放弃了这里的政权。

他在我们的海域大肆掠夺，骚扰我们的沿海地区，焚毁我们的城镇，杀害我们的子民。

他此刻正在调遣大量外籍雇佣军，意在将我们斩尽杀绝，实行暴虐专制。他背信弃义，所作所为的残暴程度实属罕见，甚至超过了人类历史上最野蛮的时代。他完全不配做一个文明国家的元首。他强迫那些在海上被俘虏的同胞武装起来反对自己的国家，充当屠杀自己兄弟、朋友的刽子手，或者被其兄弟、朋友亲手杀死。

他在我们之间煽动内乱，并竭力挑动我们边疆那些残忍的印第安蛮族前来侵犯，而印第安人著名的作战原则是不分男女老幼、不论何种情况，一率格杀勿论。

在他施行这些高压政策的时候，我们都曾以最谦卑的言辞请求予以纠正；而每次的吁请所得到的答复都只是屡遭侮辱。当他的一言一行都已打上暴君的烙印时，实在不配继续做一位自由民族的统治者。我们并没有置英国弟兄于不顾，时常警告其不要企图用他们的立法程序把不合理的管辖权强加到我们身上。我们还曾提醒他们要关注移民移居的实际情况。我们曾试图唤起他们人性中的正义感和侠义精神，也曾经恳请他们念及同种同宗的情谊，减少那些倒行逆施的行为以维系彼此之间的联系和友谊。然而，他们对这种正义的、血肉之亲的呼吁置若罔闻。因此，我们不得不宣布与他们脱离，而我们对待他们也就如同对待其他人类一样，战争时是仇敌，和平时则为朋友。

因此，我们这些集合在大陆会议的美利坚合众国代表们，经殖民地善良人民授权，以他们的名义吁请全世界最崇高的正义人士来判断我们独立的正义性。我们谨此庄严宣布并昭告：这些联合殖民地地区从此成为且名正言顺地结成自由独立的国家；解除对英王的一切隶属关系，从此完全断绝并必须断绝与大不列颠王国之间的一切政治联系。作为自由独立的合众国，它有权进行宣战、缔和、结盟、通商或采取其他一切独立国家有权采取的行动和事宜。为了拥护此项"宣言"，我们怀着神明庇佑的信心，谨以我们的生命、财产和神圣的荣誉共同保证，互相宣誓。

选自于：

U.S. National Archives.

14. 伊曼努尔·康德：选自《何谓启蒙？》（1784）

这篇由德国哲学家伊曼努尔·康德撰写的著名文章最初发表在《柏林月刊》（the Berlin Monthly）上，这是"星期三学会"主办的期刊，该学会是普鲁士的一个先进启蒙组织。该文章是德国思想家就启蒙运动为主题撰写的一批文章中的一篇。在这篇文章里，康德认为启蒙乃是能够进行自由思考的勇气。在这一过程中，康德论述了我们可以期待启蒙运动发展的广泛程度以及它对神职人员的影响力。像欧洲其他地方一样，这些神职人员也是柏林知识分子的重要组成部分。

启蒙是人类从自我造成的不成熟状态中解脱出来的过程。不成熟状态指的是缺乏他人引导而对运用自己的理性无能为力时的不思状态。这种不成熟状态之所以是自我造成的，其原因不在于缺少理性，而在于没有他人的教导就缺乏运用自己理性的决心和勇气。"要有勇气运用自己的理性！"（Have courage to use your own reason！）这就是启蒙运动的箴言。

人类中之所以还有如此众多的人，即使大自然早已将他们从需要外在引导的状态中解脱出来（因自然方式而成熟），却依然心甘情愿地终身处于不成熟状态之中，其原因就在于懒惰和怯懦，这也是为什么另一些人能够轻而易举地就俨然以其保护人自居的原因所在。处于不成熟状态活得真是轻松安逸。如果有一部书能替我直抒心意、一位牧师能替我展示良心、一名医生能替我决定合理的食饮等诸如此类的事情，那我又何必要自己去劳心费神呢？只要能承担得起，我就无需去思考：自有别人会替我去做这类伤脑筋的事情。

仁慈慷慨地担负起治理民众之任的监护者们小心翼翼地看护着，以确保民众中的绝大部分人（其中包括全部女性）视通往成熟之路为充满风险的畏途。监护者们首先使其驯养的牲口缄默无声，确保这些温顺的牲畜即使在被撤去拴缚在身上的络辔时也不会向前挪移一步。一旦发现它们试图想要独自迈步，监护者们就会指出这样做会导致的种种潜在威胁。不过，所谓的危险实际上并没有那么严重，因为在跌倒几次之后，人最终一定能够学会自己走路；但诸如此类的事例却让人心生胆怯，通常会使人心惊胆战得完全不敢再去尝试了。

因此，对于任何个体而言，要把自身从那种几乎已经变成自己天性的不成熟状态中解脱出来都是非常困难的。有些人甚至已经开始喜欢上了这种状态，并且他们在此时也的确没有能力运用自己的理智，因为从未有人允许他们这样尝试过。一些条例和规则原本是可以理性运用的机械性工具，但却像镣铐般地将人永久禁锢在一种不成熟的状态中。即使有人偶尔抛开这些禁锢，那也只是在一条极狭窄的沟渠上做了一次不坚定的跳跃而已，因为他/她并不习惯这种自由运动。因此，仅有少数人才能通过提升心智摆脱那种不成熟的状态，从而踏上一条坚定的道路。

然而，公众要自我启蒙也是极有可能的，只要赋予其自由就能使之达到启蒙的状态。因为即使在那些监管大众的监管者中，也总会存在一些有独立思想的人；他们一旦摆脱了那种不成熟状态的羁绊后，就会宣扬一种理念：理性评估自己的价值及每一个人都应跟随天性的召唤而独立思考。但需要特别指出的是，如果原本被束缚羁绊的公众是被一些具有启蒙思想的监护者鼓励去获得启蒙，他们很可能会使用暴力手段将监护者们禁锢起来——根深蒂固的偏见真是太有害了，公众可能会向监护者或其后代复仇。因此，民众只能通过缓慢渐进的方式获得启蒙洗礼。也许一场革命能够推翻个人专制、贪欲或权势欲的压迫，但革命永远无法带来思想方式的真正变革；而新的偏见也正如其所取代的旧偏见一样，又将成为驾驭那些不进行独立思考民众的络辔。

启蒙所需要的不是别的，仅仅是自由而已，并且这里所说的也是所有形式中最不具有危害性的一种自由，即能够在一切事务上公开地运用理性的自由。但是，当人们环顾四周听到的声音却都是："不许争辩！"军官说："不许争辩，只管操练！"税务官说："不许争辩，只管纳税！"神甫说："不许争辩，只管信奉！"世上只有一位君主（腓特烈大帝）说过："随你所愿，尽管去争辩吧，争论什么都可以，但前提是必须要服从！"这一切都表明对自由的限制无所不在。

然而，哪些限制阻碍了启蒙的发展，哪些限制非但没有阻碍、实际上还推动了启蒙呢？我的回答是：必须永远享有公开运用理性的自由，并且唯有它才能在人类中间散播启蒙的种子。而私下运用理性却往往会被加以限制，以防止其妨碍启蒙的发展。对于公开运用自己的理性一事，我的理解是：任何人都可以像学者一样在所有听众面前运用自己的理性。我所说的私下运用理性是指一个人在其承担的公职岗位或者职务上运用理性。就涉及共同体利益的诸多事务而言，我们必须要形成一套特定的社会机制，共同体中的部分成员必须完全被动地以此为依据执行，从而人为地实现一种一致性，而政府就可以引导其朝公共的目标前进，或者至少能够防止他们妨碍这些公共目标的实现。因此，从这个角度来看确实是不容许争辩，必须要服从。然而，作为社会机制的这一部分，同时也是整个共同体当中的一员，甚至是世界公民社会的一员，人们应该能够以学者的身份用文笔向公众阐明自己的见解，这样做绝不会有损于他作为一个被动执行成员所从事的社会事务。如果一个正在服役的军官在接到长官指令时怀疑其正当性和有效性，其结果将是灾难性的；因此，他必须绝对服从。但是，当一位有教养的学者对军队事务上的错误进行评论，或将其提交给公众来做判断时，如果人们禁止他这样做就是不公正的了。民众不能拒绝缴纳向其征收的赋税。事实上，对所加赋税进行不恰当的指责甚至可以被视作是诽谤之举而遭到惩处（因为这可能会引起民众普遍的反抗）。然而，当时一位有教养的学者公开表达自己对于赋税不适宜性甚或不正当性的观点时，他的行为并没有违背公民的义务。同理，一位神甫也有义务按照他所在教会的教义向其学生和教众们宣教，因为他是根据这个条件才被选任的。但是，一位学识渊博的学者往往享有充分的自由，或者他的天职就是要深思熟虑，就人们对教义的错解理解提出善意的意见，以及把如何才能更好地组织宗教团体和教会团体的建议传达给公众。在这么做时，他不应有任何良心上的负担，因为他的所言所行并不是要随意传播自己个人的想法，他代表的是教会，而这也是他的职责所在，他是以他人的名义、在他人的指示下讲授所讲的内容。他会说："我们的教会教导这些或那些教义，而这就是其引用的论据。"于是，他就能够从也许自己都并不完全信服的教义中负责地抽取出具有实际意义的内容来宣讲，因为也许真理就隐藏在其中。而且无论如何，至少这其中不存在与宗教内在本质相违背的地方，从而他可以为听众推导出全部有价值的东西。假如他认为教义中存在自相矛盾的地方，他就不能违背良心、无愧地继续出任这个职位，从而不得不辞职。因此，宣教士在其教众面前运用理性就属于私下运用理性，因为无论教众有多少人，那也只算是一种在家庭式聚会中运用理性。从这个意义而言，神甫是不自由的，而且也不能是自由的，因为他只是在传别人的委托。然而，当一位神甫以学者身份通过自己的著作向真正的公众亦即向全世界表达观点时，他可以享受无限自由，公开去运用其理性并随心而言。如果一个民族（精神层面）的监护者们自身尚处于不成熟状态，那就是一种荒谬，并且会因此导致无休止的、永远的荒谬。

选自于：

Beck, Lewis White, *Immanuel Kant: Foundations of the Metaphysics of Morals*, 2nd ed. New York: Pearson Education, Inc., 1990.

15. 托马斯·潘恩：选自《理性时代》第二部（1795）

1794年，托马斯·潘恩出版了《理性时代》一书的第一部。虽然该书被许多基督教拥护者所唾弃，但他认为这也是针对监禁他的法国大革命中

"无神论"者的反击。在第二部书中,潘恩将重点放在《旧约》上,就《圣经》的道德性、准确性和权威性对基督教评论家展开了彻底的驳斥。1807年才正式出版的第三部针对的是《圣经》中关于耶稣基督的传奇记载。尽管潘恩的作品很少具有原创性,但是他的敌人和盟友都会特别关注他嘲讽的艺术特色。

人们常说,任何事情都可以从《圣经》中得到证实。但是,这样做的前提是《圣经》本身必须是真实的,因为如果《圣经》不是真实的,或者它的真实性值得质疑,它就不再拥有权威性,也不能用作任何事物的证明。

所有基督教《圣经》解读者、基督教牧师和传教士都把《圣经》当作真理及上帝箴言,并经常向世人灌输《圣经》的内容。他们对《圣经》中某些部分和章节的假定意义存有争议并互相谴责。可能一个人声称并坚持认为一段话具有某种含义,但另一个人会持完全相反的观点,而第三个人则认为前两人的见解都不对,应该完全是另外一种截然不同的解析。他们把这些争执称为对《圣经》的理解。

事实上,针对《理性时代》第一部的所有评论都出自牧师之笔。这些虔诚的人像前人一样互相争论,每个人对《圣经》的解读都各有不同,但每个人都给出了最彻底的解读,唯一相同的地方是他们都认为我,托马斯·潘恩不了解《圣经》。

如果他们当真不懂(应该懂得),我们应该有风度地告知他们首先要了解哪些理据能充分证明《圣经》是上帝的箴言,哪方面的理据还尚且不足,从而可以避免浪费他们的时间以及激化其关于《圣经》教义失控的争吵。

《圣经》中的有些事情据说是出自于上帝的指令,而这些事情对于人类及其秉持的道德和正义观念来说都是骇人听闻的。这些事情同罗伯斯庇尔、卡里尔和约瑟夫在法国的所作所为、英国政府在东印度群岛的行径以及现代社会发生的暗杀事件如出一辙。我们在《圣经》中读过关于摩西、约书亚等人的故事。按照历史所讲,他们(以色列人)悄无声息地到来各国,各国的民众并没有开罪他们,但他们却穷兵黩武,将所有男女老幼一概屠杀殆尽。这些描述在书中反复出现,其残暴程度令人发指。我们能相信这些是事实吗?我们能相信这些行径都是因为遵循了造物主的指令吗?我们能相信记载这些事情的书籍都是由他的代言人所撰写而成的吗？

年代久远的故事不能作为证实事实的证据，因为这些故事通常会带有寓言性质。越久远的历史可能就越会和某个寓言相似。每个民族的起源往往都带有寓言和神话式的传统，因此犹太人的起源也和其他民族的起源一样带有可疑性。

所有的杀戮，尤其是对婴儿的谋杀是一个非常严重的问题。而按照他们的本性以及道德和正义准则而言，把一切行径都归咎于全能的上帝本身就是一种犯罪。《圣经》告诉我们，所有的杀戮都是出自上帝的指令。所以，如果相信《圣经》是真实的，我们就必须要推翻对上帝道德正义的一切信仰，毕竟婴孩的一哭一笑怎么会冒犯到上帝呢？而要是想在阅读《圣经》时不感到恐惧，我们则必须要消除一切温柔、同情和仁慈。就我而言，如果自己没有其他证据去证实《圣经》仅仅是寓言和神话，我也不能相信它的真实性，这就是我的选择。

但是，除了这些《圣经》违背道德的证据外，我还将在这部著作中提出甚至连牧师都无法否认的证据，这些证据会证明《圣经》根本没有资格获得推崇，也不配作为上帝的箴言。

但是在进行这样的考证前，我要指出《圣经》和其他古代著作的不同之处在于支持其真实性证据的本质。这样做是更适当的，因为《圣经》的支持者们在对《理性时代》第一部的探讨中，着重强调《圣经》的真实性和其他古代作品一样是可信的，其理由是如果我们相信了其中的一本古书就应该相信其他所有的古代著作。

但是据我所知，有一本古书赢得了世人的普遍赞同和信任，那就是欧几里得所著的《几何原理》（Elements of Geometry）。欧几里得居住在埃及的亚历山大市，他生活的年代比基督要早三百年，比阿基米德也早了一百多年。之所以该书得到世人的广泛认同是因为这是一本能够自我论证的书。该书可以完全独立于作者，也不需要依傍与时间、地点和环境有关的一切事物。书中内容即使是由任何其他人、匿名作者或无名作家所写，这些内容在面对今人的审视时也将具有同样的权威性。因为，无论书的作者是谁，都不会影响人们对书中内容的信服程度。但对于和摩西、约书亚、撒母耳等人相关的书来说，事情则是完全不同的。这些书都属于证明性的书籍，它们所证明的是超出人类理解力的事情。因此，我们对于这些书真实性的信任首先会取决于它们是否真的是由摩西、约书亚和撒母耳所著；其次，取决于证据的可信性。

在断案时我们会更相信第三者的证词，而不是被告提供的证据；我们同样也会更相信第一点，即著作权的问题而不是各种支持性的证据。但如果我们发现，关于摩西、约书亚和撒母耳的书籍并非这些人亲笔所写时，这些书的权威性和真实性就立刻荡然无存了，因为伪造或虚构出来的东西是不可能会有证据的，尤其是对于这些不可思议的事情，如与上帝面对面的交谈或太阳和月亮的静止受控于某个人之类的无稽之谈。

选自于：

Thomas Paine, *The Age of Reason*. London: Holyoake & Co., 1861, 33–34.

三、主要问题

（一）问题 1：女性是否参与了启蒙运动？

18 世纪，欧洲男性和女性的社会地位截然不同。男性几乎垄断了所有政治和宗教权力，也控制了大部分社会财富。他们接受了极为优质的教育——至少欧洲精英群体是如此的——撰写并出版了大部分书籍，并同时掌控绝大多数的学术机构。

鉴于男性拥有绝对的特权，那么女性的生活是否因启蒙运动出现了任何变化呢？在某些国家和地区，女性在启蒙运动中发挥了巨大作用，尤其在法国，沙龙的主人基本上都是女性。不过，女性在沙龙从事的大部分工作都是为了促进男性事业和思想的传播，而不是像哲学家那样发挥了自己的作用。

少数启蒙运动倡导者主张给予女性更多的选择权和更大的社会话语权，女性中如玛丽·沃斯通克拉夫特（Mary Wollstonecraft）、男性中如马奎斯·孔多塞。但是，其他人则完全持相反的观点，认为女性已经在社会中占有一定地位了，应该把更多的精力放在家庭中，如让－雅克·卢梭。法国大革命最初综合了以上两种观点，但逐渐还是转变方向，走向了"男主外，女主内"的社会。启蒙运动期间，法国展开了长时间的法律改革，而最终《拿破仑法典》（Napoleonic Code）的诞生实际上使女性的社会地位在很多方面都退步了。该法典不仅影响了法国，还对其他国家产生了一定程度的影响。

19 世纪出现的女性法律解放运动以及政治、社会平等运动与启蒙运动有着复杂的关系。尽管一些女权主义者把自己置身于启蒙运动的传统当中，但其他人却对此表示怀疑。如今，男女平等有时被认为是一种"启蒙价值观"，但这通常不是指历史上的启蒙运动。

在启蒙运动时期，女性的经历是多样的。马丁·曼宁（Martin Manning）专注于启蒙运动反宗教、反独裁主义价值观以及精英启蒙运动中的女性研究。曼宁发现启蒙运动促进了妇女的解放。马修·奎斯特（Matthew Quest）的研究范围更广泛，如发现女性经常不被列入启蒙运动研究话题的范畴。奎斯特认为启蒙运动忽视了女性的声音，甚至有时盗用了她们的知识成果。

回答："是的，女性在启蒙运动中发挥了重大作用。"——马丁·简·曼宁（Martin J. Manning）①

女性对启蒙运动的重要性凸显了她们在18世纪文化中所扮演的角色，尤其是法国大革命使法国女性比其他任何欧洲国家都更加激进。社会在各个方面都有所发展：男女认读率的显著提高激起人们展开关于女性及其智慧潜力的公开辩论；成立多所沙龙；印刷业不断发展，专职女性作家数量逐渐增长；为女孩提供更多受教育的机会；女性激进主义在慈善事业、政治行动、哲学和科学辩论中萌芽。

启蒙运动最重要的成就之一就是冲击了当代宗教意识形态中反对女性发展智力以及赋予她们政治权利的思想——传统的女性角色是男性主导下的妻子、母亲、女儿和姐妹的形象。对于那些拒绝结婚或在罗马天主教国家找不到合适配偶的女性来说，在修道院生活是一种选择，而且这种生活实际上可以提高女性的知识水平以及有助于实现其社会价值。英格兰和荷兰的新教促进了婚姻中的平等和自由恋爱，并且让女性在传教和慈善事业中发挥了更多的作用。但是，女性拥有的权利尚且微乎其微，如掌握家庭财产和在某些企业工作，而且经济独立往往也仅限于地位较高的女性。总体来说，人们很少关注性别问题。启蒙运动的主要代表人物让-雅克·卢

---

① 马丁·简·曼宁（Martin J. Manning），美国华盛顿国务院国际信息局（Bureau of International Information Programs）空间研究小组研究馆员，公共外交历史馆藏（Public Diplomacy Historical Collection）档案管理员，并曾在1978至1999年间在公共外交历史馆藏的前身美国新闻总署（the United States Information Agency）担任同类工作。他的研究领域包括大众文化、国际事务、宣传、新英格兰文化及图书馆史。他在波士顿学院（Boston College）获得了理学学士学位，并在美国天主教大学（Catholic University of America）获得了图书馆学理科硕士。他经常为ABC-CLIO出版社撰稿，并与克拉伦斯·怀亚特（Clarence Wyatt）共同编辑出版了《美国战时媒体与宣传》（*Media and Propaganda in Wartime America*，2010）一书。

梭、孟德斯鸠和伊曼努尔·康德等人认为，女性是道德脆弱的生物，缺乏创造性想象力或天赋且常常唯命是从。另外一些学者则坚持男女平等，如孔多塞侯爵，认为女性与男性一样有能力从教育和政治参与中受益，他支持女性接受教育及获得充分的公民权利。

莎拉·诺特（Sarah Knott）和芭芭拉·泰勒（Barbara Taylor）在《女性、性别和启蒙运动》（Women, Gender, and Enlightenment, 2005）一书中写到，历史学家长期将女性话题排除在以启蒙运动为主题的严肃研究之外。然而，现代研究表明女性和性别是启蒙思想的重要内容，而且女性本身——作为科学家、沙龙主持人、学者、家庭教师、女权主义者和小说家——对启蒙文化的蓬勃发展做出过巨大贡献。卡拉·黑塞（Carla Hesse）在《另一种启蒙：法国妇女如何走向现代》（The Other Enlightenment: How French Women Became Modern, 2001）一书中指出，法国大革命创造了一个新的文化世界。尽管它没有给予女性法律意义上的真正平等，但却将女性从父权制度中解放出来。女性开始出版大量著作并积极投入到政治、伦理和美学研讨活动中，从而女性成为了有创造力、自立的独立个体。自启蒙运动开始，法国女性就开始用写作来武装自己，从市场上的卖鱼女商贩（鱼妇演讲）到沙龙女主持人，她们的语言塑造了法国文化的方方面面。

现代女性主义理论起源于启蒙运动，该理论与玛丽·沃斯通克拉夫特（1759—1797）和其女性主义著作息息相关。她严厉地抨击了埃德蒙·伯克（Edmund Burke）的《法国大革命反思录》（Reflections on the Revolution in France, 1790）一书，并凭借其著作《女权辩护》成为女权主义的代表人物。沃斯通克拉夫特的第一部著作《女教论》（Thoughts on the Education of Daughters, 1787）是一本教育文集。文章以教育为主题，向广大父母群体详细论述了本国女性可以通过教育走出屈辱的家庭困境。

沃斯通克拉夫特是唯一一位《分析评论》（Analytical Review）期刊定期的女性供稿人，也是唯一一位每周都受邀参加出版商约瑟夫·约翰逊（Joseph Johnson）为他旗下作家和朋友举办的晚宴的女性。沃斯通克拉夫特的著作《男权辩护》（A Vindication of the Rights of Men: In a Letter to the Right Honourable Edmund Burke: Occasioned By His Reflections on the Revolution in France, 1790）对埃德蒙·伯克《法国大革命反思录》一书进行了回应，书中描述了18世纪后期几十年里女性教育和文学地位的变化。

启蒙运动女性最愿意参加的是文学沙龙组织的各种活动，这是由女性定期组织的知识分子聚会。沙龙主要位于法国、德国和意大利，主要由富有、精通文学的女性主持，她们影响着当时的审美和娱乐风向，但更主要的作用是促进哲学、文学和科学问题的探讨。沙龙的女主持人邀请参会人员并提出讨论主题，如乔弗林夫人（Madame Geoffrin）沙龙的主题曾有阅读伏尔泰的《中国孤儿》。德娜·古德曼（Dena Goodman）在《文学界：法国启蒙运动的文化史》（*The Republic of Letters: A Cultural History of the French Enlightenment*，1994）中指出，女性作为沙龙的主持人在启蒙运动中发挥了不可或缺的作用。

沙龙"成为启蒙运动的活动阵地"（古德曼，第53页），沙龙女主持人有权监督沙龙会场"潜在的、不守规则的话语言辞"（古德曼，第53页）。在德国，许多沙龙都由皇室女性主持并在宫廷中举行，如腓特烈大帝的母亲普鲁士王后索菲娅·多萝西娅（Sophia Dorothea）。索菲娅王后经常在她的私人城堡梦碧游宫（Monbijou）里主持沙龙活动。另外，卡洛琳·冯·黑森－达姆施塔特（Caroline von Hessen-Darmstadt）也经常在她的达姆施塔特（Darmstadt）城堡里主持宫廷沙龙。

德国犹太裔沙龙女主持人拉结·莱文（Rahel Levin，1771—1833）嫁给了作家卡尔·奥古斯特·范哈根（Kark August Varnhagen von Ense）。卡尔收集了莱文的作品并于1834年在柏林出版为了名为《莱文：朋友们的回忆录》（*Rahel: A Book of Memories for Her Friends*）一书。在启蒙运动中，女性和男性一样发挥了同等重要的作用，但是她们的角色通常和男性有所不同。很多沙龙主持人本身也是作家，杰出的男性启蒙人士对她们非常尊重。在法国，女性知识分子，如德·斯居黛里（Mademoiselle de Scudery）和赛维尼夫人（Madame de Sevigne）公开发表了她们对女性教育的看法。在英国，伊丽莎白·蒙塔古（Elizabeth Montagu）组织了"蓝袜社"（Bluestocking Circle）沙龙，这是一个由睿智知识分子组成的群体，积极的社会活动家汉娜·莫尔（Hannah More）也是其中的一员，她撰写了很多不同主题的文章，并曾代表矿工、妓女、奴隶及未受过教育的穷人参加竞选活动。

艾米丽·夏特莱侯爵夫人被视为法国最著名的女性启蒙运动思想家。夏特莱侯爵夫人是法国数学家、物理学家和作家，她最主要的成就是翻译并评论了艾萨克·牛顿的著作《数学原理》（*Principia Mathematica*）。夏特莱侯爵夫人独立完成的第一部翻译作品是伯纳德·曼德维尔（Bernard Mandeville）撰写的《蜜蜂的寓言》第二版（*Fable of Bees*, 2d ed., 1725）。在该书前言中，夏特莱侯爵夫人强烈主张女性接受教育，尤其赞同向女性也同样提供像法国大学中年轻男子所接受的颇具挑战性的中等教育。1733年，她遇见了启蒙运动其中的一位重要人物——伏尔泰。在与伏尔泰长达15年的相处中，他们开展了科学实验、与杰出的思想家交流思想并提出了很多崭新的观点，如自由意志的本质、女性的从属地位以及政教分离等。

随着出版业成为公共领域的核心，女性作家在启蒙运动期间，越来越得到社会的认可。女性有史以来第一次可以通过写作来获得体面的生活。从1750年到1799年间，大约有580部女性撰写的英文著作正式出版。法国在1750年至1820年间共有834名女性作家出版了自己的著作，而在1789年至1800年间，法国女性作家一共出版了657部著作。一些杰出女性作家凭借其高超的文学技巧赢得了后世的关注，但启蒙运动让她们的成就尤其熠熠生辉。

18世纪，社会对女性的态度有所转变，肯定了女性的智力能力和道德价值，从而使女性逐步参与到政治和社会活动中来。1717年，玛丽·沃特利·蒙塔古夫人（Lady Mary Wortley Montagu）将天花接种疫苗从土耳其引进到英国。多产的法国作家路易丝·菲力斯特·德·克拉略–罗伯特（Louise Felicite Guynement de Keralio-Robert）出版了一系列关于女性权力的史书。这些著作带有明显的革命后时代艺术风格，将女性描绘成带有阳刚之气的群体，不但能够带兵打仗，还可以充分参与政治和公民生活。1789年8月，克拉略·罗伯特（Keralio-Robert）创办了自己的报纸《国家公民权利报》（*Le Journal du Citoyen ou Le Mercure National*），并在1793年匿名出版了经典著作《法国王后的罪行》（*The Crimes of the Queens of France* [*Les crimes des reines de France...*]）。剧作家奥兰普·德古热（Olympe de Gouges）出版了一本宣传小册子《女性权利宣言》（*Declaration of the Rights of Women*, 1791），她以自然权利为名，呼吁新政权要赋予女性政治权利和公民权利。然而，法国在1795年成立法兰西学术院和公立师范学校时却禁止女性进行哲学专业的学习，这种情况直到1905年才有所改善。

感性文化在塑造女性生活方面也很重要，因为它促进了女性美德新理念的产生，摒弃了把妻子作为刚愎自用的男性道德和宗教守卫者的过时论调。这种在18世纪后半叶发展起来的感性文化减轻了早期启蒙运动对女性理性特征的一些偏见。但事实证明，它和倡导贞洁、沉默和顺从等早期女性美德观念一样，也具有压迫性。18世纪，在宗教、科学、文学和社会正义的公开辩论中都可以听到女性的声音。但是，对女性公民权利和政治权利的政治压迫直到19世纪才得以解除。

回答：“不，启蒙运动削弱了女性的声音。”——马修·奎斯特（Matthew Quest）①

启蒙运动又称理性时代，大约发生在17世纪50年代到18世纪80年代。显而易见，大力提倡理性主义及个人主义对封建权威和宗教等级传统提出了挑战。关于改革、宗教宽容、科学、怀疑论的讨论越来越多，并且在欧洲历史上首次出现了自治、自由及"无主"等新观点。但是，女性启蒙运动是否存在过呢？

启蒙运动抨击奴隶制、封建制、代表精英阶层的政府及其对进步思想的打压行为。启蒙运动学者们极力想要消除迷信并征服自然，而在此过程中也在思考如何突破过去女性劣等、附属或主内的标签，给予其新的界定。理性是一个关键的衡量标准，但它经常被国家用来宣传殖民活动，如将世界描绘成"九头蛇"——一种从原始自然中繁衍生长、尚待被驯服的畸形生物。这些"怪物"通常指代的是低收入劳动者或以女性为代表的"无收入"群体。启蒙运动是一场提倡理性与自立的哲学运动，但由精英人士以及父权制度提倡者组织的学术团体经常将女性拒之门外。当我们从广义的区域框架下审视这个时代时——不仅是欧洲历史，也包括大西洋世界历史——我们可以看到，尽管女性在之前的历史中自立并生存下来，但总体来说，社会给予女性更多的还是压迫和暴力。

启蒙运动在本质上"义无反顾地镇压"新兴的现代国家，因为这些国家接受了一些看似有远见的贵族和君主的资助。封建资本主义政权害怕无产阶级叛乱和女性获得权力。除了极少数的例外，女性在这样的条件下大

---

① 马修·奎斯特（Matthew Quest）在布朗大学（Brown University）获得美国研究博士学位。他最近在佐治亚州立大学（Georgia State University）讲授美国历史、世界史、大西洋世界史及非洲研究等多门课程。奎斯特已经完成了自己的博士论文，并发表了多篇文章，其中最著名的是讲述海地革命历史的《黑雅各宾派》（The Black Jacobins）。

多未能接受任何启蒙或理性，因为她们被监禁、强迫并被根据性别、种族和阶级划为不同的等级。

女性常常被认为是感情用事、意志力薄弱、贪婪、不顺从且自负的生物，根本无法和男性相提并论。同时，女性也无法管理好自己，必须接受男人的掌控。与理性的启蒙思想相冲突，女性被认为是生来就缺乏理性、难以控制的。新的法律和国家举措严禁妇女拥有独立思想，女性在肉体上要依附于男性，这种限制不仅局限于非洲后裔和美洲原住民女性，对欧洲女性亦是如此。

对女性自主性的否定在"女巫追捕"行动中体现得最为彻底，这是一场发生在启蒙运动前的文化和社会活动，但也奠定了男性启蒙运动的基础。与此同时，对女性自主性的否定还体现在对运用理性女性的谴责及对"妓女"性自由的限制上。在理性时代的欧洲和北美洲，出言不逊或喋喋不休的女人就像过街老鼠，人人喊打。妓女会遭到鞭打、关入笼子，甚至被淹死作为惩罚，通奸的女性一般要被判处死刑。女性会被轮奸，孩子也要被强制带走，并且会在她们的身体上残忍地烫上烙印或焚烧致死。

大众文学将女性同印第安"野蛮人"划为同类。就像将土著人妖魔化是为了给殖民化、奴役和征用其土地和资源寻找正当理由一样，对女性的攻击也正是为了剥削她们的劳动、占有其拥有或继承的财产以及为剥夺她们的生育自由权找借口。而反抗这种恐怖的代价往往是身体上的虐待，甚至是死亡的威胁。女性的生殖繁衍既为新殖民地提供了社会劳动力，又是科学智力发展的一部分，因为鼓励人口增长被视为具有征服自然的力量。

在殖民帝国开始寻求全球化市场之前，自治理论、女性健康和接种疫苗的相关知识体系以及互助实践成为女性群体权利的基础。对女性的种种非难将羞耻感和沉默性强加到女性身上，进而后来女性被称为"女士"并被要求时刻注重"体面"。这种暴力也被定居在那里的人带到了新世界。随着大西洋世界初步建立，非洲女性奴隶、印第安殖民地女性以及欧洲契约束缚下的女性——在现代白人至上主义被写入法律体系前都有过类似的经历——都纷纷开展了许多颠覆性的探讨并成立了各种社群。这些在美国罗得岛州首府普罗维登斯（Providence）的安·哈金森（Ann Hutchinson）和提图芭（Tituba）身上有所体现——她们是马萨诸塞州（Massachusetts）塞勒姆镇（Salem）上遭到审判的的黑人女巫——还体现在纽约、弗吉尼亚、布里斯托尔和牙买加的种植园和港口社区。

即使上一个时代塑造的"独立女性"形象和现实都被打破,女性依旧保留着自己的理性和自我管理意识,并同时展现出一种新的女性形象。这种理想女性身为人妻,被动、顺从、节俭、努力工作并纯净贞洁。由于女性是一种被"征服"的角色,这个时期的女性摆脱了以前那种危险的和野蛮的历史形象,从而推翻了之前的种种言论。女性比男性更有道德感,"母性本能"一词也因此出现,就像卢梭描绘的高贵的野蛮人一样——现在的女性可以用一种特殊的方式教化男人。然而,卢梭尤其是在他的《爱弥儿》中仍然认为女性不应该接受正规教育来开发智力以适应公共生活。

欧洲的知识分子,以推进理性主义为借口,经常将"科学"视为伟大男性理论家发明出来的项目。他们常常只是把机械师、助产士、牧民、猎人和农民从实践中得到了的经验写下来而已。独立女性被置于受审判的地位,被描绘成非理性的、自然界中的异类,她们只有在男性的统治下才能进一步巩固男性智力的力量。

在安·哈金森和提图芭事件发生后,女性依旧有反抗和造就属于自己的"启蒙"空间。从牙买加黑人逃奴女首领南妮(Nanny,1685—1755)到后来海地革命中很多无名的助产士和从事医疗行业的女性,她们通过高举理性和科学的旗帜、运用策略,以毒杀奴隶主的牲畜和孩子的方式向英、法殖民统治发起抗争。奴隶诗人菲莉斯·惠特利(Phyllis Wheatley,1753—1784)在新英格兰的一个父权家族里做仆人,她学习了拉丁语、希腊语和古代史,她的诗集证明只要没有彻底从认识论上违背男性对性别、自然和科学的认识,黑人女性也可以被视作文明人及理性的化身。当然,在父权制和白人至上阴影的笼罩下,惠特利必须要通过展现出高超的思维能力和写作能力才能得到人们的肯定。

对于那些出入咖啡馆、酒馆和酒店里的女人——店主或通俗文学商人——人们常常将她们的成功归结于从事卖淫活动而不是其拥有商业头脑。将咖啡馆里的女性同不道德的性行为联系到一起并非是完全没有根据的。然而,无论如何对待自己的身体,她们都在公开或是私密场合里利用自己的智慧反抗着父权制度。

和其他国家相比,法国的沙龙更有特色。上流社会的聚会场地多选在设施齐全的房间里。从严格意义上来说,沙龙不仅是公共场所,更是精英们进行学术辩论的所在地,其中夏特莱侯爵夫人也是法国沙龙的著名女性。作为一名物理学家、数学家、翻译家以及哲学家,她曾认真研究过牛顿学说，也是伏尔泰关系密切的朋友。夏特莱侯爵夫人是伏尔泰的资助人和庇护者。那么，她为何在学术上不能与伏尔泰齐名呢？

当怀孕的夏特莱侯爵夫人坐在书桌前创作时，她是一位深情并感性的恋人。当丈夫不在身边时，她会给自己的情夫写情书。然而，引来世人百般嘲讽更多的并不是其性生活，而是她作为女性却对学术孜孜以求的态度。在她英年早逝后，伏尔泰用她的著作传播启蒙思想，但我们不清楚为何她是在后世学者的推崇下才获得学术上的声誉的。作为一位女性，夏特莱侯爵夫人接受过正规教育，这在当时是不多见的。她对女性很少能够创作出伟大的哲学或艺术著作深感质疑，并希望自己能够在专注的学术研究和浪漫的爱情之间找到一种平衡。当政府谴责伏尔泰时，正是夏特莱侯爵夫人动用自己的社会关系保住了伏尔泰的名誉，使他重新过上体面的生活。

夏特莱侯爵夫人揭示了启蒙运动中精英女性们不为人知的一面。她们培养自己写作、学习以及自我表达的能力并不是为了谋生；她们的学术成就往往在寡居或与丈夫分离后才愈加突显出来；她们的主要角色是沙龙主持人。这表明女性完全可以凭借自己的智慧得到世人的尊敬，并且完全能够经济独立，但实际上她们仍然没有完全脱离父权制家庭的束缚，反而成为男性哲学家们的保姆。

夏特莱侯爵夫人与女性逃亡黑奴、女性奴隶和女助产士的共同点是：人们在启蒙运动期间弱化、否认并惧怕女性的智慧。她们带有性别特色的行为和性自主意识遭到嘲讽、非议甚至是威胁。无论女性对自然和科学有多了解，无论她们对技术的掌握有多么娴熟、无论她们是做了男性的工作或是保护了男性，她们的生活还是会被视为是离经叛道的，而她们照顾家庭，这种本应该受到重视的工作也被严重低估了。女性的天赋被深深地打上了受束缚的烙印。

结束语

曼宁基本采用了一种渐进式的叙事方式，把启蒙运动视为西方社会女性解放运动（漫长且尚未实现）过程中的一个关键阶段。总体上来讲，曼宁对女性现代化进程的研究持悲观态度，并对女性在启蒙运动中的作用也持消极的观点。尽管极少数的女性能够加入到启蒙运动中，如夏特莱侯爵夫人（曼宁认为她是一个积极的例子），但由于性别的原因，她们的作用被忽视并弱化了。

参考文献：

Bodek, Evelyn G., "Salonières and Bluestockings: Educated Obsolescence and Germinating Feminism", *Feminist Studies* 3, no. ¾（1976）: 185–199.

Caretta, Vincent, *Phyllis Wheatley: Biography of a Genius in Bondage*（Athens, GA: University of Georgia Press, 2011）.

Cowan, Brian, *The Social Life of Coffee: The Emergence of the British Coffee Houses*（New Haven: Yale University Press, 2005）.

Curtis-Wendlandt, Lisa, Paul R. Gibbard, and Karen Green（eds.）, *Political Ideas of Enlightenment Women: Virtue and Citizenship*（Farnham, Surrey, U. K.; Burlington, VT: Ashgate, 2013）.

Eze, Emmanuel, *Race and the Enlightenment: A Reader*（Cambridge: Wiley-Blackwell, 1997）.

Federici, Sylvia, *Caliban and the Witch*（Brooklyn, NY: Autonomedia, 2004）.

Goodman, Dena, *The Republic of Letters: A Cultural History of the French Enlightenment*（Ithaca, NY: Cornell University Press, 1994）.

Harding, Sandra, "Feminism, Science, and Anti-Enlightenment Critiques", in *Feminism/Post-Modernism*, Linda J. Nicholson（ed.）（London: Routledge, 1990）, 83–106.

Hesse, Carla A., *The Other Enlightenment: How French Women Became Modern*（Princeton, NJ: Princeton University Press, 2001）.

Knott, Sarah, and Barbara Taylor（eds.）, *Women, Gender, and Enlightenment*（New York: Palgrave MacMillan, 2007）.

Linebaugh, Peter, and Marcus Rediker, *The Many Headed Hydra: Sailors, Slaves, Commoners and the Hidden History of the Revolutionary Atlantic*（Boston: Beacon Press, 2000）.

Merchant, Carolyn, *The Death of Nature*（New York: Harper & Row, 1980）.

O'Brien, Karen, *Women and Enlightenment in Eighteenth Century Britain*（Cambridge: Cambridge University Press, 2009）.

Pateman, Carole, *The Sexual Contract*（Cambridge: Polity, 1988）.

Pollak, Ellen（ed.）, *A Cultural History of Women in the Age of Enlightenment*（London;New York: Bloomsbury, 2013）.

Whelan, Frederick G., *Enlightenment Political Thought and Non-Western Societies*（New

York: Routledge, 2009).

Judith P. Zinsser, *Émilie Du Châtelet: Daring Genius of the Enlightenment* (New York: Penguin, 2007).

网络资源：

Lilti, Antoine, "The Kingdom of Politesse: Salons and the Republic of Letters in Eighteenth-Century Paris", available at http: //arcade. stanford. edu/rofl/kingdom-politesse-salons-and-republic-letters-eighteenth-century-paris (accessed August 11, 2015).

National Portrait Gallery, "Brilliant Women: Eighteenth Century Bluestockings", available at http: //www. npg. org. uk/whatson/exhibitions/2008/brilliant-women/the-bluestockings-circle. php (accessed August 11, 2015).

（二）问题 2：启蒙运动是世俗性运动吗？

与启蒙运动经常紧密联系的则是世俗主义。现代性的一个主要标志就是世俗社会的兴起，而启蒙运动往往被认为是一个西方社会发展的转折点，至此西方社会不可逆转地走上了摆脱千百年来深受宗教束缚的道路。但是，许多启蒙运动思想家都是宗教信徒、神职人员或国家宗教机构的捍卫者。既然宗教在 18 世纪的欧洲具有压倒性的力量，那么启蒙运动又会具有多大程度的世俗性呢？

许多启蒙运动领导者（尤其在法国）都强烈反对教权，高度质疑教会的权力及长期存在的教会。鉴于伏尔泰强烈反对基督教，我们会毫无疑问地认为启蒙运动一定是和世俗化密切相关的。当然，伏尔泰也不是最激进的法国反宗教人士——霍尔巴赫所在学术圈中的学者都是明确的无神论者，而伏尔泰却信仰上帝。在其他国家，尽管大卫·休谟对十字军东征的任何行为都持质疑态度，而且他的很多朋友都是苏格兰长老会的牧师，但他仍然认为教会的权力之大令人非常震惊。

虽然他们坚信宗教信仰宽容，但许多开明人士并不支持世俗化。约翰·洛克是一位颇有影响力的宗教信仰自由拥护者，他认为无神论者不会担负起社会责任，因为他们不惧怕超自然的惩罚。有些人认为如果能正确理解启蒙思想，那它会支持甚至有助于改进宗教。这种理念常被描述为"理性宗教"。

法国大革命强化了启蒙运动同世俗化甚至无神论之间的联系。在启蒙运动理性理想的启发下，法国大革命在高潮时期开展了一场激进的"去基督教化"运动。基督徒和政治保守派害怕革命者反抗基督教，宗教人士经常谴责大革命是在推进启蒙运动的世俗化进程。在 19 世纪西方社会世俗化斗争中，建立公民婚姻和不隶属于教会的宗教机构是世俗化拥护者经常挥舞的两面启蒙运动大旗（尤其是在法国）。在 20 世纪末及 21 世纪初，伊斯兰国家中的伊斯兰教政治观、美国的基督教保守主义以及西方"新无神论"的兴起赋予这些斗争新的生命，使启蒙运动再次成为流行文化辩论的热点话题。

然而，有些学者对普遍认同的世俗化启蒙运动提出了质疑。其中一部分原因是人们越来越强调启蒙运动的多元性，因为启蒙运动对不同地方的不同人来讲意义也各不相同。这种学术多元主义在某种程度上是承认启蒙运动的宗教性质的。

莎玛·亚当斯（Shama Adams）和乔治·克莱伦（George Klaeren）在这个问题上所持的观点正好相反。虽然承认启蒙运动的多样性，但亚当斯把宗教问题放置于整个国家和社会层面进行考量，她关注的是温和派启蒙思想家是如何通过挑战宗教对精神生活的束缚来推进社会世俗化的进程。更为激进的思想家还通过直接反对宗教来促成社会世俗化。乔治·克莱伦否认启蒙运动是世俗的，因为他在某种程度上把注意力从法国投向整个天主教世界，那里的神职人员不仅不是启蒙运动的敌人，反而是其不可或缺的支持者。

回答："是的，启蒙运动把欧洲推向世俗主义"。——莎玛·亚当斯（Shama Adams）[①]

在欧洲和西方世界历史中，人们一般认为启蒙运动始于17世纪中叶的科学革命并在1789年法国大革命时期达到顶峰。长期以来，针对启蒙运动是否是世俗性质的，或启蒙运动的世俗特征及其推动力是否遭到误解或被有所夸大这个问题，学者们尚不能达成一致的结论。在启蒙运动时期，哲学家们无可置辩地呼吁要对社会、历史、政治和宗教的特权和过时的理解进行反思。然而，不管启蒙运动支持者是否想要实现其集体抱负和更大的目标，即提高理性，从保守和激进的哲学家角度来看，启蒙运动无疑是世俗性质的。

---

① 莎玛·亚当斯（Shama Adams），西澳大利亚佩斯市（Perth）科廷大学（Curtin University）博士研究生，拥有文学学士和社会学学士双学位。莎玛的硕士论文是关于启蒙运动和伦敦约翰·索恩爵士博物馆（Sir John Soane's Museum）艺术历史叙述的建构；博士论文是关于历史编纂学的发展，主要讲述了启蒙运动及历史现代解读研究的发展。莎玛目前是《国际人文和文化研究杂志》（*International Journal of Humanities and Cultural Studies*）的编辑，曾出任联合国《公共政策与社会青年杂志》（*Public Policy and Society Youth Journal*）澳大利亚版《视角杂志》（*Perspectives*）的编辑，同时也曾担任过宾州州立大学《ICIK 电子新闻》（*ICIK E-News*）、科廷大学《本科生人文杂志》（*Graduate Humanities Journal*）及莱顿大学《卢卡斯本科生会议杂志》（*Journal of the LUCAS Graduate Conference*）的编辑。莎玛在众多研究和专业会议上展示了其研究成果，最近的几次是在莱顿、牛津、墨尔本、根特和悉尼。莎玛现在正努力完成她的论文，并为同行评审出版社撰写文章。

公平来讲，尽管启蒙运动的影响崇高且深远，但该运动并不具有统一性和完整性。所以，传统意义上来讲，世人并未真正理解这一时期所取得的成就。值得注意的是，虽然学者们在过去几十年里把启蒙运动视作一个"项目"，但现在这种称呼遭到了质疑，因为这个词条表达过于简单化，并不能反映出启蒙运动所特有的各种相互冲突思想的广度或范围，也不能反映出当今人们对启蒙运动具有争议性的各种历史研究。因此，虽然我们倾向于把启蒙运动称作单一化、同质性的历史运动，然而更为细致的研究表明启蒙运动时期见证了一系列泛欧洲化的发展，而每一个阶段都有其内部的论争和矛盾。在启蒙运动引起剧变的250到300年间，启蒙运动带来的生活体验和智力成果在欧洲或西方各国都不尽相同。实际上，欧洲新兴国家和其他地区都同时开展着形式各异、独立但又相互联系的启蒙运动。

启蒙运动在科学上取得了前所未有的成就，并在人文科学和知识文化上取得了极大的进步，这次独立但又相互联系的运动引发了巨大的社会、文化和政治变革。从宽泛意义上来说，欧洲哲学（指所有的知识）在18世纪开始逐步摆脱宗教传统的束缚。在这个越来越"以人为本"的哲学时代，科学得以普及，人们也开始大胆质疑神学本身，如约翰·哥特弗雷德·赫尔德（Johann Gottfried Herder）曾宣称"《圣经》只不过是另一种'亵渎神灵'的文字"，这些都为知识传播赢得了很大程度的自主性。自然科学能够对很多现象给出合理的解释，而在以前人们只能从神学层面进行理解。自然科学有助于知识启蒙和理性传播，从而能够鼓励启蒙思想家以批判的态度审视接触到的各种思想，并对关于世界种种假设的知识基础提出质疑。通过质疑自我、社会和宇宙，启蒙思想家们有意识并自信地质疑知识和政府的特权制度，从而迎来了一个现代化西方世界的到来。

实现这个现代化项目的关键是通过"世俗化"过程逐步并集中地削弱宗教及宗教对社会生活、公民生活和个人生活的影响。同"启蒙运动"的概念一样，"世俗"、"世俗化"及"世俗主义"在启蒙运动语境中都是非常复杂且颇有争议的词语。造成这种复杂性的原因有以下几点：首先，正如人们所看到的那样，启蒙运动的宽泛过程是泛欧洲化的，而不是单一性的；同样，世俗化发生在欧洲高度区域化的不同地区中，其速度和程度都不尽相同；此外，欧洲大陆继续经历着几个世纪前天主教和新教各种分裂流血事件引发的巨大动荡，拥有相同信仰的保守派和自由派之间的争议也从未停止过。

鉴于处在混乱和无序的状态，国家有责任管理、限制并将宗教私有化。事实上，早在 16 世纪血腥的基督教新教成为英国国教后，伊丽莎白一世女王（Queen Elizabeth I）就说过她不想打开人民的心灵之窗。特定国家的历史既决定了该国的宗教性质，也决定了该国的宗教管理方式。例如，革命后成立的法兰西共和国所开展的政治重建就具有积极并带有明显世俗性的特征，这是因为之前的君主和教会机构曾采用极度暴政的方式统治法国。有一点值得注意，欧洲各地区和国家的官方世俗化进程不一定会使该国公民或居民的宗教信仰热忱发生明显下降的趋势，反之亦然。新法兰西共和国的缔造者明确捍卫国家的世俗性质，但我们并不能从中得知法国公民宗教热情的程度。

尽管在启蒙运动的背景下很难同时界定启蒙运动和世俗化的各种表现，但我们可以肯定地认为这场运动确实是世俗性质的。至少，这个时期最有影响力的理论家以及社会和政治进程都具有世俗主义倾向。包括启蒙运动著名学者乔纳森·伊斯雷尔（Jonathan Israel）在内的一些历史学家都认为启蒙运动是由至少两个并行却经常冲突的运动组成，更为主流的运动比较温和，而另一种运动则激进地反对当时的社会现状。伊斯雷尔着重描述了他所谓的"激进启蒙运动"，认为尽管它与"温和主流启蒙运动"是对立的，但二者是并行发展的。主流温和派启蒙运动思想家们包括洛克、霍布斯和伏尔泰等学者。虽然这些思想家并没有主动采纳进步的观点，但他们主张顺应理性和信仰，并提倡采用全新的、契约式的社会和政治解决方案。他们的观点使启蒙运动变得更加保守。不过，即使他们所提倡的世俗主义具有局限性或只是起到了安抚作用，但确实有助于世俗主义的开展。

尽管主流启蒙运动接受了国家既定的宗教模式，并且提倡的也不是彻底的普遍理性自由和社会正义，但该运动的确为宗教少数派正名，并为宗教多元化和民法的发展做出了贡献。虽然还需要政府监管，但宗教毕竟已经开始受到国家的管理和调控。因此，主流启蒙运动虽然是温和性质的，但却也尝试了一种"被动"的世俗主义，国家在这个过程中试图按照自己的方式或从自己的利益出发点来接受宗教。

与被动的世俗主义相反，激进启蒙运动彻底否定了教会的权威并完全摒弃了宗教。激进的启蒙思想家们——包括哲学家达朗贝尔和孔多塞——对宗教的合法性及国教在国家事务和个人私生活中的作用展开了激烈的探讨。作为颇有成就的科学家和数学家，他们的观点可以被视为代表了"积极的世俗主义"，因为他们深受世俗知识的影响并提倡世俗主义的解放性。孔多塞写道："任何一种宗教体系或超自然狂想都是源于对自然法则的无知。"（第146页）

作为当今启蒙运动最有影响力的理论家和哲学家，伊曼努尔·康德在其著作中也表达了启蒙运动的世俗观。虽然康德并没有明确承认自己是无神论者或打算彻底地摒弃宗教，但在1784年出版的《回答这个问题：什么是启蒙运动？》（Answering the Question: What is Enlightenment?）中，他抓住了当时那个时代的进步精神。康德认为可以把启蒙运动理解为一个人们尝试获得理性自主性的过程，而这一过程与克服宗教所带来的理性局限是同样且密不可分的。就康德看来，宗教是一个古老的制度，强烈的宗教信仰是人类理性不成熟的标志。他写道："启蒙源于人类摆脱自身的不成熟……在这个过程中所需要的就是自由"。（第1—3页）康德还认为，最大的自由就是来自"摆脱"宗教和国家家长式的控制和束缚。他进而解释说："国民在宗教问题上不成熟是最有害、最可耻的。"（第17页）康德也因此认为教义中所说的一生一世要永远遵守"宗教教令"是不可能的，因为这无异于"放弃启蒙"（第67页）。因此，启蒙运动是社会发生巨大变迁的时期，该运动致力于促进理性和人类自由，无疑是世俗性的。

回答："不，很多启蒙思想具有宗教性质。"——乔治·艾·克莱伦（George A. Klaeren）①

世俗主义神话

启蒙运动以提倡理性和挑战宗教为标志——建立知识体系和辨明真理的传统方法不得不屈从于科学的进步及旧哲学体系（如怀疑主义和经验主义）的复兴。历史学家认为启蒙运动是一个认知断裂的时期，以新旧对抗为标志，或像许多历史学家所说的那样，以传统宗教、君主制度和"启蒙

---

① 乔治·艾·克莱伦（George A. Klaeren），堪萨斯大学（University of Kansas）历史系博士生。他的论文题目是《遇见启蒙：伊比利亚半岛大西洋沿岸新科学、宗教和天主教认识论研究（1680—1815）》（"Encountering the Enlightenment: New Science, Religion, and Catholic Epistemologies across the Iberian Atlantic, 1680–1815"）。该论文主要探讨的是传统思维模式与西班牙帝国启蒙思想的相同之处。他对宗教、科学和巫术之间的历史关系尤为感兴趣，目前正致力于研究18世纪西班牙的科学哲学史。

思想"之间的对抗为标志。这些分析间接反映出"理性"与"宗教"的隔阂是一场涉及欧洲社会方方面面的宗教与理性的战争，这也同时导致了理性危机。世俗主义与启蒙思想之间的这种平等关系是启蒙运动研究的主要假设（只是最近才受到质疑）。

若干年来，描述现代"异教"崛起的著作或把公民社会从天主教会或专制君主制中解放出来的研究都提出了一种假设，即世俗主义是启蒙运动的本质特征。著名的启蒙运动思想家，如伏尔泰、狄德罗、拜伦·德·霍尔巴赫以及其他直言不讳的无神论者或不可知论者，代表了启蒙思想的整体印象，从而弱化了该运动具有的多样性。历史学家质疑"启蒙运动"的单一性和统一性，并将它划分成几个相互交织、横跨欧洲及其殖民地的意识形态运动。同时，他们也重新审视了宗教及宗教人士在创造、参与并采纳启蒙思想过程中所起的作用。人们很快就认识到仅用世俗化和自由主义来分析理解启蒙运动的框架是不完整的，因为这两点在许多情况下是不适用的，如西班牙或意大利的启蒙运动。如果要全面理解启蒙运动，我们就必须摒弃早期历史学家所提出的启蒙运动与宗教之间相互排斥的观点。因此，启蒙运动的范畴应该继续扩大，应该包括宗教人士的宗教思想及其开展的活动。

天主教启蒙运动与西班牙启蒙运动

天主教启蒙运动或天主教教义（涉及文化、理性和社会几个层面）与启蒙运动思想有相互重叠的部分，这是一个能够驳斥启蒙运动是彻底世俗性观点的突出反例之一。在很大程度上，天主教启蒙运动是天主教思想家试图捍卫天主教教义不受无神论者和唯物主义者攻击的一种尝试，它同时纳入了更广泛的启蒙运动思想，如理性改革和社会改革。当启蒙思想传入许多国家——如西班牙、葡萄牙、意大利，特别是爱尔兰时，人们对自然权利、言论自由和个人平等等经典启蒙思想极为推崇，并没有将其视为和国教相悖的观点。

在西班牙和西班牙美洲殖民地，正是那些时间充裕、学识丰富的神职人员首先接触并阅读启蒙运动作品的，他们通过理解并评述作品将启蒙思想传播开来。伊比利亚半岛大西洋沿岸（Iberian Atlantic）的许多启蒙运动人士都是在科学、医学或哲学方面闻名于世的宗教人士。对于这些思想家们来说，18世纪的新哲学和新思想与天主教毫不矛盾。例如，西班牙本笃贝尼托·赫罗尼莫·菲约（Benito Jerónimo Feijóo，1676—1764）在1745年自信地写道："神学和哲学都具有明确的局限性，没有任何一个西班牙人会忽略这样一个事实，即神的启示教义有优越于人类话语的权利，而这种权利是所有自然科学都缺乏的。"然而，菲约却全身心地投入到自然科学当中，捍卫当代西班牙物理学家和科学家的著作并且还撰写文章提倡增加女性自由。

同样，历史学家们也指出18世纪的"传统"学习机构实际上在传播新思想方面起到了极大的促进作用，如萨拉曼卡大学（University of Salamanca）。在葡萄牙和意大利情况也是如此。葡萄牙的庞巴尔侯爵，西班牙的卡洛斯三世、本笃十四世，神圣罗马帝国皇帝约瑟夫二世和法国国王路易十六在统治期间都采用了启蒙思想并同时信仰天主教。这些国家的天主教启蒙运动致力于将启蒙思想纳入天主教神学的总体框架中，而最终常常是开展了旗帜鲜明的天主教改革——在法国和西班牙体现为詹森主义（Jansenism）、在神圣罗马帝国体现为约瑟夫二世推行的约瑟夫主义（Josephinism）、在德国体现为费布朗尼乌主义①（Febronianism），而在意大利半岛则体现为普罗斯佩里主义（Pistorianism）。这些革新、开明的天主教经常支持国家教会，强调主教和理事的权威应高于教皇，并出版本国语版本的《圣经》以及主张信徒要对宗教社群负责任。

广泛的宗教启蒙运动

天主教并不是唯一一个与启蒙运动密切联系的宗教。最新的学术研究对英国、苏格兰、荷兰、德国、美国及其他国家宗教与启蒙运动的交叉点展开了研究。历史学家最近分析了加尔文主义、英国圣公会、路德教和犹太教的启蒙运动形式在接受、发展和传播启蒙思想的过程中发挥了怎样的重要作用，如政教分离、强调宗教理性和自然法则、宗教宽容、出版本国文字的宗教文本以及使新科学和哲学相融合。这对一潭死水般的宗教组织观念提出了挑战。这项新的研究没有把宗教机构视为纯粹保守或固执地拒绝适应时代要求的机构。相反，研究表明很多宗教思想家都积极投身于启蒙思想研究，识别、剔除一些有害的部分并把有价值的思想纳入自己的世

---

① 费布朗尼乌主义代表高级教士利益，支持世俗政治，向教皇绝对权力发出挑战，主张建立主教公会议，支持各国天主教会处理自己的事务。——译者注

界观当中。更重要的是,这种"宗教启蒙运动"超越了宗派和地区差异。许多柏林的犹太人、巴黎的天主教徒和伦敦的新教徒认为启蒙思想和他们的宗教信仰并不存在冲突,并尝试想把二者结合起来。这种尝试中最著名的可能就是苏格兰启蒙运动和威廉·罗伯逊教士所做的种种尝试。在苏格兰,启蒙思想传播、大学的知识环境及苏格兰长老教会三者是紧密相连的。罗伯逊既是苏格兰长老会领袖(1766—1780),也曾出任过爱丁堡大学校长(1762),还是爱丁堡择优学会(Select Society of Edinburgh,1750)的创始人。该学会是一个学术团体,伟大的怀疑论者大卫·休谟、经济学家亚当·斯密和牧师罗伯特·华莱士(Robert Wallace,1697—1771)都是该学会的成员。

从传统意义上来讲,"激进"和世俗的启蒙运动与18世纪的法国和英国尤为相关。然而,即使在这些国家中,也存在一些非世俗化的宗教启蒙运动的例子,如自然神论应该被明确视为传统宗教和启蒙哲学思想之间的一种尝试性妥协。自然神论是一种宗教哲学,它承认上帝的存在及宗教道德的基础,但它认为人类理性高于神圣的启示,拒绝超自然并一贯贬低宗教仪式和宗教机构。自然神论在英国和法国启蒙运动知识分子群体及美洲殖民地非常受欢迎,自然神论者的信仰广泛,如让-雅克·卢梭主张信仰人格化的上帝,伏尔泰则将上帝描述为不参加自然界事务的"钟表匠"。一些学者认为自然神论的建立是对怀疑论或无神论表现出的一种社会性接纳。直至今日,学者们对托马斯·杰斐逊或休谟究竟是否是自然神论者仍然存有争议。然而,人们不应该忘记自然神论包含不同的宗教主张,因此它是一个可以明确证明启蒙运动带有宗教色彩、非世俗化性质的历史实例。

修正对启蒙运动的认识

简而言之,尽管启蒙运动在很多情况下都与宗教无关,或与惨遭痛斥、直言不讳的无神论有关,但它绝不是世俗性或世俗化的运动。从个人经历到整个帝国文化,世界上有许多例子都可以证明启蒙思想是与传统基督教信仰共同发展的。在这种情况下,信仰被视为一个"超理性"、可以容纳任何科学、哲学或社会思想的进步认识大容器。在诸多方面,对宗教和启蒙运动世俗性理解的错误二分法是在重复信仰与理性之间的冲突。用启蒙运动历史学家大卫·索尔金(David Sorkin)的话来讲,"启蒙运动是完全世俗性的观点依然流行,但现在是时候应该抛弃这种陈腐过时的观念了……从而摆脱这种虚假的幻影并认识到启蒙运动是带有明显宗教色彩的一种运动"。一旦抛弃了这种观念，学者们就可以更自由、准确地理解18世纪人们是如何思考及其所思考的问题，而不是没完没了地举出一个防御性的标签来描述这些认知方式。只有摆脱这些强加在其上标签的束缚，如"启蒙运动"、"宗教启蒙运动"和"反启蒙运动"（尽管仍然存在），实际的话语分析——历史专业学生实际开展的研究——才可能开展下去。

结束语

在对启蒙运动世俗性的争论上，双方都持有大量证据。亚当注重启蒙思想和政策的制定，从西方世俗主义长期发展的角度来审视启蒙运动，包括新教改革及世俗国家的崛起等。克莱伦打破了传统启蒙运动的学术研究焦点，其中大部分学者都是法国著名的思想家，他们研究的是地中海天主教国家，如西班牙和意大利的启蒙运动。和亚当相比，克莱伦关注的仅是短暂的18世纪，并没有把启蒙运动纳入世俗化发展的"宏观图景"中。

参考文献：

Barnett, S. J., *The Enlightenment and Religion: The Myths of Modernity*（Manchester: Manchester University Press, 2003）.

Bradley, James E., and Dale K. Van Kley（eds.）, *Religion and Politics in Enlightenment Europe*（Notre Dame: University of Notre Dame Press, 2001）.

De Condorcet, Antoine-Nicholas, *Outlines of an Historical View of the Progress of the Human Mind*, trans. by Anonymous（Chicago: Langer and Ulrich, 2009）.

Hill, Jonathan, *Faith in the Age of Reason*（Oxford: Lion Hudson Plc., 2004）.

Kant, Immanuel, *An Answer to the Question: What is Enlightenment?* Trans. H. B. Nisbet（London: Penguin, 1991）.

Lehner, Ulrich L., and Michael Printy（eds.）, *A Companion to the Catholic Enlightenment in Europe*（Leiden: Brill, 2010）.

Lehner, Ulrich L., "What is 'Catholic Enlightenment'?" *History Compass* 8/2（2010）, 166–178.

Sheehan, Jonathan, "Enlightenment, Religion, and the Enigma of Secularization: A Review Essay", *American Historical Review* 180, No. 4（October 2003）, 1061–1080.

Sorkin, David, *The Religious Enlightenment: Protestants, Jews, and Catholics from*

London to Vienna（Princeton: Princeton University Press, 2011）.

网络资源：

British Museum Virtual Tour. Enlightenment, Religion, and Ritual. https: //www. britishmuseum. org/explore/online_tours/britain/enlightenment_religion/enlightenment_religion. aspx（accessed August 11, 2015）.

Hudson, Wayne, "The Enlightenment Critique of Religion", *American eJournal of Theology*. http: //aejt. com. au/__data/assets/pdf_fle/0007/395503/AEJT_5. 2_Hudson. pdf（accessed August 11, 2015）.

Sorkin, David, "Godless Liberals: The Myth of the Secular Enlightenment", Religion Dispatches（University of Southern California, Annenberg）, April 2, 2010, http: //religiondispatches. org/godless-liberals-the-myth-of-the-secular-enlighten ment/（accessed August 11, 2015）.

（三）问题3：启蒙运动具有民主性质吗？

民主是现代社会的特征之一，强调权力来自普通人的选择。并不是所有现代政体都是民主性质的，但大多数都声称自己是提倡民主的。启蒙运动是否具有民主性是启蒙运动史上最具争议的问题。许多人声称美国革命和法国大革命的理想都源自启蒙运动，是现代民主的起源；但也有一些反民主的思想也是来自启蒙运动。一些声称民主的革命也会遭到质疑，因为美国革命与奴隶制是相容的，而法国大革命导致了拿破仑·波拿巴的恐怖活动和军事独裁。这些民主的失败在多大程度上是源自启蒙运动的失败呢？

启蒙运动出现在一个不民主的世界里。欧洲及其殖民地被特权精英所垄断，他们对政治决策的垄断得到了多数政治理论家的赞同。一些国家，特别是英国和荷兰共和国，认为选民可以影响甚至有权选择政府；但最主要的启蒙运动国家，如法国和普鲁士则认为权力来自上帝或国王，而不是来自人民。即使是在实行"宪政"的国家（如英国），投票权也仅限于少数拥有财产的人，而不是公民个人的权利。"民主"是一个经常和暴民统治有关的贬义词。古代世界的民主政体（该术语起源于此时）被普遍认为是失败的，如雅典和民主程度较小的罗马共和国。孟德斯鸠男爵是启蒙运动中提倡宪法和政治秩序的最重要学者，尽管认为它优于最糟糕的专制政体，但他对民主的态度一直是非常矛盾的。

启蒙运动挑战了"自上而下"的政治权威理论，但认为没有必要一定要用民主取代它。有些人害怕人民，认为他们迷信、目光短浅并且贪婪，根本不会追求民主公民的理想。其他人，如伏尔泰和孟德斯鸠，重视君主立宪政府的果断执政能力，相信开明君主和大臣很有可能会开展启蒙运动改革。让－雅克·卢梭是一位日内瓦民主共和国的荣誉公民，他有时在理论上支持民主并在法国大革命激进阶段有过巨大的影响力。

启蒙思想在18世纪美国大革命和法国大革命中的运用并不是完全相同的，而且也并不总是具有民主特征。美国革命者深受启蒙运动理想的鼓舞，推翻了君主制并建立了宪政立宪共和国。但美国保留了奴隶制，并且一些地方的选举权也掌握在一些拥有资产的男性手中。虽然"人权"和"政府对人民负责"等启蒙思想在美国的建国文件中有所体现,但在实践中却未能完全实现。法国大革命提倡"人权",并在革命中的若干阶段赋予公民很多权利。然而,"恐怖统治"借"清洗"之名将数以万计的法国人认定为共和国的"敌人",这使法国的民主进一步名声扫地。反对法国大革命的学者,如爱尔兰政治家埃德蒙·伯克毫不犹豫地把以民主名义推翻之前君主秩序的过程中所采取的恐怖和暴力手段归咎于启蒙运动。最终掌权的军事独裁者拿破仑·波拿巴进一步破坏了启蒙思想与民主的联系,因为拿破仑虽采用了"开明专制君主"(如普鲁士腓特烈大帝)所采用的一些启蒙思想元素——提高工作效率及改革行政秩序,但他却是强烈反对民主的。

美国精英阶层对法国大革命的恐慌也激发了针对民主与启蒙价值观的保守反应并于1798年颁布了《惩治煽动叛乱法案》(The Alien and Sedition Acts)。然而受启蒙运动革命思想的影响,追求民主的运动此起彼伏,19世纪初爆发了拉美革命,而19世纪中叶又爆发了欧洲革命。

迈克尔·希尔(Michael Hill)和亚历山大·麦斯威尔(Alexander Maxwell)在这个问题上持相反的立场。希尔认为人权和自治能力等启蒙思想在未来政治发展中至关重要。麦斯威尔则进一步指出,启蒙理念可以影响许多政治权威人士的立场,从欧洲的国王到美洲的奴隶主,这些原本对民主毫不在意的当权者开始支持并践行启蒙思想。不过,启蒙运动不但带来了民主,同时也催生了极权主义等政治遗产。

回答:"是的,启蒙运动为现代民主奠定了基础。"——迈克尔·希尔(Michael Hill)[①]

启蒙运动对人性和人权的假设为现代民主奠定了基础。所有人都具有道德感并能够自治的观点成为18世纪末美洲和欧洲共和国建国的政治理论基础。启蒙思想的核心——理性和平等观念促进了公民权利和政治权利的发展。

理性与平等是启蒙思想的两大核心要素。在科学革命期间,欧洲人就已经开始运用理性观察自然世界,并在此过程中提出宇宙是由自然法则支配的观点,如艾萨克·牛顿爵士的运动定律。在启蒙运动中,欧洲人和美

---

① 迈克尔·希尔(Michael Hill),乔治敦大学(Georgetown University)历史学博士,目前主要研究的是大西洋热带气候的英语概念。他曾在乔治敦大学和玛丽华盛顿大学(University of Mary Washington)任教。

国人相信类似的定律也同样适用于人类社会。正如牛顿发现了宇宙法则一样，启蒙运动学者也致力于揭示支配人类行为、经济和政治的自然规律。他们认为如果能够了解社会的运转规律，就能够通过改革行政机构和政府来改善全人类的生活。

最重要的是，启蒙运动思想家试图通过消除社会精英特权，赋予有理性、有才能的普通人管理社会的权利来建立更加平等的社会。现代欧洲和美洲最初是等级分明、不平等的社会。当时，人们把社会看成是一个神启系统，社会中的个体同时隶属于多个群体，而每个群体都有其特定的权利和义务。例如，法国贵族可以免缴某些赋税，而有些平民则有义务无偿为贵族地主提供免费的劳动力。

深受英国哲学家约翰·洛克《人类理解论》(*An Essay on Concerning Human Understady*, 1690)的影响，启蒙思想家开始相信所有人从本质上来说都是平等的。洛克认为人生来就具有相同的心智能力，人与人之所以会有区别是因为后来不同的生活经历导致的。也就是说，贵族和农民生来具有同样的潜能，但作为成年人他们之所以享有不同的社会特权是因为彼此拥有不同的社会地位，而非由于他们之间先天的差异。启蒙作家认为不管人们的生活经历如何，他们都具有同样的道德感。无论是商人、工匠、农民还是贵族，所有人都能用理性来进行是非判断。

这种共同的道德意识能够支持以下这种信念，即代议制政府是可行的、也是公正的。正如历史学家戈登·伍德（Gordon Wood）所说的，美国大革命中的殖民地领导人认为"全体民众具有的某种道德能力"是美国自治的基础［《美国革命的激进主义》(*The Radicalism of the American Revolution*)，第234页］。简而言之，如果所有人都能正确判断是非，那么所有人都有资格参加政事。因此，美国和欧洲的启蒙思想家主张将改革视为当今民主的标志。总体来说，他们认为政府来源于人民主权，即人民是统治权力的源泉。他们呼吁建立代议制政府，让合格的民众选出代表来管理国家事务。公民拥有公民权利和政治权利，如选举权。公民要享有言论自由、新闻自由和其他权利，并通过共同的道德感来评判和指导政府。

在启蒙平等观念的鼓舞下，美国、法国和拉丁美洲的民众于1776年至1821年间先后发动了一系列革命。在英属美国殖民地，托马斯·杰斐逊在《独立宣言》(1776)中宣布"人人生而平等"，人的生命、自由和追求幸福的权利是"不能被剥夺的"。他认为所有政府的权力都来自于被统治者的认可,英国侵犯他们的权利是殖民地居民争取独立的正当理由(《美国独立宣言》,1776)。在大西洋彼岸,法国大革命领导人也试图要消除法国种种不平等的现象。阿贝·西耶斯(Abbé Sieyés)在《论特权第三等级是什么》(What is the Third Estate?,1789)一书中抱怨,极少数法国贵族和教士以牺牲优秀、合格的平民为代价来控制法国社会和政府。1789年8月4日,法国大革命领袖宣布公民平等,废除保证社会贵族特权的封建制度:"每一个公民,不管其来自何处,都可以从事教会、公务或军事工作。"(8月4日法令)在剥夺贵族特权的同时,该法令也有助于法国社会实现平等。这些法令被编入法国大革命的重要文件《人权宣言》(1789)当中,该文件确认"人们在权利方面生来是而且始终是自由平等的;只有在社会分工上才存在差别"。

革命者们主张平等,实行民主改革。在独立之前,美国殖民地人民保留了有资产男性的政治权利。只有那些拥有土地或缴纳税款的成年白人男性才享有选举权或能够出任公职。其他所有人——妇女、奴隶、美洲原住民、大多数自由黑人及其他人都不享有政治权利。然而,在美国大革命后,启蒙运动的平等观念极大地丰富了之前狭隘的特权范围。虽然《美国宪法》(1787)没有明确表明美国人民享有投票权,但制宪者们认为众议院的成员应由"各州人民"通过"州立法机关(一个通过选举产生的机构的)规定……选举产生"。1791年颁布的《权利法案》保障了所有美国人的各种权利,如言论自由和集会自由等权利。因此,尽管白人在革命前享有投票权的比率不到60%,但到了1792年,白人男性选民享有投票权的比例却高达80%。

在法国,国民议会将绝对君主制转变为立宪政府政体,最初享有投票权的仅限于少数男性公民。1791年宪法将公民划分为"积极公民"和"消极公民"两类。与美国建国初期一样,拥有土地或缴纳税款的合格公民是积极公民,他们可以参与政府事务;而穷人则被归类为消极公民,他们被剥夺了一切政治权利。但革命在1792年至1794年期间进一步激化,人民从而获得更多的投票权。在其颇具影响力的《社会契约论》(1762)一书中,让-雅克·卢梭主张政府要建立在所有人民"公共意志"的基础之上。法国革命者受其启发,宣布成立共和国并于1792年在全体成年男性投票下建立了新的立法机构。他们批准了1793年宪法,明确将公民界定扩大为包括所有年龄超过21岁的法国人。继卢梭之后,1793年宪法将法律界定为"公共意志的自由和庄严的表达",从而使"每个公民都通过选举代表享有参与立法的平等权利"。同样,在 1812 年至 1814 年间,《卡迪兹宪法》(Constitution of Cádiz)授予西班牙辽阔的美洲殖民地所有成年男子(不含非洲裔)选举权。

尽管美国、法国和西班牙在 18 世纪末使更多成年男性拥有选举权,但那些尚未享有政治权利的人高举理性和平等的启蒙思想旗帜,直至今天还在为拥有投票权而努力。在 19 世纪,财产较少的美国男性继续寻求选票权,他们认为剥夺其权利违背了《独立宣言》的精神。因此,到了 1855 年,美国 31 个州中只有 6 个州仍旧规定白人如想拥有投票权必须要满足财产或纳税要求。1848 年妇女权利大会的代表在纽约州塞尼卡福尔斯市(Seneca Falls)发表了《情感宣言》(Declaration of Sentiments,1848)以寻求女性的公民平等权,代表们认为"造物主的初衷就是创造与男性平等的女性"。代表们借用《独立宣言》的内容,认为女性也应同样拥有"不可剥夺的选举权"。20 世纪的民权领袖宣扬启蒙思想,并借助美国启蒙运动时期的建国文件来争取非裔美国人平等的权利。马丁·路德·金在名为《我有一个梦想》(1963)的演讲中提到,《独立宣言》和《美国宪法》曾经承诺过:"所有人……黑人和白人享有同样不可剥夺的生命、自由和追求幸福的权利。"这些文件还承诺过投票权,正如马丁·路德·金所说的那样:"只要黑人……还没有拥有投票权,我们就不能满足。"同样,《法国宪法》(1958)宣布支持 1789 年颁布的《人权宣言》及其对国家主权原则的界定,并宣布赋予成人普遍的选举权:"所有成年法国公民,无论其性别是什么,都可按章程规定享有投票权。"

1776 年至 1821 年间,在启蒙运动理性和平等思想的激发下,美国、法国和拉丁美洲先后爆发了革命并成立了代议制政府。虽然一些启蒙文本明确为法国大革命期间的非民主行为如"恐怖统治"(1793—1794)正名,并且新国家规定享有选举权的人数远远少于当今规定的人数,但启蒙运动的知识和政治条件有助于人们在 19 世纪和 20 世纪进一步扩大政治权利和公民权利。

回答:"不,启蒙运动表现出许多反民主的思想与做法。"——亚历山

大·麦克斯韦尔（Alexander Maxwell）[①]

若干学者在启蒙运动中找到了民主的起源。例如，社会学家米兰·扎菲罗夫斯基（Milan Zafirovski）在他的新书《启蒙运动及其对现代社会的影响》(The Enlightenment and its Effects on Modern Society)中称："启蒙运动是现代民主社会及其基本价值观和制度的主要基础和起点。"这种对启蒙运动积极的理解并不完整，毕竟启蒙运动还激发了君主专制、暴政和压迫。接下来，我要解释启蒙思想是如何催生专制和民主这两种相互矛盾的政治哲学的，但我要重点解释启蒙运动中不民主的"黑暗面"。

虽然没有一个关于"启蒙"一词的界定可以完全涵盖学者们经常探讨的多元"启蒙"多样性的问题，但伊曼努尔·康德针对这个问题给出了一个很好的回答：什么是启蒙？

> 启蒙乃是人类从自己造成的不成熟状态中解脱出来的过程。不成熟状态指的是缺乏他人引导而对运用自己的理性无能为力时的不思状态。这种不成熟状态之所以是自我造成的，其原因不在于缺少理性，而在于没有他人的教导就缺乏运用自己理性的决心和勇气。"要有勇气运用你自己的理性！"这就是启蒙运动的箴言。（《政治著作选》，第54页）

很多政治哲学都把这个概念作为基础。

在启蒙运动中，政治思想家勇敢地运用自己的理解来解决当时的主要问题。启蒙思想体现出当时社会变化日益迅速：新技术创造了新的经济生产方式，从而催生了新的职业，甚至新的社会阶层。前所未有的社会冲突需要新的解决方案：像之前那样不容置疑地依赖古老传统已经不再适合。

[①] 亚历山大·麦克斯韦尔（Alexander Maxwell）曾就读于加利福尼亚大学戴维斯分校（University of California-Davis）、哥廷根乔治－奥古斯都大学（Georg-August University）和布达佩斯的中欧大学（Central European University）。此后，他在威斯康星大学麦迪逊分校（University of Wisconsin–Madison）获得了历史学博士学位。他曾在斯旺西大学（University of Swansea）、威尔士大学（University of Wales）和内华达大学雷诺分校（University of Nevada–Reno）教授历史。目前，他在新西兰惠灵顿维多利亚大学（Victoria University of Wellington）任教。他的第一部著作《选择斯洛伐克》（Choosing Slovakia）于2009年出版。他还曾把一个重要的英语泛斯拉夫小册子译成德语并于2009年出版，该册子附有很长的内容介绍。麦克斯韦尔编辑了《东西方话语》（The East-West Discourse）一书，并出版了一部米洛斯拉夫·赫洛奇（Miroslav Hroch）的纪念文集。他在民族主义理论、斯洛伐克历史、匈牙利历史和历史教育学等领域发表了多篇文章。2014年，他出版了最新的一部著作《反对时尚的爱国者》（Patriots against Fashion）。

因此，康德和启蒙思想家们普遍弱化前人积累的丰富经验的影响，相信人类可以通过自己的理性来寻找正确的道路。

虽然一些启蒙思想家大张旗鼓地反对封建等级制度、宣称公民平等，但康德本人接受君主政体、等级制度和社会不平等。他主张独立思想主要是为了摆脱那些不容置疑的传统权威的束缚。但在某些情况下，他明确地支持盲目服从：

> 如果一个正在服役的军官在接到长官指令时质疑其正当性和有效性，其结果将是灾难性的，他必须绝对服从。(《政治著作选》，第56页）

事实上，康德关于独立思考的那篇著名文章主要是为了向普鲁士国王腓特烈大帝致敬。在康德看来，腓特烈大帝可以依据"随你所愿尽管去争辩吧，争论什么都可以，但前提是必须要服从！"这一原则来进行统治。(《政治著作选》，第56页）

虽然伏尔泰的朋友腓特烈大帝生动地说明了"开明专制"这个典型的启蒙现象，但他也是开明君主中唯一一位借助启蒙思想巩固自己权力的君主。启蒙运动对传统的攻击吸引了大批雄心勃勃的君主，他们试图用王权专制取代以往传统对其权力的制约。与其说奥地利皇帝约瑟夫二世（1741—1790）是一位开明的暴君，倒不如说他是一位给人留下很深印象的普鲁士同胞。尽管有权获得王位，但他拒绝被加冕为匈牙利国王，因为加冕誓言将迫使他尊重匈牙利贵族的特权。约瑟夫二世还以加强执政效果的名义把德语定为匈牙利的官方语言，这无疑践踏了匈牙利人民的情感。然而，他最有个性的法令也许是禁止民众定制木制棺材，要求人们将尸体装入亚麻袋子里面。约瑟夫二世抱怨，"臣民们竭尽全力确保自己的尸体会在死后慢慢腐烂，并尽可能长时间地保存散发着恶臭的腐肉。所以我不在乎他们想如何埋葬自己的尸体"［布劳恩贝伦斯（Braunbehrens），第415—416页］。因此，悲痛的亲人们感受到的是他们君主的残暴和冷漠。

开明专制和启蒙民主都源自于相似的思想传统。政治理论家约翰·洛克和让－雅克·卢梭主张建立以契约理论为基础的代议制政府，而契约理论的创始人托马斯·霍布斯则直言不讳地捍卫君主专制。霍布斯认为即使是专制统治者也会在君主专制统治下为普通民众的利益服务。他在1651年出版的《利维坦》(Leviathan) 一书中认为，臣民不仅没有反抗的权利，甚至也没有议论君主是非的权利，即使一些君主在"追求他们的激情时也是如此……这违背了信任和自然法则"(霍布斯,第 220 页)。

启蒙运动也导致人们在平等观上产生了各种分歧。民主启蒙运动坚决反对社会等级制度,激发出一个令人难忘的革命口号——平等。无论贵族特权在中世纪有什么意义,18 世纪晚期的贵族们都把许多同时代的人当作社会寄生阶级。然而,一些启蒙思想家不想破坏社会等级制度,反而想通过改革来对其加以巩固。尤斯图斯·莫泽(Justus Möser,1720—1794)是奥斯纳布吕克的一位政府官员,他承认"那些总是提及祖父等级和自己权杖和佩剑的人常常一无是处",他们对国家的贡献比工匠要少得多。但他同时又呼吁建立一种新的社会阶层以奖励那些做出过实际贡献的公民。他还想制作一种强制性、类似于军装一样的等级制服并用佩戴黄色的帽徽来作为一种惩罚。富有的纳税人有权购买高级别的制服,莫泽将其描述为"带来荣誉的金融行为"。在波兰、奥地利和西班牙也出现了类似的等级平民制服计划;瑞典开明的专制统治者古斯塔夫三世(Gustav III)实际上在他的法庭上强迫人们穿一种类似的制服(麦斯威尔,第 80—95 页)。

同样,开明专制主义经常在军队管理中找灵感,试图将军队秩序和纪律的管理办法应用到平民生活中。俄国皇帝亚历山大一世(1777—1825)对乡村生活并不感兴趣。他曾试图通过组织军事殖民地将理性和纪律强加给农民。在这次令人印象深刻的尝试中,村庄被摧毁并按照统一方案重建。这个过程通常需要一年多的时间,因此一些俄国居民在冬天无家可归。7 岁以上的儿童需就读军事学校并严格服从军队纪律。军事殖民地的教育和农业成就虽令人印象深刻,但历史学家理查德·派普斯(Richard Pipes)总结说,农民对此"怨恨"颇深,因为"他们当时所经历的痛苦并不是由于地主残忍带来的一时痛苦,而是严格要求纪律和效率所带来的持续、渗透性的痛苦"(派普斯,第 207、218 页)。

尽管专制君主试图通过军事管理方式来统治国民,但英国及其殖民地的启蒙思想家们设计了其他理性和社会控制的形式。杰里米·边沁(Jeremy Bentham,1748—1832)设计了臭名昭著的圆形监狱(Panopticon),最初目的是为了改造那些囚犯,使其"热爱劳动"(边沁,第一部,第 105 页),该设计最终为建立工厂和学校提供了参考。边沁尝试破坏囚犯的隐私,希望最终能扩大到可以"观察囚犯的一举一动"。他相信持续的监视可以提高纪律,从而创造幸福。"叫他们士兵也好,称他们僧侣或机器也罢,只要他们是幸福的,我就不会在乎。"边沁坦言他给校长赋予的权力会"远远高于迄今为止任何专制统治"（边沁，第二部，第125、128页）。

边沁的思想影响了早期工厂的劳动条件，最可怕的是对奴隶种植园也产生了很大影响。历史学家贾斯汀·罗伯茨（Justin Roberts）最近对大西洋奴隶制度的研究表明，详细的工作日志反映了"新的管理体制旨在压榨被奴役的工人，迫使其做更多工作"。罗伯茨在"无情的理性主义……实用主义和便利主义"中看到了"启蒙运动的阴暗面"。这些启蒙思想有助于制定"令人身心俱累的工作制度。种植园主们努力把工人变为一种失去个性、可交换的生产单位"（罗伯茨，第6页）。或许，受奴役非洲人在加勒比甘蔗种植园体验到的是最残忍的启蒙运动。

不民主的启蒙运动——无论是被君主所拥护，还是被那些对指导他人生活的能力过于自信的思想家们所推崇——都梦想着创造一个以纪律和服从社会等级为特征的社会。18世纪的开明君主缺乏必要的技术来制造乔治·奥威尔（George Orwell）在小说《1984》中设想的那种极权主义梦魇。但尽管缺乏手段，君主想要实现极权主义的意志却不缺乏。"极权主义"这个词在20世纪20年代才出现，但坦率来说，非民主的启蒙运动却体现出极权主义的意愿。西欧、北美和大洋洲的现代民主政府确实扎根于启蒙思想。然而，斯大林政府的暴政也可以称得上是启蒙运动的延续。虽然我们可以褒扬启蒙运动的民主遗产，但同时也不应忘记启蒙运动也带来了专制和暴政。

结束语

希尔和麦斯威尔不仅在结论上有分歧，在辩论方式上也有不同。希尔着眼于长远历史，认为启蒙运动的理想并没有立即导致现代民主的诞生，而是在随后的几个世纪中促成了民主的出现。麦斯威尔着重于实践及启蒙价值观与各种政治和社会制度的兼容性，包括专制主义甚至极权主义。希尔着重探讨从启蒙运动到现代民主的漫长道路；麦斯威尔则指出这只是启蒙运动开创的众多道路中的一条。

参考文献：

Braunbehrens, Volkmar, *Mozart in Vienna*, translated by Timothy Bell（New York: Weidenfeld, 1990）.

Hobbes, Thomas, *Leviathan*, revised edition (Peterborough: Broadview, 2010).

Kant, Immanuel, *Political Writings*, edited by H. S. Reiss (Cambridge: Cambridge University Press, 1991).

Maxwell, Alexander, *Patriots against Fashion* (London: Palgrave, 2014).

Pipes, Richard, "The Russian Military Colonies, 1810–1831", *Journal of Modern History*, vol. 22, no. 3 (September 1950).

Roberts, Justin, *Slavery and the Enlightenment in the British Atlantic, 1750–1807* (Cambridge: Cambridge University Press, 2013).

Rousseau, Jean-Jacques, *The Social Contract and other Later Political Writings*, edited and translated by Victor Gourevitch (Cambridge and New York: Cambridge University Press, 1997).

Wood, Gordon S., *The Radicalism of the American Revolution* (New York: Vintage Books, 1993).

Zafrovski, Milan. *The Enlightenment and its Effects on Modern Society* (New York: Springer, 2011).

网络资源：

Bentham, Jeremy, *Panopticon, or, the Inspection-House* (Dublin, T. Payne, 1791). Google Books. https://books.google.com/books/about/Panopticon_Or_the_Inspection_House.html?id=Ec4TAAAAQAAJ &hl=en (accessed August 11, 2015).

Ralston, Shane J. "American Enlightenment Thought", *Internet Encyclopedia of Philosophy*. http://www.iep.utm.edu/amer-enl/ (accessed August 11, 2015).

启蒙运动大事简表

1662	英国皇家学会成立
1666	巴黎皇家科学院成立
1670	巴鲁赫·斯宾诺莎出版《神学政治论》
1685	法国废止《南特赦令》
1687	艾萨克·牛顿出版了《自然哲学的数学原理》
1688	英国光荣革命
1703	俄国沙皇彼得大帝建都圣彼得堡
1707	英格兰和苏格兰合并
1717	四所共济会分会合并成立英格兰第一总会
1721	孟德斯鸠在阿姆斯特丹匿名出版《波斯人信札》
1724	圣彼得堡俄国科学院成立
1726	伏尔泰遭法国驱逐,旅居英国直至1729年
1727	艾萨克·牛顿去世,葬于伦敦。举国哀悼吸引了世人极大的关注(包括伏尔泰)
1732	伏尔泰出版《英国书信集》
1738	天主教会禁止信徒加入共济会
1739—1740	大卫·休谟匿名出版《人性论》
1740	普鲁士腓特烈大帝继位
1748	孟德斯鸠出版《论法的精神》;休谟出版《人类理智研究》
1750	让-雅克·卢梭出版《论科学与艺术》;葡萄牙约瑟夫一世继位,庞巴尔侯爵掌权
1751	《百科全书》第一卷出版,让·勒朗·达朗贝尔为其作序;本杰明·富兰克林出版《电的实验与观察》;伏尔泰出版《路易十四的世纪》
1754	休谟出版《英格兰史》第一卷,全卷于1762年出版;腓特烈大帝废止普鲁士法律中的严刑逼供;英、法在北美开战,"七年战争"爆发

续表

年份	事件
1755	里斯本发生破坏性的地震和海啸，一万多名居民丧生；灾难引起民众对地震的关注，哲学和宗教乐观主义遭到质疑；卢梭出版《论人类不平等的起源》；戈特霍尔德·埃夫莱姆·莱辛的市民悲剧《萨拉·萨姆逊小姐》首演成功
1756	"七年战争"蔓延整个欧洲
1758	哈雷彗星按照预测重现；庞巴尔侯爵驱逐葡萄牙耶稣会信徒并镇压耶稣会
1759	伏尔泰出版《老实人》；艾米丽·夏特莱侯爵夫人出版牛顿《自然哲学的数学原理》的法语译本；亚当·斯密出版《道德情操论》
1761	"金星凌日"引发世界范围的科学活动；卢梭出版小说《新爱洛伊丝》
1762	俄国凯瑟琳女皇继位；卢梭出版《社会契约论》和《爱弥儿》；新教徒让·卡拉斯因被控谋杀自己的儿子，在图卢兹遭到处决
1763	英国赢得"七年战争"的胜利，奠定了其在中欧的霸主地位
1764	切萨雷·贝卡利亚出版《论犯罪与刑罚》；法国开始镇压耶稣会
1765	卡拉斯案成功翻案
1766	莱辛出版美学专著《拉奥孔》
1768	美国首个著名学会"美国哲学协会"在费城成立；约瑟夫·普利斯特利出版《论政府的第一原则》
1769	第二次"金星凌日"，科学家们进行了仔细观察；本杰明·富兰克林当选美国哲学协会会长，直至去世
1770	雷纳尔和狄德罗出版《欧洲人在东西印度群岛之殖民与贸易的哲学与政治史》以谴责殖民主义；保尔·昂利·霍尔巴赫匿名出版《自然体系》
1773	耶稣会解散；俄国爆发普加乔夫农民起义，凯瑟琳女皇对其进行血腥镇压，终止"开明专制"
1774	普利斯特利发现"氧气"
1775	美国大革命爆发
1776	《百科全书》最后一卷出版；亚当·斯密出版《国富论》；爱德华·吉本出版《罗马帝国衰亡史》前三卷；巴黎"九姐妹"共济会会所成立，富兰克林和伏尔泰成为会员；《美国独立宣言》颁布；本杰明·富兰克林出任巴黎革命大使；"光明会"成立
1777	葡萄牙约瑟夫一世去世，庞巴尔侯爵下台并被放逐
1778	莱辛戏剧《智者纳坦》首次公演，其主角是一位睿智、秉承宗教宽容的犹太人，该人物原型是莱辛的朋友摩西·门德尔松
1779	休谟匿名出版《自然宗教对话录》

续表

1780	哈里斯堡奥地利国母玛丽亚·特蕾西亚去世，其子"开明君主"约瑟夫二世继位
1781	约瑟夫二世在哈布斯堡帝国的领土内颁布并执行《宽容敕令》，给予大部分新教和东正教教徒及小部分犹太人宗教信仰自由权利；约瑟夫二世解放奥地利和波希米亚农奴；康德出版《纯粹理性批判》
1782	卢梭出版《忏悔录》
1783	首次成功放飞氢气球；摩西·门德尔松出版《耶路撒冷》；美、英签署《巴黎条约》，美国大革命结束
1785	康德出版《道德形而上学原理》
1786	普鲁士腓特烈大帝去世（其侄子、反对启蒙运动的腓特烈威廉二世继位）；康德出版《自然科学形而上学原理》
1787	美国制宪会议在费城召开，富兰克林参与制定《美国宪法》；法国王室对新教徒施行宗教宽容政策
1788	康德出版《实践理性批判》；法国开明人士成立反奴隶制的"黑人朋友协会"
1789	法国大革命爆发；《人权宣言》颁布
1790	约瑟夫二世去世；法国国民议会制定计划建立新的、客观的度量体系，并最终建立公制
1791	普利斯特利在伯明翰的住所和实验室遭到保守派暴徒袭击；法国国民议会将伏尔泰的遗体埋葬于"先贤祠"
1792	本杰明·富兰克林开始着手建立公制
1793	康德出版《纯然理性界限内的宗教》，普鲁士政府禁止其出版宗教题材的著作
1794	普利斯特利移民美国；孔多塞自杀以避免遭到法国革命政府的处决；让-雅克·卢梭葬于"先贤祠"
1795	孔多塞出版《人类精神进步史纲要》
1796	凯瑟琳女皇去世
1798	美国颁布《惩治煽动叛乱法案》，限制出版自由

参考文献

参考书：

Burns, William E., *Science in the Enlightenment: An Encyclopedia* (Santa Barbara: ABC-Clio, 2003). Covers western science from approximately 1700 to 1820.

Kors, Alan Charles (ed.), *Encyclopedia of the Enlightenment* (Oxford and New York: Oxford University Press, 2003). Four-volume work sums up scholarship on the Enlightenment as of the early 21st century.

Wilson, Ellen Judy, and Peter Hans Reill, *Encyclopedia of the Enlightenment*, revised ed. (New York: Facts on File, 2004). The Enlightenment with a great deal of its 18th-century context.

论文集：

Eze, Emanuel Chukwudi, *Race and the Enlightenment: A Reader* (Malden: Blackwell, 1997). Short reader focusing on racial thought and racism in the Enlightenment.

Hyland, Paul (ed.), with Olga Gomez and Francesca Greensides, *The Enlightenment: A Sourcebook and Reader* (London and New York: Routledge, 2003). Combines thematically organized excerpts from major Enlightenment writers with some major 20th-century scholarly interpretations.

Jacob, Margaret C. (ed.), *The Enlightenment: A Brief History with Documents* (Boston: Bedford/St. Martins, 2000). A narrative history accompanied by documents and excerpts, with some unusual choices.

Kramnick, Isaac (ed.), *The Portable Enlightenment Reader* (New York: Penguin, 1995). Massive, thematically organized collection of Enlightenment writings designed to give a broad overview.

概述和经典解析：

Becker, Carl L., *The Heavenly City of the Eighteenth-Century Philosophers* (New Haven: Yale University Press, 1932). Controversial treatment from a leading early 20th-century historian shows the philosophes as having many similarities to the medieval Catholic philosophers they despised.

Cassirer, Ernst, *The Philosophy of the Enlightenment*, translated by Fritz C. A. Koelln and James P. Pettegrove (Princeton: Princeton University Press, 1951). Philosophically oriented study by a leading 20th-century German philosopher and historian of ideas.

Edelstein, Dan, *The Enlightenment: A Genealogy* (Chicago: University of Chicago Press, 2010). Discusses the cultural construction of the idea of "Enlightenment" in the 18th century, argues against the idea of plural Enlightenments in favor of a Francocentric approach.

Ferrone, Vicenzo, *The Enlightenment: History of an Idea*, translated by Elisabetta Tarantino (Princeton: Princeton University Press, 2015). A leading scholar of the Italian Enlightenment emphasizes the importance of the critical spirit of the Enlightenment.

Gay, Peter, *The Enlightenment: An Interpretation* 2 vols. (New York: Alfred A. Knopf, 1969). A survey focusing on big names and big ideas from a self-professed champion of the Enlightenment. Emphasizes the liberating quality of Enlightenment thought and action. Hampson, Norman, *The Enlightenment* (Harmondsworth and New York: Penguin, 1976). Traces the historical development of the Enlightenment from early optimism to late 18th-century pessimism.

Hazard, Paul, *The Crisis of the European Mind, 1680–1715*, translated by J. Lewis May (New York: New York Review Books, 2013). Classic study emphasizing the importance of the early Enlightenment.

Himmelfarb, Gertrude, *The Roads to Modernity: The British, French, and American Enlightenments* (New York: Knopf, 2004). Contrasts the moderate, and successful, English-speaking Enlightenments with what Himmelfarb views as the radical and disastrous French Enlightenment.

Im Hof, Ulrich, *The Enlightenment*, translated from the German by William E. Yuill (Oxford: Blackwell, 1997). Wide-ranging study putting the European Enlightenment in its social, political, and intellectual contexts.

Israel, Jonathan, *Democratic Enlightenment: Philosophy, Revolution and Human Rights, 1750–1790* (Oxford: Oxford University Press, 2013).

Israel, Jonathan, *Enlightenment Contested: Philosophy, Modernity and the Emancipation of Man, 1670–1752* (Oxford and New York: Oxford University Press, 2006).

Israel, Jonathan, *Radical Enlightenment: Philosophy and the Making of Modernity, 1650–1750*（Oxford and New York: Oxford University Press, 2001）.

Israel, Jonathan, *A Revolution of the Mind: Radical Enlightenment and the Intellectual Origins of Modern Democracy*（Princeton: Princeton University Press, 2010）. Jonathan Israel's project of putting a materialist and atheist Radical Enlightenment inspired by Baruch Spinoza at the center of thinking about the Enlightenment, and marginalizing the "moderate Enlightenment" represented by Voltaire, among others, has been both massively influential and extremely controversial in recent Enlightenment studies.

Jacob, Margaret C., *The Radical Enlightenment: Pantheists, Freemasons, and Republicans*（London and Boston: Allen and Unwin, 1981）. Focuses on the early 18th century subculture of political and religious radicals, mostly in England and the Dutch Republic.

Munck, Thomas, *The Enlightenment: A Comparative Social History*（New York: Oxford, 2000）. A "bottom-up" view of the Enlightenment rather than the traditional "top-down" approach, focusing on the role of Enlightenment in the lives of ordinary people in Europe's great cities.

Outram, Dorinda, *The Enlightenment*（Cambridge: Cambridge University Press, 1995）. Synthesis incorporating scholarship on the Enlightenment and gender and the Enlightenment and non-European peoples.

Pagden, Anthony, *The Enlightenment: And Why It Still Matters*（New York: Random House, 2013）. Emphasizes the influence and contemporary relevance of the Enlightenment.

Porter, Roy, and Mikulas Teich（eds.）, *The Enlightenment in National Context*（Cambridge: Cambridge University Press, 1981）. A collection of essays by leading scholars on the Enlightenment in various nations, including lesser-known Enlightenments such as the Swiss Enlightenment.

Zafrovski, Milan, *The Enlightenment and its Effects on Modern Society*（New York: Springer, 2011）. Sociologist discusses the impact of Enlightenment ideals on the further development of the West.

科学：

Fara, Patricia, *Fatal Attraction: Magnetic Mysteries of the Enlightenment*（Cambridge: Icon Books, 2005）. Not just the science of magnetism, but the role it played in Enlightenment culture.

Hankins, Thomas L., *Science and the Enlightenment* (Cambridge: Cambridge University Press, 1985). Standard history of 18th-century science and the influence of the Enlightenment.

Jacob, Margaret, *Scientifc Culture and the Making of the Industrial West* (New York and Oxford: Oxford University Press, 1997). Connects the Newtonian Enlightenment in Britain with the Industrial Revolution and the making of the modern world.

McClellan, James E., III, *Science Reorganized: Scientifc Societies in the Eighteenth Century* (New York: Columbia University Press, 1985). A study of the globespanning world of Enlightenment scientifc societies.

宗教：

Elmarsafy, Ziad, *The Enlightenment Qur'an: The Politics of Translation and the Construction of Islam* (Oxford: Oneworld, 2009). Examines Enlightenment attitudes towards Islam through the lens of translations and studies of the Qur'an.

Sheehan, Jonathan, *The Enlightenment Bible: Translation, Scholarship, Culture* (Princeton and Oxford: Princeton University Press, 2005). Focuses on England and Protestant Germany to examine how the Bible became "secularized"in the 18th century.

Sorkin, David, *The Religious Enlightenment: Protestants, Jews, and Catholics from London to Vienna* (Princeton: Princeton University Press, 2011). Argues that the anti-religious nature of the Enlightenment has been greatly exaggerated, and there was a series of distinct religious enlightenments.

美国启蒙运动：

Landsman, Ned C., *From Colonials to Provincials: American Thought and Culture 1680–1760* (New York: Twayne Publishers, 1997). A broad history of intellectual life in the British colonies of America in the early Enlightenment.

Staloff, Darren, *Hamilton, Adams, Jefferson: The Politics of Enlightenment and the American Founding* (New York: Hill and Wang, 2005). The influence of Enlightenment ideas on the American founding, through studies of three very different Enlightened Americans.

Wood, Gordon S., *The Radicalism of the American Revolution* (New York: Vintage, 1993). The influence of culture and ideas on the American revolutionaries.

英国启蒙运动：

Buchan, James, *Crowded with Genius: The Scottish Enlightenment: Edinburgh's Moment of the Mind*（New York: Harper Collins, 2003）. A pleasantly written combination of the social and intellectual history of the city.

Porter, Roy, *The Creation of the Modern World: The Untold Story of the British Enlightenment*（New York and London: W. W. Norton, 2000）. A voluminous work covering a multitude of English and Scottish thinkers and arguing for Britain's equal importance with France in the history of the Enlightenment.

Porter, Roy, *Flesh in the Age of Reason: The Modern Foundations of Body and Soul*（New York and London: W. W. Norton, 2003）. A massive study of the body in 18th-century Britain, encompassing both the Enlightenment and reactions to it.

Stewart, Larry, *The Rise of Public Science: Rhetoric, Technology, and Natural Philosophy in Newtonian Britain, 1660–1750*（Cambridge: Cambridge University Press, 1992）. The impact of Newtonianism on Enlightenment Britain.

法国启蒙运动：

Cranston, Maurice, *Philosophers and Pamphleteers: Political Theorists of the Enlightenment*（Oxford: Oxford University Press, 1986）. Despite its general title, focuses exclusively on the "big names" of the French Enlightenment, including Montesquieu, Voltaire, and Rousseau.

Darnton, Robert, *The Business of Enlightenment: A Publishing History of the Encyclopédie, 1775–1800*（Cambridge, MA: Belknap Press of Harvard University Press, 1979）. Massive, groundbreaking study of the production and distribution of the *Encyclopédie*.

Darnton, Robert, *The Literary Underground of the Old Regime*（Cambridge, MA: Harvard University Press, 1982）. Tracks the numerous pamphleteers and pornographers who made up the underbelly of French Enlightenment culture.

Darnton, Robert, *Mesmerism and the End of the Enlightenment in France*（Cambridge, Massachusetts and London, England: Harvard University Press, 1968）. Argues that, by the late 18th century, Enlightenment in France was being swept away by a tide of irrationalism.

Gay, Peter, *The Party of Humanity: Essays in the French Enlightenment*（New York: Knopf, 1964）. Traditional intellectual history, with an emphasis on Voltaire and Rousseau.

McManners, John, *Death and the Enlightenment: Changing Attitudes to Death among*

Christians and Unbelievers in Eighteenth-Century France（Oxford: Oxford University Press, 1981）. Considers the impact of the Enlightenment on French culture by examining how 18th-century French people faced death.

Roche, Daniel, *France in the Enlightenment*, translated by Arthur Goldhammer（Cambridge, MA: Harvard University Press, 2000）. History of France from the death of Louis XIV in 1715 to the dawn of the French Revolution in 1789, foregrounding the Enlightenment.

Steinbrugge, Lieselott, *The Moral Sex: Woman's Nature in the French Enlightenment*, translated by Pamela Selwyn（New York: Oxford University Press, 1995）. Finds the root of modern conceptions of women's nature in the Enlightenment.

德国启蒙运动：

Behrens, C. B. A., *Society, Government, and the Enlightenment: The Experiences of Eighteenth-Century France and Prussia*（London: Thames and Hudson, 1985）. Comparative study emphasizes the impact of the Enlightenment on Prussian governance.

Brunschwig, Henri, *Enlightenment and Romanticism in Eighteenth-Century Prussia*, translated by Frank Jellinek（Chicago and London: University of Chicago Press, 1974）. The Prussian Enlightenment and the transition to Romanticism in their social and political contexts.

Reed, T. J., *Light in Germany: Scenes from an Unknown Enlightenment*（Chicago: University of Chicago Press, 2015）. A champion of the German Enlightenment asserts its richness and value.

意大利启蒙运动：

Cochrane, Eric, *Tradition and Enlightenment in the Tuscan Academies 1690–1800*（Chicago: University of Chicago Press, 1961）. A study of the impact of the Enlightenment on the Della Crusca Academy in Florence, with implications for Italian elite culture as a whole.

Ferrone, Vincenzo, *The Intellectual Roots of the Italian Enlightenment: Newtonian Science, Religion, and Politics in the Early Eighteenth Century*, translated by Sue Brotherton（Atlantic Highlands: Humanities Press, 1995）.

Venturi, Franco, *Italy and the Enlightenment: Studies in a Cosmopolitan Century*, translated by Susan Corsi（London: Longman, 1972）. Classic study helped put the

Italian Enlightenment on the map in Anglophone scholarship.

犹太人启蒙运动：

Feiner, Shmuel, *The Jewish Enlightenment*, translated by Chaya Naor（Philadelphia: University of Pennsylvania Press, 2011）. Treats the Jewish Enlightenment in its European context.

Ruderman, David B., *Jewish Enlightenment in a New Key: Anglo-Jewry's Construction of Modern Jewish Thought*（Princeton and Oxford: Princeton University Press, 2000）. Ruderman argues convincingly that the Anglo-Jewish contribution to the Jewish Enlightenment has been undervalued in comparison with the German.

社会历史：

Goldgar, Anne, *Impolite Learning: Conduct and Community in the Republic of Letters 1680–1750*（New Haven: Yale University Press, 1995）. Traces the development of an international community of scholars in the early decades of the Enlightenment.

Jacob, Margaret C., *Living the Enlightenment: Freemasonry and Politics in Eighteenth Century Europe*（New York: Oxford University Press, 1991）. Argues for the importance of Masonic lodges in spreading Enlightened ideas.

网站：

Electronic Enlightenment, http: //www. e-enlightenment. com/index. html（accessed August 11, 2015）. Subscription service offering a networked set of Enlightenment letters and supporting materials.

The French Book Trade in Enlightenment Europe, http: //fbtee. uws. edu. au/main/（accessed August 11, 2015）. Expanding site with a database tracking the circulation of French-language books across 18th-century Europe and video tutorials on how to use it.

The Thomas Jefferson Papers at the Library of Congress, http: //memory. loc. gov/ammem/mtjhtml/mtjhome. html（accessed August 11, 2015）. A huge collection of transcriptions of Jefferson manuscripts covering every phase of his life.

Tout Voltaire, https: //artfl-project. uchicago. edu/tout-voltaire（accessed August 20, 2015）. Searchable database of Voltaire's writing, excluding the correspondence available at the Electronic Enlightenment.

译后记

启蒙运动是指发生在17—18世纪的一场资产阶级和广大民众反封建、反教会的思想文化运动。当时，欧洲大陆专制主义、宗教愚昧和特权主义盛行。随着资产阶级力量愈益壮大，他们强烈要求实现政治民主、权利平等和个人自由，从而在思想文化领域里对旧体制发起了猛烈的攻击。这场以英国为发源地、以法国为中心的启蒙运动思潮很快就席卷了几乎整个西方世界，是继文艺复兴之后欧洲近代第二次声势浩大的思想解放运动。

"启蒙"的本意是"光明"。当时，先进的启蒙思想家认为广大民众尚处于黑暗之中，他们使用光的隐喻，意在呼唤光明、用理性之光驱散黑暗。康德对"启蒙"一词进行了界定，认为启蒙是人类从自我造成的不成熟状态中解脱出来的过程，并鼓励人们"要有勇气运用自己的理智"。这场持续了近一个世纪的思想解放运动开启了民智，启蒙哲人大力宣传智慧、开明、理性、自由、民主和平等思想，从而为欧洲资产阶级革命与美国独立战争提供了思想准备和舆论宣传。

一直以来，启蒙运动研究和评述都是各个时代重大思想论争的焦点之一。进入20世纪，启蒙运动研究更是逐渐升温，对启蒙运动的评价再次呈现出耐人寻味的分化。作为该领域介绍性的书籍，本书概述了启蒙运动的整个历史，并介绍了启蒙运动涵盖的各个知识领域，如自然科学、哲学、政治学、经济学、历史学、文学、教育学等。另外，本书还涵盖了当前学界颇有争论的问题。本书面向启蒙运动涉及领域的广大研究者，帮助大家拓宽研究视野，了解欧洲启蒙运动的起因、发展及其所产生的深远影响。

本书的作者威廉·E.伯恩斯（William E. Burns）是美国著名历史学家。除本书之外，他还著有《科学革命》（2001）、《启蒙时代的科学》（2003）、《殖民地美国的科学与科技》（2005）、《知识与权力》（2015）等。伯恩斯认为启蒙运动的兴起重塑了整个人类的世界观，并为人类历史发展指出了新的方向和机遇。除此之外，作者还介绍了众多著名启蒙思想家在启蒙运动中的成就以及他们经典著作的部分原文节选。为有助于读者从不同视角去思考事件本身，作者还着重探讨了三个代表性的主要问题：一、女性是否参与了启蒙运动？二、启蒙运动是世俗性运动吗？三、启蒙运动具有民主性质吗？本书的几名撰稿人从不同角度对这些问题进行了回答，有助于读者用批判的眼光审视启蒙运动的性质、起因和结果。

在本书的翻译过程中，东北师范大学英语专业研究生王瑞琪、付佳蕊、陈钰等人为保证翻译工作顺利进行付出了很多努力，为本书如期交稿做出了重要贡献。另外，感谢商务印书馆的编辑们在校审过程中给予的意见和帮助，他们严谨的工作态度和良好的专业素养使我们受益匪浅且深受感动。

本书的翻译工作虽已完成，但限于译者水平，译文的缺点和错误在所难免，希望读者批评指正，我们将感激不尽！

汪溢

图书在版编目(CIP)数据

启蒙运动：历史、文献和关键问题 /（美）威廉·E.伯恩斯著；汪溢译. -- 北京：商务印书馆，2021
ISBN 978-7-100-17703-0

Ⅰ.①启… Ⅱ.①威… ②汪… Ⅲ.①启蒙运动—研究—欧洲 Ⅳ.①B504

中国版本图书馆CIP数据核字(2021)第045603号

权利保留，侵权必究。

启蒙运动：历史、文献和关键问题
〔美〕威廉·E.伯恩斯　著
汪溢　译

商务印书馆出版
（北京王府井大街36号　邮政编码100710）
商务印书馆发行
艺堂印刷（天津）有限公司印刷
ISBN 978-7-100-17703-0

2021年7月第1版　　开本 710×1000　1/16
2021年7月第1次印刷　印张 14
定价：70.00元